U0618639

中华传世藏书

【图文珍藏版】

荀子

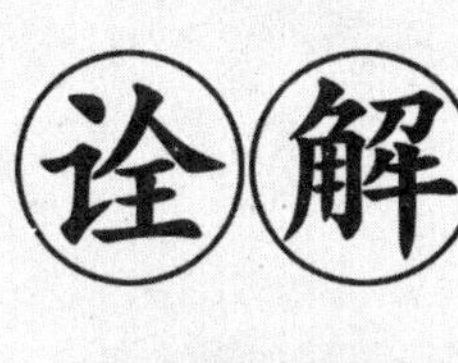

[战国]荀况⊙原著

刘凯⊙主编

线装书局

荀子卷第十五

解蔽篇第二十一 蔽者，言不能通明，滞于一隅，如有物壅蔽之也。

凡人之患，蔽于一曲而暗于大理。一曲，一端之曲说。是时各蔽于异端曲说，故作此篇以解之。〇先谦案："是时"二句，当在"如有物壅蔽之也"下。治则复经，两疑则惑矣。言治世用礼义，则自复经常之正道。两疑，谓不知一于正道，而疑蔽者为是。一本作"两则疑惑矣"。〇俞樾曰：两，读如"两政"之"两"。桓十八年左传："并后、匹嫡、两政、耦国。"

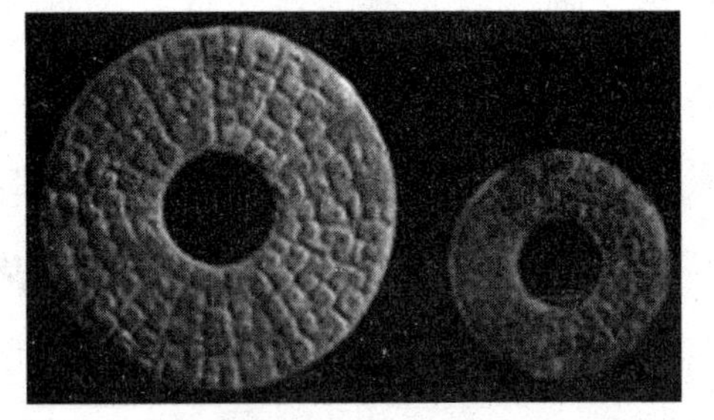
玉环玉璧（春秋战国）

是两与匹、耦义同。疑，读如"疑妻""疑適"之"疑"。管子君臣篇："内有疑妻之妾，此宫乱也。庶有疑適之子，此家乱也。朝有疑相之臣，此国乱也。"字亦作"拟"。韩子说疑篇："孽有拟適之子，配有拟妻之妾，廷有拟相之臣，臣有拟主之宠，此四者，国之所危也。"意与管子同。天下之道，一而已矣。有与之相敌者，是为两；有与之相乱者，是为疑。两焉、疑焉，惑从此起，故曰"两疑则惑矣"。如杨注，则疑即惑也，于义复矣。一本则不得其解而误乙其文也。天下无二道，圣人无两心。今诸侯异政，百家异说，则必或是或非，或治或乱。〇卢文弨曰：宋本"或"皆作"惑"。元刻"治"作"理"。乱国之君，乱家之人，此其诚心莫不求正而以自为也，妒缪于道而人诱其所迨也。迨，近也。近，谓所好也。言乱君、乱人本亦求理，以其嫉妒迷缪于道，故人因其所好而诱之，谓若好俭则墨氏诱之、好辩则惠氏诱之也。〇郝懿行曰：迨者，及也。注训近，则借为"殆"字，殆，训近也，其义较长。私其所积，唯恐闻其恶也；积，习。倚其所私，以观异术，唯恐闻其美也。倚，任也。或曰：偏倚也，犹傍观也。言妒于异术也。○卢文弨曰；案“傍观”，元刻作“倚观”。是以与治虽走而是己不辍也，走，并驰。治，谓正道也。既私其所习，妒缪于道，虽与治并驰，而自是不辍。“虽”，或作“离”。○郝懿行曰：“虽”，当依注作“离”，此乃形讹。与治离走，谓离去正道而走，而自以为是，不辍止也。王念孙曰：作“离”是也。言与治离走而自是不已也。作“虽”者，字之误耳。（隶书“离”“虽”相似，说见淮南天文篇。）前说非。岂不蔽于一曲而失正求也哉！心不使焉，则白黑在前而目不见，雷鼓在侧而耳不闻，况于使者乎！雷鼓，大鼓声如雷者。使，役也。以论不役心于正道，则自无闻见矣，况乎役心于异术，岂复更闻正求哉！○俞樾曰：下“使”字乃“蔽”字之误。白黑之形，雷鼓之声，尚且不见不闻，况于蔽者乎！此承上文“蔽于一曲”而言，下文“欲为蔽，恶为蔽”诸句，又承此而极言之，故篇名解蔽也。因涉“心不使焉”句而误作“使”。既云“心不使焉”，又云“况于使者乎”。文不可通。杨曲为之说，非是。德道之人，有贤德也。○王念孙曰：“德道”，即“得道”也。（剥“上九，君子得舆”，释文：“得，京本作德。”论语泰伯篇“民无得而称焉”，季氏篇作“德”。大戴记文王官人篇“小施而好大得”，逸周书作“德”。）杨说失之。乱国之君非之上，乱家之人非之下，岂不哀哉！上下共非，故可哀也。

故为蔽：数为蔽之端也。○谢本从卢校作“数为蔽”。卢文弨曰：正文“数”，宋本作“故”。郝懿行曰：案“数”当作“故”。故，语词也。此句为下十蔽总冒，作“数”于义为短。王念孙曰：作“故”者是也。吕、钱本并如是。注言“数为蔽之端”者，数，所主反。下文言人之蔽有十，故先以“故为蔽”三字总冒下文，然后一一数之于下。注言“数为蔽之端”，亦是总冒下文之词，而正文自作“故”，不作“数”也。若云“数为蔽”，则不辞甚矣。元刻作“数”，即涉注文而误。俞樾曰：故，犹胡也。墨子尚贤中篇“故不察尚贤为政之本也”，下文作“胡不察尚贤为政之本也”，是故与胡同。管子侈靡篇“公将有行，故不送公”，亦以“故”为“胡”。“故为蔽”，犹云“胡为蔽”。胡之言何也，乃设为问辞，下文“欲为蔽”云云，乃历数以应之也。元刻涉注文而误作“数为蔽”，卢氏从之，非。先谦案：郝、王说是，今从宋本改正。故，训为胡，俞说是也。欲为蔽，恶为蔽，始为蔽，终为蔽，远为蔽，近为蔽，博为蔽，浅为蔽，古为蔽，今为蔽。此其所知、所好滞于一隅，故皆为蔽也。凡万物异则莫不相为蔽，此心术之公患也。公，共也。所好异则相为蔽。昔人君之蔽者，夏桀、殷纣是也。桀蔽于末喜、斯观，〇郝懿行曰：斯观，无考。楚语云“启有五观”，谓之奸子。然则斯观岂其苗裔？而不知关龙逢，以惑其心而乱其行；末喜，桀妃。斯观，未闻。韩侍郎云：“斯，或当为斟。斟观，夏同姓国，盖其君当时为桀佞臣也。”国语史苏曰：“昔夏桀伐有施，有施人以末喜女焉。”贾侍中云：“有施，喜姓国也。”纣蔽于妲旦、飞廉，而不知微子启，以惑其心而乱其行。妲已，纣妃。飞廉，纣之佞臣，恶来之父，善走者，秦之祖也。微子，纣之庶兄。微国子爵，启，其名也。国语曰：“殷纣伐有苏，有苏氏以妲己女焉。”贾侍中云：“有苏，已姓国也。”故群臣去忠而事私，百姓怨非而不用，事，任也。不用，不为上用也。“非”，或为“诽”。贤良退处而隐逃，此其所以丧九牧之地而虚宗庙之国也。九牧，九州之牧。虚读为墟。桀死于亭山，亭山，南巢之山，或本作“鬲山”。案汉书地理志，庐江有灊县。当是误以“灊”为“鬲”，传写又误为“亭”。灊音潜。〇王念孙曰：案作“鬲山”者是也。鬲读与歷同，字或作“歴”。太平御览皇王部七引尸子曰：“桀放于歴山。”淮南务修篇“汤整兵鸣条，困夏南巢，谯以其过，放之歴山”，高注曰：“歴山，盖歴阳之山。”（案汉歴阳故城为今和州治，其西有歴湖，即淮南俶真篇所谓“歴阳之都，一夕反而为湖”者也。）史记夏本纪正义引淮南子曰：“汤放桀于歴山，与末喜同舟浮江，奔南巢之山而死。”（此所引盖许注。）歴山，即鬲山也。史记滑稽传“铜歴为棺”，索隐曰：“歴，即釜鬲也。”是“鬲”“歴”古字通。杨以“鬲山”为“灊山”之误，非也。（鲁语“桀奔南巢”，韦注曰：“南巢，杨州地，巢伯之国，今庐江居巢县是。”是南巢地在汉之居巢，不在灊县也。且庐江有灊县而无灊山，今以鬲山为灊山之误，则是以县名为山名矣，尤非。）纣县于赤旆，史记武王斩纣头，县于太白旗，此云“赤旆”，所传闻异也。身不先知，人又莫之谏，此蔽塞之祸也。成汤监于夏桀，故主其心而慎治之，主其心，言不为邪佞所惑也。是以能长用伊尹而身不失道，此其所以代夏王而受九有也。文王监于殷纣，故主其心而慎治之，是以能长用吕望而身不失道，此其所以代殷王而受九牧也。九有、九牧，皆九州也。抚有其地则谓之九有，养其民则谓之九牧。远方莫不致其珍，故目视备色，耳听备声，口食备味，形居备宫，名受备号，生则天下歌，死则四海哭，〇卢文弨曰：案元刻作“天下哭”。夫是之谓至盛。诗曰：“凤凰秋秋，其翼若干，其声若箫。有凤有凰，乐帝之心。”此不蔽之福也。逸诗也。尔雅：“鶠，凤，其雌凰。”秋秋，犹跄跄，谓舞也。干，楯也。此帝，盖谓尧也。尧时凤凰巢于阿阁。言尧能用贤不蔽，天下和平，故有凤凰来仪之福也。〇王念孙曰：“有凤有凰”，本作“有凰有凤”。“秋”“箫”为韵，“凤”“心”为韵。说文，凤从凡声，古音在侵部，故与“心”为韵。凤从凡声而与“心”为韵，犹风从凡声而与“心”为韵也。（“凤”字古文作“朋”，又作“鹏”，而古音蒸、侵相近，则“朋”“鹏”二字亦可与“心”为韵。秦风小戎篇以“膺”“弓”“滕”“兴”“音”为韵，大雅大明篇以“林”“兴”“心”为韵，生民篇以“登”“升”“歆”“今”为韵，鲁颂閟宫篇以“乘”滕”“弓”綅”“增”“膺”“惩”“承”为韵，皆其例也。）后人不知古音而改为“有凤有凰”，则失其韵矣。王伯厚诗麦引此已误。艺文类聚祥瑞部、太平御览人事部、羽族部引此并作“有皇有凤”。（先言“皇”而后言“凤”者，变文协韵耳。古书中若此者甚多，后人不达，每以妄改而失其韵。卫风竹竿篇“远兄弟父母”，与“右”为韵，而今本作“远父母兄弟”。大雅皇矣篇“同尔弟兄”，与“王”“方”为韵，而今本作“同尔兄弟”。庄子秋水篇“无西无东”，与“通”为韵，而今本作“无东无西”。逸周书周祝篇“恶姑柔刚”，与“明”“阳”“长”为韵，而今本作“刚柔”。管子内业篇“能无卜筮而知凶吉乎”，与“一”为韵，而今本作“吉凶”。淮南原道篇“与万物终始”，与“右”为韵，而今本作“始终”。文选鹏鸟赋“或趋西东”，与“同”为韵，而今本作“东西”。答客难“外有廪仓”，与“享”为韵，而今本作“仓廪”：皆其类也。）昔人臣之蔽者，唐鞅、奚齐是也。唐鞅，宋康王之臣。吕氏春秋曰：“宋康王染唐鞅、田不禋。”奚齐，晋献公骊姬之子。论衡曰：“宋王问唐鞅曰：‘吾杀戮甚众，而群臣愈不畏，何也?，对曰：‘王之所罪，尽不善者也。罪不善者，善者胡为畏？王欲群臣之畏也，不若无辨其善与不善，一时罪之，则群臣畏矣。’宋王从之。”〇卢文弨曰：宋本此注多脱字，从元刻补正。吕氏淫辞篇亦载此事，“一时罪之”作“而时罪之”。唐鞅蔽于欲权而逐载子，载，读为戴。戴不胜，使薛居州傅王者，见孟子。或曰：戴子，戴驩也。韩子曰：“戴驩为宋太宰，夜使人曰：‘吾闻数夜有乘辎车至李史门者，谨为我司之。，使者报曰：‘不见辎车，见有奉笥而与李史，史受笥。’”又戴驩谓齐王曰：“王大仁于薛公，大不忍人。”据其时代，当是戴驩也。盖为唐鞅所逐奔齐也。〇卢文弨曰：案引韩子，前一段见内储说上，宋本字有错误，据本书订正。“辎车”，本书作“辒车”。后一段，本书作“成驩”。又内储说下云“戴驩、皇喜二人，争事相害，皇喜遂杀宋君而夺其政”，则非唐鞅所逐也。或说似牵合。奚齐蔽于欲国而罪申生，申生，晋献公之太子，奚齐之兄，为骊姬所谮，献公杀之。春秋穀梁传曰：“晋里克杀其君之子奚齐。‘其君之子’云者，国人不子也，不正其杀世子申生而立之也。”唐鞅戮于宋，奚齐戮于晋。逐贤相而罪孝兄，身为刑戮，然而不知，此蔽塞之祸也。故以贪鄙、背叛、争权而不危辱灭亡者，自古及今，未尝有之也。鲍叔、宁戚、隰朋仁知且不蔽，故能持管仲而名利福禄与管仲齐；持，扶翼也。召公、吕望仁知且不蔽，故能持周公而名利福禄与周公齐。传曰：“知贤之谓明，辅贤之谓能。〇卢文弨曰：宋本“强”作“能”。案“强”字与上下韵叶。王念孙曰：卢说非也。“知贤之谓明”，承上文“仁知且不蔽”而言；“辅贤之谓能”，承上文“能持管仲”、“能持周公”而言；“勉之强之，其福必长”，承上文“名利福禄与管仲齐”、“与周公齐”而言。此四句

本不用韵，元刻“能”作“强”，乃涉下“勉之强之”而误。吕、钱本并作“能”。先谦案：谢本从卢校作“强”。今依王说，从宋本改“能”。勉之强之，其福必长。”此之谓也。此不蔽之福也。勉之强之，言必勉强于知贤、辅贤，然后其福长也。强，直亮反。昔宾孟之蔽者，乱家是也。宾孟，周景王之佞臣，欲立王子朝者。乱家，谓乱周之家事，使庶孽争位也。○俞樾曰：杨注误。下文历数墨王诸人之蔽，全与宋孟无涉。此二语上无所承，下无所应，殊为不伦。据上文云“昔人君之蔽者，夏桀、殷纣是也”，下乃极言桀、纣之蔽，而终以成汤、文王之不蔽者，明不蔽之福。又云“昔人臣之蔽者，唐鞅、奚齐是也”，下乃极言唐鞅、奚齐之蔽，而终以鲍叔、宁戚诸人之不蔽者，明不蔽之福。此文云“昔宾孟之蔽者，乱家是也”，下乃历举墨子诸人之蔽，而终以孔子之不蔽者，明不蔽之福。三段相对成文，则“宾孟之蔽”句正与上文“人君之蔽”、“人臣之蔽”相对。所云宾孟，殆非周之宾孟，且非人名也。孟，当读为萌，孟与明古音相近，故“孟”可为“萌”，犹“孟豬”之为“明都”、“孟津”之为“盟津”也。吕氏春秋高义篇载墨子之言曰：“若越至听吾言，用吾道，翟度身而衣，量腹而食，比于宾萌，未敢求仕”，高注曰：“宾，客也。萌，民也。”所谓“宾萌”者，盖当时有此称。战国时游士往来诸侯之国，谓之“宾萌”，若下文墨子、宋子、慎子、申子、惠子、庄子，皆其人矣。然则上言“人君之蔽”、“人臣之蔽”，此言“宾萌之蔽”，文正相对。人君之蔽，人臣之蔽，止举两人，故可曰“夏桀、殷纣是也”、“唐鞅、奚齐是也”；宾萌之蔽则所举人多，不可并列，故曰“乱家是也”。乱家包下文诸子而言。上文云“乱国之君，乱家之人”，又曰“乱国之君非之上，乱家之人非之下”，此“乱家”二字之证也。“宾萌”之称，它书罕见，而字又假“孟”为“萌”，适与周宾孟之名同，其义益晦矣。墨子蔽于用而不知文，欲使上下勤力，股无胈，胫无毛，而不知贵贱等级之文饰也。宋子蔽于欲而不知得，宋子以人之情，欲寡而不欲多，但任其所欲则自治也，蔽于此说而不知得欲之道也。○俞樾曰：古“得”“德”字通用。“蔽于欲而不知德”，正与下句“慎子蔽于法而不知贤”

一律，注失之。慎子蔽于法而不知贤，慎子本黄、老，归刑名，多明不尚贤、不使能之道，故其说曰“多贤不可以多君，无贤不可以无君”。其意但明得其法，虽无贤亦可以为治，而不知法待贤而后举也。申子蔽于埶而不知知，申子，名不害，河南京县人，韩昭侯相也。其说但贤得权埶，以刑法驭下，而不知权埶待才智然后治，亦与慎子意同。下知音智。惠子蔽于辞而不知实，惠子蔽于虚辞而不知实理。虚辞，谓若“山出口，丁子有尾”之类也。庄子蔽于天而不知人。天，谓无为自然之道。庄子但推治乱于天，而不知在人也。故由用谓之道，尽利矣；由，从也。若由于用，则天下之道无复仁义，皆尽于求利也。〇先谦案：如注，“道”字下属，“谓之”二字无著。此言由用而谓之道，则人尽于求利也。下并同。数者，道之一隅，而墨、宋诸人自以为道，所以为蔽也。杨失其读。由俗谓之道，尽嗛矣；“俗”，当为“欲”。嗛与慊同，快也。言若从人所欲，不为节限，则天下之道尽于快意也。嗛，口簟反。〇卢文弨曰：“尽用矣”，“尽嗛矣”，元刻两“矣”字俱作“也”，今从宋本。由法谓之道，尽数矣；由法而不由贤，则天下之道尽于术数也。由埶谓之道，尽便矣；便，便宜也。从埶而去智，则尽于逐便，无复修立。由辞谓之道，尽论矣；论，辨说也。由天谓之道，尽因矣：因，任其自然，无复治化也。此数具者，皆道之一隅也。夫道者，体常而尽变。一隅不足以举之。言道者体常尽变，犹天地常存，能尽万物之变化也。曲知之人，观于道之一隅而未之能识也，曲知，言不通于大道也。一隅犹昧，况大道乎！故以为足而饰之，谓其持之有故，其言之成理也。〇先谦案：“而”或作“五”，从宋台州本正。内以自乱，外以惑人，上以蔽下，下以蔽上，此蔽塞之祸也。孔子仁知且不蔽，故学乱术，足以为先王者也。乱，杂也。言其多才艺，足以及先王也。〇郝懿行曰：乱者，治也。学治天下之术。“乱”之一字，包治、乱二义。注非。一家得周道，举而用之，不蔽于成积也。一家得，谓作春秋也。周道举，谓删诗、书，定礼、乐。成积，旧习也。言其所用不滞于众人旧习，故能功业如此。〇郝懿行曰：“一家得周道”句，“举而用之”句。此言孔子志在春秋，行在孝经，又曰“吾学周礼，今用之，吾从周”，盖能考论古今，成一家言，不蔽于诸子杂说也。先谦案：郝读是也。言孔子为春秋一家之言，而得周之治道，可以举而用之，是匹夫而有天子之道，由其不蔽于成积也。儒效篇云“并一而不二，所以成积也”，“并一而不二，则通于神明，参于天地”，“涂之人百姓，积善而全尽，谓之圣人”。道由积而成，故谓之成积。不蔽于成积者，犹言“不蔽于道之全体”也，正对上“道之一隅”言之。荣辱篇云“安知廉耻隅积”，亦以“隅积”对文，与此可互证。杨以成积为旧习，误甚。故德与周公齐，名与三王并，此不蔽之福也。圣人知心术之患，见蔽塞之祸，故无欲无恶，无始无终，无近无远，无博无浅，无古无今，兼陈万物而中县衡焉。不滞于一隅，但当其中而县衡，揣其轻重也。是故众异不得相蔽以乱其伦也。伦，理。何谓衡？曰：道。道，谓礼义。故心不可以不知道。心不知道，则不可道而可非道。心不知道，则不以道为可。可，谓合意也。人孰欲得恣而守其所不可，以禁其所可？人心谁欲得纵恣而肯守其不合意之事，以自禁其合意者？以其不可道之心取人，则必合于不道人，而不知合于道人。各求其类。○俞樾曰：“知”字衍。下文云“以其可道之心取人，则合于道人而不合于不道人”，正与此文相对。彼云“不合”，而不云“不知合”，则此文亦无“知”字明矣。以其不可道之心，与不道人论道人，乱之本也。必有妒贤害善。○卢文弨曰：宋本作“与不可道之人论道人”，元刻作“与不道人”，无“可”“之”“论道人”五字。今案：当作“与不道人论道”。两本有衍有脱，下一“人”字亦可去。王念孙曰：卢说非也。与不道人论道人，（道人，见上。）谓与小人论君子，非谓与之论道也。上文云“得道之人，乱国之君非之上，乱家之人非之下，岂不哀哉”，正所谓“与不道人论道人”也。与不道人论道人，则道人退而不道人进，国之所以乱也，故曰“与不道人论道人，乱之本也”。故杨云“必有妒贤害善”。夫何以知！问何道以知道人也。○俞樾曰：“夫何以知”，与下文“何患不知”相对。盖言心不知道则将与不道人论道人，必至妒贤害善矣，夫何以知；心知道则与道人论非道，必能惩奸去恶矣，何患不知。此两“知”字，与“知道”之知不同，当读为智。夫何

以知，犹言“夫何能智”也。杨注以为问辞，失之甚矣。曰：心知道，然后可道；〇俞樾曰：“曰”字衍。“心知道然后可道”，与上文“心不知道则不可道而可非道”相对成文，皆承“故心不可以不知道”而言。因上句“夫何以知”，杨注误以为问辞，后人遂以此数句为答辞，妄加“曰”字。可道，然后能守道以禁非道。以其可道之心取人，则合于道人，而不合于不道之人矣。以其可道之心，与道人论非道，治之要也。必能惩奸去恶。〇卢文弨曰：正文“非”字疑衍，注似曲为之说。王念孙曰：卢说亦非也。与道人论非道，谓与道人论非道之人，非谓与之论道也。与道人论非道人，则非道人退而道人进，国之所以治也，故曰“与道人论非道，治之要也”。杨云“必能惩奸去恶”，正释“治之要”三字，非曲为之说也。“非道”二字，上文凡两见。何患不知？心苟知道，何患不知道人。故治之要在于知道。人何以知道？既知道人在于知道，问知道之术如何也。曰：心。在心无邪。心何以知？曰：虚壹而静。能然，则可以知道也。〇郝懿行曰：壹者，专壹也。转写者乱之，故此作“壹”，下俱作“一”。心未尝不臧也，然而有所谓虚；臧，读为藏，古字通，下同。言心未尝不苞藏，然有所谓虚也。心未尝不满也，然而有所谓一；“满”，当为“两”。两，谓同时兼知。心未尝不动也，然而有所谓静。虽动，不使害静也。人生而有知，知而有志。志也者，臧也，在心为志。然而有所谓虚，不以所已臧害所将受谓之虚。见善则迁，不滞于积习也。〇谢本从卢校，作“已所臧”。卢文弨曰：“已所臧”，元刻作“所已臧”。郝懿行曰：“臧”，古“藏”字。将者，送也；受者，迎也。言不以己心有所藏而妨害于所将送、迎受者，则可谓中虚矣。

王念孙曰：“所已臧”与“所将受”对文，元刻是也。杨注“积习”二字，正释“所已臧”三字。钱本、世德堂本并作“所已臧”。先谦案：王说是，今从元刻改。心生而有知，知而有异，异也者，同时兼知之。同时兼知之，两也，然而有所谓一，不以夫一害此一谓之壹。既不滞于一隅，物虽辐凑而至，尽可以一待之也。〇先谦案：夫，犹彼也。知虽有两，不以彼一害此一。荀书用“夫”字，皆作“彼”字解，此尤其明证。杨注未晰。心，卧则梦，偷则自行，使之则谋。卧，寝也。自行，放纵也。使，役也。言人心有所思，寝则必梦，偷则必放纵，役用则必谋虑。○先谦案：梦、行、谋，皆心动之验。或以梦为梦然无知，非。故心未尝不动也，然而有所谓静，不以梦剧乱知谓之静。梦，想象也。剧，嚣烦也。言处心有常，不蔽于想象、嚣烦，而介于胸中以乱其知，斯为静也。此皆明不蔽于一端，虚受之义也。未得道而求道者，谓之虚壹而静。有求道之心，不滞于偏见曲说，则是虚壹而静。作之，则将须道者之虚则人，将事道者之壹则尽，尽将思道者静则察。此义未详，或恐脱误耳。或曰：此皆论虚壹而静之功也。作，动也。须，待也。将，行也。当为"须道者，虚则将；事道者，壹则尽；思道者，静则察"，其余字皆衍也。作之则行，言人心有动作则自行也。以虚心须道，则万事无不行；以一心事道，则万物无不尽；以静心思道，则万变无不察。此皆言执其本而末随也。○王引之曰：杨训将为行，而以"作之则将"绝句，又增删下文而强为之解，皆非也。此当以"作之"二字绝句。下文当作"则将须道者之虚，虚则入；将事道者之壹，壹则尽；将思道者之静，静则察"。此承上文"虚一而静"言之。将，语词也。道者，即上所谓"道人"也。言心有动作，则将须道者之虚，虚则能入；将事道者之壹，（事，如"请事斯语"之事。）壹则能尽；将思道者之静，静则能察也。虚则入者，入，纳也，犹言虚则能受也。故上文云"不以所已臧害所将受谓之虚"也。壹则尽者，言壹心于道，则道无不尽也。静则察者，言静则事无不察也。今本"入"误作"人"，其余又有脱文衍文耳。知道察，知道行，体道者也。知道察，谓思道者静则察也。知道行，谓须道者虚则将也。体，谓不离道也。虚壹而静，谓之大清明。言无有壅蔽者。○卢文弨曰：元刻无"大"字。万物莫形而不见，莫见而不论，莫论而失位。既虚壹而静，则通于万物，故有形者无不见，见则无不能论说，论说则无不得其宜。○郝懿行曰：见，读为现。现者，示也。论，读为伦。伦者，理也。言万物莫有形而不显示于人，莫显示人而不有伦理，理无不宜而分位不失。坐于室而见四海，处于今而论久远，○卢文弨曰：元刻"论"作"闻"。疏观万物而知其情，参稽治乱而通其度，疏，通。参，验。稽，考。度，制也。经纬天地而材官万物，制割大理，而宇宙里矣。材，谓当其分。官，谓不失其任。“里”，当为“理”。“材”，或为“裁”也。恢恢广广，孰知其极！睪睪广广，孰知其德！涫涫纷纷，孰知其形！明参日月，大满八极，夫是之谓大人。夫恶有蔽矣哉！此皆明虚壹而静则通于神明，人莫能测也，又安能蔽哉？睪读为皞。皞皞，广大貌。涫涫，沸貌。纷纷，杂乱貌。涫音官，又音贯。○卢文弨曰：正文上“夫”字，宋本无。顾千里曰：广广，疑当有误，与上文“恢恢广广”重出二字。以杨注“睪读为皞”例之，则此句广读为旷也。“孰知其形”，“形”字不入韵，疑当作“则”。心者，形之君也，而神明之主也，出令而无所受令。心出令以使百体，不为百体所使也。自禁也，自使也，自夺也，自取也，自行也，自止也。此六者，皆由心使之然，所以为形之君也。故口可劫而使墨云，形可劫而使诎申，心不可劫而使易意，是之则受，非之则辞。劫，迫也。云，言也。百体可劫，心不可劫，所以尤宜慎择所好，惧蔽塞之患也。○郝懿行曰：墨与默同。云者，言也。或默或语，皆可力劫而威使之。“申”，当作“信”，而读为申，荀书皆然。陈奂曰：案墨与默同。楚辞九章“孔静幽默”，史记屈原传“墨”。商君传：“殷纣墨墨以亡。”故曰：心容其择也，无禁必自见，其物也杂博，容，受也。言心能容受万物，若其选择无所禁止，则见杂博不精，所以贵夫虚壹而静也。○先谦案：此承上文“心者，形之君也”云云，而引古言以明之。心自禁使，自夺取，自行止，是容其自择也。正名篇亦云：“离道而内自择。”容，训如非十二子篇“容辨异”之“容”。无作受令，是无禁也。神明之主出令，是必自见也。物虽杂博，精至则不贰。“心容其择也”句，“无禁必自见”句。杨失其读。其情之至也不贰。其情之至极，在一而不贰，若杂博则惑。○卢文弨曰：元刻“情”作“精”，注同。

先谦案：元刻作“精”，是也。作“情”者，“精”之借字。修身篇“术顺墨而精杂污”，注：“精，当为情。”此荀书精、情互通之证。诗云：“采采卷耳，不盈顷筐。嗟我怀人，寘彼周行。”诗，周南卷耳之篇。毛公云："采采，事采之也。卷耳，苓耳也。顷筐，畚属，易盈之器也。思君子置于周之列位也。"○卢文弨曰：注"卷耳，苓耳也"，宋本、元刻皆同。俗本依广雅改作"枲耳"，不知毛传自用尔雅为训耳。顷筐易满也，卷耳易得也，然而不可以贰周行。采易得之物，实易满之器，以怀人寘周行之心贰之，则不能满；况乎难得之正道，而可以它术贰之乎？○郝懿行曰：贰，谓贰之也。言所怀在于寘周行，意不在于事采，故虽易盈之器而不盈也。毛传正用其师说。故曰：心枝则无知，倾则不精，贰则疑惑。以赞稽之，万物可兼知也。枝，旁引如树枝也。赞，助也。稽，考也。以一而不贰之道助考之，则可兼知万物；若博杂，则愈不知也。○郝懿行曰：案枝与岐同，古字通用。岐者，不一也。此申上文贰之之意。郭嵩焘曰：荀意言心不贰而推类可以知万物，至以身尽道，惟无贰而已，类不可以两求也。杨注失之。先谦案：王氏念孙云"贰是貣之误字"，说见天论篇。今案：此"贰"字与上下文紧相承，注不当作"貣"，王说非也。身尽其故则美，故，事也。尽不贰之事则身美矣。类不可两也，故知者择一而壹焉。凡事类皆不可两，故知者精于一道而专一焉，故异端不能蔽也。农精于田而不可以为田师，贾精于市而不可以为贾师，工精于器而不可以为器师。皆蔽于一技，故不可为师长也。○王念孙曰：吕、钱本"贾师"作"市师"，是也。上文以两"田"字相承，下文以两"器"字相承，则此文亦当以两"市"字相承。吕本作"贾师"者，涉上"贾精于市"而误。有人也，不能此三技而可使治三官，曰：精于道者也，精于一道，故可以理万事。精于物者也。○卢文弨曰：案此句当在"不可以为器师"之下，误脱在此。王念孙曰：此汪说也，见丙申校本。俞樾曰："精于物"上，疑当有"非"字。言此人不能三技而可治三官者，精于道，非精于物也。精于物，若农精于田、贾精于市、工精于器是也。精于道，则君子是也。下文云"精于物者以物物，精于道者兼物物，故君子一于道而以赞稽物"，可证其义。今本夺"非"字，则"精于道者也，精于物者也"两语平列，而其义违矣。精于物者以物物，谓能各物其一物，若农贾之属也。○卢文弨曰：注"各"字，旧本皆作"名"，讹。今改正，下同。精于道者兼物物。谓能兼治，各物其一物者也。故君子壹于道而以赞稽物。一于道，所以助考物也。助考，谓兼治也。壹于道则正，以赞稽物则察，以正志行察论，则万物官矣。在心为志，发言为论。官，谓各当其任，无差错也。昔者舜之治天下也，不以事诏而万物成。舜能一于道，但委任众贤而已，未尝躬亲以事告人。处一危之，其荣满侧；养一之微，荣矣而未知。一，谓心一也。"危之"，当为"之危"。危，谓不自安，戒惧之谓也。侧，谓迫侧，亦充满之义。微，精妙也。处心之危，言能戒惧，兢兢业业，终使之安也。养心之微，谓养其未萌，不使异端乱之也。处心之危有形，故其荣满侧可知也。养心之微无形，故虽荣而未知。言舜之为治，养其未萌也。○王念孙曰：成相篇云："思乃精，志之荣，好而壹之神以成。"赋篇云："血气之精也，志意之荣也。"四"荣"字并同义。故道经曰："人心之危，道心之微。"今虞书有此语，而云道经，盖有道之经也。孔安国曰："危则难安，微则难明，故戒以精一，信执其中。"引此以明舜之治在精一于道、不蔽于一隅也。○郝懿行曰：道经，盖古言道之书。今书大禹谟有此，乃梅赜所采窜也。唯"允执其中"一语，为尧授舜、舜授禹之辞耳。危微之几，惟明君子而后能知之。几，萌兆也，与机同。○王念孙曰：阮氏元曰："此篇言知道者皆当专心壹志，虚静而清明，不为欲蔽，故曰'昔者舜之治天下也'云云。案后人在尚书内解此者姑弗论，今但就荀子言荀子，其意则曰：舜身行人事而处以专壹，且时加以戒惧之心，所谓危之也。惟其危之，所以满侧皆获安荣，此人所知也。舜心见道而养以专壹，在于几微，其心安荣，则他人未知也。如此解之，则引道经及'明君子'二句与前后各节皆相通矣。杨注谓'危之当作之危'，非也。危之者，惧蔽于欲而虑危也；之危者，已蔽于欲而陷危也。谓荣为安荣者，儒效篇曰：'为君子则常安荣矣，为小人则常危辱矣。凡人莫不欲安荣而恶危辱。'据此，则荀子常以'安荣'与'危辱'相对为言。此篇言'处一危之，其荣满侧'，若不以本书证之，则'危荣'二字难得其解矣。故解道经当以荀子此说为正，非所论于古文尚书也。"案此说是也。下文言"辟耳目之欲，远蚊虻之声"，"可谓危矣，未可

谓微也"，言人能如舜之危，不能如舜之微也。然则所谓危者，非蔽于欲而陷于危之谓。故人心譬如槃水，正错而勿动，则湛浊在下而清明在上，湛，读为沈，泥滓也，下同。则足以见鬒眉而察理矣。理，肌肤之文理。○郝懿行曰："鬒"，古止作"须"，今俗作"鬒"。"理"上当脱"肤"字。荣辱篇及性恶篇并云"骨体肤理"，是矣。微风过之，湛浊动乎下，清明乱于上，则不可以得大形之正也。○先谦案："大"字无义。上言槃水见须眉肤理，非能见身之全形也。"大形"疑当为"本形"。富国篇"天下之本利也"，"本"当为"大"，明二字互误。心亦如是矣。故导之以理，养之以清，物莫之倾，清，谓冲和之气。则足以定是非、决嫌疑矣。小物引之则其正外易，其心内倾，则不足以决庶理矣。言此者，以喻心不一于道，为异端所蔽，则惑也。○卢文弨曰："庶理"，宋本作"粗理"，今从元刻。故好书者众矣，而仓颉独传者，壹也；仓颉，黄帝史官。言古亦有好书者，不如仓颉一于其道，异术不能乱之，故独传也。○卢文弨曰：案宋本此注之末有"情箸古者仓颉之有天下守法授亲神农亦然也"十九字，文义不顺，今删去之。好稼者众矣，而后稷独传者，壹也；好乐者众矣，而夔独传者，壹也；好义者众矣，而舜独传者，壹也。倕作弓，浮游作矢，而羿精于射；倕，舜之共工。世本云"夷牟作矢"，宋衷注云："黄帝臣也。"此云"浮游"，未详。或者浮游，夷牟之别名，或声相近而误耳。言倕、游虽作弓矢，未必能射，而羿精之也。弓矢，舜已前有之，此云"倕作弓"，当是改制精巧，故亦言作也。奚仲作车，乘杜作乘马，而造父精于御。自古及今，未尝有两而能精者也。奚仲，夏禹时车正。黄帝时已有车服，故谓之轩辕，此云"奚仲"者，亦改制耳。世本云："相土作乘马。"杜与土同。乘马，四马也。四马驾车，起于相土，故曰"作乘马"。以其作乘马之法，故谓之乘杜。乘，并音剩。相土，契孙也。吕氏春秋曰："乘马作一驾。"○卢文弨曰：吕氏春秋勿躬篇作"乘雅作驾"，一本"乘雅"作"乘持"，疑"持"为"杜"字之讹。王念孙曰：古无谓相土为乘杜者，"乘杜"盖"桑杜"之误。相、桑，古同声，故借"桑"为"相"。（尔雅释虫"诸虑，奚相"，释文："相，舍人本作桑。”）隶书“桑”或作“桒”。“乘”或作“桒”，（见汉安平相孙根碑。）二形相似，又因下文“乘马”而误为“乘”耳。（汉书王子侯表“桑邱节侯将夜”，今本“桑”误作“乘”。）杨云“以其作乘马之法，故谓之乘杜”，此则不得其解而曲为之说。曾王曰：“是其庭可以搏鼠，恶能与我歌矣！”“是”，盖当为“视”。曾子言有人视庭中可以搏击鼠，则安能与我成歌咏乎？言外物诱之，思不精，故不能成歌咏也。○卢文弨曰：正文“矣”字，元刻作“乎”。郝懿行曰：此言庭虚无人，至静矣，恐有潜修其中而深思者，我何可以歌咏乱之乎？荀义当然，注似失之。空石之中有人焉，其名曰觙，空石，石穴也。盖古有善射之人，处深山空石之中，名之曰觙。“觙”字及事并未详所出，或假设喻耳。其为人也，善射以好思。好，喜也。清静思其射之妙。○俞樾曰：案凡射者必心手相得，方可求中，非徒思之而已。且其下文曰“耳目之欲接，则败其思；蚊虻之声闻，则挫其精”，无一字及射，然则杨注非也。此“射”字乃“射策”“射覆”之射。汉书艺文志蓍龟家有“随曲射匿五十卷”。“射匿”，疑即“射覆”。覆而匿之，人所不知，以意县揣而期其中，此射之义也。吕氏春秋重言篇载成公贾说荆庄王曰：“有鸟止于南方之阜，三年不动，不飞，不鸣，是何鸟也？”王射之曰：“有鸟止于南方之阜，其三年不动，将以定志意也。其不飞，将以长羽翼也。其不鸣，将以览民则也。”然则古人设为廋辞隐语而使人意度之，皆谓之射。此云“善射以好思”，即谓此也，非真援弓而射之也。耳目之欲接则败其思，蚊虻之声闻则挫其精，是以辟耳目之欲，而远蚊虻之声，闲居静思则通。挫，损也。精，精诚也。辟，屏除也。言闲居静思，不接外物，故能通射之妙。思仁若是，可谓微乎？言静思仁，如空石之人思射，则可谓微乎？假设问之辞也。孟子恶败而出妻，可谓能自强矣；此已下，答之之辞。孟子恶其败德而出其妻，可谓能自强于修身也。有子恶卧而淬掌，可谓能自忍矣，未及好也。有子，盖有若也。淬，灼也。恶其寝卧而淬其掌，若刺股然也。“未及好也”，当为“未及好思也”，误分在下，更作一句耳。有子淬掌，可谓能自忍其身，则未及善射好思者也。若思道之至人，则自无寝，焉用淬掌乎？○郝懿行曰：当依杨注作“未及好思也”。先谦案：杨、郝说皆非，当如郭说，见下。辟耳目之欲，可谓能自强矣，未及思也。蚊虻之声闻则挫其精，可谓危矣，未可谓微也。“可谓能自强矣，未及思也”十字，并衍耳。可谓危矣，言能辟耳目之欲，则可谓能自危而戒惧，未可谓微也。微者，精妙之谓也。○郝懿行曰：此文错乱不可读，当作“辟耳目之欲，而远蚊虻之声，可谓能自危矣，未可为微也”。如此订正，方可读，余皆涉上文而误衍。郭嵩焘曰：下两言“何强，何忍，何危”，则此七句正作三项言之。疑此“可谓能自强矣”六字衍，“未及思也”句当在前“可谓能自强”下。忍坚于强，好甚于思。出妻，犹身外也，淬掌则及身矣。蚊虻之声，即系之耳目者，二句究属一义，不应分言，故知此段文句有误倒，亦有衍文。先谦案：部说是也。此承上觙之好思言之，不分二事。上言“可谓微乎”，故此答以“未可谓微也”。杨、郝说并非。夫微者，至人也。惟精惟一如舜者。至人也，何强，何忍，何危？既造于精妙之域，则冥与理会，不在作为，苟未臻极，虽在空石之中，犹未至也。故浊明外景，清明内景。景，光色也。浊谓混迹；清谓虚白。○俞樾曰：大戴记曾子天圆篇：“参尝闻之夫子曰：‘天道曰圆，地道曰方。方曰幽而圆曰明。明者，吐气者也，是故外景；幽者，含气者也，是故内景。故火日外景而金水内景。’”荀子“浊明外景，清明内景”之说，即孔子之绪言也。杨注所说，未尽其旨。圣人纵其欲，兼其情，而制焉者理矣。夫何强，何忍，何危？兼，犹尽也。圣人虽纵欲尽情而不过制者，由于暗与理会故也，何必如空石之徒乎？○先谦案：“纵”，当为“从”。圣人无纵欲之事。从其欲，犹言从心所欲。故仁者之行道也，无为也；圣人之行道也，无强也。无为，谓知违理则不作，所谓造形而悟也。无强，谓全无违理强制之萌也。仁者之思也恭，圣人之思也乐。此治心之道也。思，虑也。恭，谓乾乾夕愓也。乐，谓性与天道无所不适。○郝懿行曰：恭则虚壹而静，乐则何强、何忍、何危，结上之辞。杨注“乐，谓性与天道无所不适”，“道”当为“通”。杨本不误，俗人依论语妄改，故误耳。（“性与天通”，语出晋书。）

凡观物有疑，中心不定，则外物不清；清，明审也。吾虑不清，则未可定然否也。冥冥而行者，见寝石以为伏虎也，见植林以为后人也，○俞樾曰：上文“见寝石以为伏虎也”，“伏”与“寝”义相应，此云“后人”，则与“植林”不相应矣。植林岂必在后乎？疑荀子原文本作“立人”，“立”与“植”正相应。下文曰“俯见其影，以为伏鬼也；印视其发，以为立魅也”，亦以“伏” “立”对文，可证也。今作“后人”者，疑涉上文误“立”为“伏”，又误“伏”为“后”耳。冥冥蔽其明也。冥冥，暮夜也。醉者越百步之沟，以为蹞步之浍也，蹞与跬同。半步曰跬。浍，小沟也。俯而出城门，以为小之闺也，酒乱其神也。闺，小门也。○郭嵩焘曰：说文：“闺，特立之户，上圜下方，似圭。”故以城门拟之。释宫：“宫中之门谓之闱，其小者谓之闺。”闺为宫门之小者，不得径谓之小门。杨注未晰。厌目而视者，视一以为两；掩耳而听者，听漠漠而以为哅哅：埶乱其官也。厌，指按也，一涉反。漠漠，无声也。哅哅，喧声也。官，司主也。言埶乱耳目之所主守。哅，许用反。故从山上望牛者若羊，而求羊者不下牵也，远蔽其大也；从山下望木者，十仞之木若箸，而求箸者不上折也，高蔽其长也。皆知为高远所蔽，故不往求。然则守道者亦宜知异术之蔽类此也。水动而景摇，人不以定美恶，水埶玄也。玄，幽深也，或读为眩。瞽者仰视而不见星，人不以定有无，用精惑也。精，目之明也。有人焉，以此时定物，则世之愚者也。彼愚者之定物，以疑决疑，决必不当。夫苟不当，安能无过乎？以疑决疑，犹慎、墨之属也。夏首之南有人焉，曰涓蜀梁，夏首，夏水之首。楚词云“过夏首而西浮，顾龙门而不见”，王逸曰：“夏首，夏水口也。”涓蜀梁，未详何代人，姓涓，名蜀梁。列仙传有涓子，齐人，隐于宕山，饵术术，能致风雨者也。其为人也，愚而善畏。善，犹喜也。好有所畏。明月而宵行，俯见其影，以为伏鬼也，印视其发，以为立魅也，印与仰同。背而走，比至其家，失气而死，岂不哀哉！背，弃去也。失气，谓困甚气绝也。○卢文弨曰：正文“比至其家”下，宋本有“者”字，今从元刻去之。凡人之有鬼也，必以其感忽之间、疑玄之时正之。感，惊动也。感忽，犹慌惚也。玄，亦幽深难测也。必以此时定其有鬼也。〇郝懿行曰：感，读为撼，解已见议兵篇。玄，读为眩，荀书皆然。王念孙曰："正"，当为"定"，声之误也。（下文"正事"同。）必以其感忽之间、疑玄之时定之者，必以感忽之间、疑眩之时而定其有鬼也。据杨注云"必以此时定其有鬼"，则所见本是"定"字明矣。"定"字上文凡六见。此人之所以无有而有无之时也，无有，谓以有为无也。有无，谓以无为有也。此皆人所疑惑之时也。而己以正事。故伤于湿而击鼓鼓痹，则必有敝鼓丧豚之费矣，而未有俞疾之福也。己以正事，谓人以此定事也。痹，冷疾也。伤于湿则患痹，反击鼓烹豚以祷神，何益于愈疾乎？若以此定事，则与俗不殊也。俞，读为愈。〇郝懿行曰：伤于湿而病痹，击鼓鼓之，无损于疾，徒取费耳。此言愚惑之蔽。王念孙曰：自"鼓痹"以上，脱误不可读，似当作"故伤于湿而痹，痹而击鼓烹豚，则必有弊鼓丧豚之费矣，而未有俞疾之福也"。杨云"伤于湿则患痹，反击鼓烹豚以祷神，何益于愈疾乎"，是其证。故虽不在夏首之南，则无以异矣。慎、墨之蔽，亦犹是也。

云兽纹青玉璜（战国）

凡以知，人之性也；可以知，物之理也。以知人之性推之，则可知物理也。以可以知人之性，求可以知物之理而无所疑止之，则没世穷年不能遍也。疑止，谓有所不为。穷年，尽其年寿。"疑"，或为"凝"。〇郝懿行曰：疑止，说已见王制篇。荀书多作"凝止"，皆俗人妄改之，惟此未改。杨注"疑，或为凝"，盖俗误久矣。俞樾曰：诗桑柔篇"靡所止疑"，传曰："疑，定也。"疑训定，故与止同义。此云"疑止"犹诗云"止疑"。荀子传诗，故用诗义耳。杨注"疑，或为凝"，非是。其所以贯理焉虽亿万，已不足以浃万物之变，与愚者若一。贯，习也。浃，周也，子叶反，或当为"接"。〇俞樾曰：已，犹终也。言终不足以浃万物之变也。诗葛藟篇"终远兄弟"，传曰："已相远矣。"笺云："今已远弃族亲。"是传、笺并训终为已。僖二十四年左传

"妇怨无终"，杜注曰："终，犹已也。"故已亦犹终也。先谦案：荀书以"挟"代"浃"。此亦当为"挟"，作"浃"者，后人所改。学，〇郭嵩焘曰："学"字当断句。学焉，至老而不免于愚，则执一之不足相通也。老身长子而与愚者若一，犹不知错，夫是之谓妄人。错，置也，谓废舍也。身已老矣，子已长矣，犹不知废舍无益之学，夫是之谓愚妄人也。故学也者，固学止之也。恶乎止之？曰：止诸至足。曷谓至足？曰：圣也。或曰："圣"下更当有"王"字，误脱耳。言人所学当止于圣人之道及王道，不学异术也。圣王之道，是谓至足也。圣也者，尽伦者也；王也者，尽制者也。伦，物理也。制，法度也。两尽者，足以为天下极矣。所以为至足也。故学者，以圣王为师，案以圣王之制为法，法其法，以求其统类，以务象效其人。统类，法之大纲。〇谢本从卢校重一"类"字。卢文绍曰："法其法"，元刻作"治其法"。王念孙曰：元刻无下"类"字。案元刻是也。"法其法，以求其统类，以务象效其人"，三句一气贯注，若多一"类"字，则隔断上下语脉矣。宋本下"类"字即涉上"类"字而衍。先谦案：王说是。今依元刻删。向是而务，士也；类是而几，君子也；几，近也。类圣人而近之，则为君子。士者，修饰之名。君子，有道德之称也。知之，圣人也。知圣王之道者。故有知非以虑是，则谓之惧；自知其非，以图虑于是，则谓之能戒惧也。有勇非以持是，则谓之贼；勇于为非，以持制是也。察孰非以分是，则谓之篡；孰，甚也。察甚其非，以分为是之心，此篡夺之人也。多能非以修荡是，则谓之知；修，饰也。荡，动也。多能知非，修饰荡动而为是，则谓之知。言智者能变非为是也。辩利非以言是，则谓之泄。辩说利口而饰非，以言乱是，则谓之詍。詍，多言也。诗曰："无然詍詍。"〇王引之曰："惧"字义不可通，"惧"当为"攫"，字之误也。攫，谓攫取之也。不苟篇："小人知（与智同。）则攫盗而渐。"（渐，诈也。说见尚书述闻"民兴胥渐"下。）故曰"有知非以虑是，则谓之攫"。修，读为涤。（周官司尊彝"凡酒修酌"，郑注："修，读为'涤濯'之涤。"）谓涤荡使洁清也。此言智也、勇也、察也、多能也、辩利也，皆必用之于是而后可。（"是"字，指圣王之制而言，见上文。）若有智而不以虑是，则谓之攫；有勇而不以持是，则谓之贼；熟于察而不以分是，则谓之篡；多能而不以涤荡是，则谓之智；（智，谓智故也。淮南主术篇注曰：“故，巧也。”管子心术篇曰“恬愉无为，去知与故”，庄子胠箧篇曰“知诈渐毒”，荀子非十二子篇曰“知而险，贼而神，为诈而巧”，淮南原道篇曰“偶睷智故，曲巧伪诈”：并与此“知”字同义。）辩利而不以言是，则谓之詍也。杨说皆失之。传曰：“天下有二：非察是，是察非。”众以为是者而非之，以为非者而察之。谓合王制与不合王制也。所以非察是，是察非，观其合王制与否也。天下有不以是为隆正也，然而犹有能分是非、治曲直者邪？有不以合王制与不合为隆正者，而能分是非，治曲直乎？言必不能也。〇先谦案：隆正，犹中正。若夫非分是非，非治曲直，非辨治乱，非治人道，虽能之无益于人，不能无损于人。案直将治怪说，玩奇辞，以相挠滑也；案强钳而利口，厚颜而忍诟，无正而恣睢，妄辨而几利；滑，乱也，音骨。强，强服人。钳，钳人口也。诟，詈也。恣睢，矜夸也。几，近也。妄辨几利，谓妄为辨说，所近者惟利也。〇王念孙曰：方言：“钳，恶也。（广雅同。）南楚凡人残骂谓之钳。”郭璞曰：“残，犹恶也。”然则强钳者，既强且恶也，非钳人口之谓。诟，耻也。大戴礼曾子立事篇“君子见利思辱，见恶思诟”，定八年左传“公以晋诟语之”，杜、卢注并曰：“诟，耻也。”字或作“詬”。昭二十年左传“余不忍其询”，杜注曰：“詬，耻也。”又作“呴”。大戴礼武王践阼篇“口生呴”，卢注曰：“呴，耻也。”又作“垢”。宣十五年左传“国君含垢”，杜注曰：“忍垢耻。”（汉书路温舒传作“国君含诟”。）诟，训为耻，故曰“厚颜而忍诟”，非谓忍詈也。楚辞离骚曰“忍尤而攘诟”，（王注：“诟，耻也。”）吕氏春秋离俗篇曰“强力忍詬”，（高注：“呴，辱也。”）淮南汜论篇曰“忍呴而轻辱”，史记伍子胥传曰“刚戾忍呴”，皆其证也。非十二子篇“无廉耻而谟呴”，即此所谓“厚颜而忍诟”也。说文：“謑，耻也。”或作“谟謨”。诟謑，诟耻也。或作“呴”。（广雅作“谟诟”。）杨注以谟詬为詈辱，亦失之。俞樾曰：大玄玄莹篇“箝知休咎”，范望注曰：“箝，求也。”鬼谷子有飞箝篇，其文曰："以飞箝之辞，钩其所好，以箝求之。"此范望注所本。钳，犹箝也。强钳，谓强求也。杨注以"钳人口"释之，非是。不好辞让，不敬礼节，而好相推挤：此乱世奸人之说也，则天下之治说者方多然矣。慎、墨、宋、惠之属。传曰："析辞而为察，言物而为辨，君子贱之；博闻强志，不合王制，君子贱之。"此之谓也。所谓析言破律、乱名改作者也。为之无益于成也，求之无益于得也，忧戚之无益于几也，言役心无益，复忧戚，亦不能近道也。〇俞樾曰：几者，事之微也。无益于几，即无益于事。忧戚之而仍于事无益，则为君子所不取矣。杨注谓"忧戚亦不能近道"，是训几为近，又增出"道"字，非其旨也。则广焉能弃之矣。不以自妨也，不少顷干之胸中。广，读为旷，远也。不以自妨，谓不以无益害有益也。〇王念孙曰：按能，读为而。旷焉而弃之，谓远弃之也。（杨注："广，读为旷，远也。"）古多以"能"为"而"，说见释词。不慕往，不闵来，无邑怜之心，不慕往，谓不悦慕无益之事而往从之也。不闵来，谓不忧闵无益之事而来正之也。或曰：往，古昔也。来，将来也。不慕往古，不闵将来，言惟义所在，无所系滞也。邑怜，未详。或曰：邑与悒同。悒，快也。怜，读为吝，惜也。言弃无益之事，更无悒快吝惜之心。此皆明不为异端所蔽也。当时则动，物至而应，事起而辨，治乱可否，昭然明矣。

周而成，泄而败，明君无之有也；以周密为成，以漏泄为败，明君无此事也。明君日月之照临，安用周密也？宣而成，隐而败，暗君无之有也。以宣露为成，以隐蔽为败，暗君亦无此事也。暗君务在隐蔽而不知昭明之功也。〇先谦案：注中四"为"字皆当作"而"。故君人者周则谗言至矣，直言反矣，小人迩而君子远矣。诗云："墨以为明，狐狸而苍。"此言上幽而下险也。逸诗。墨，谓蔽塞也。狐狸而苍，言狐狸之色，居然有异。若以蔽塞为明，则臣下诳君，言其色苍然无别，犹指鹿为马者也。幽，暗也。险，倾侧也。〇卢文弨曰：正文"墨以为明"，元刻"明"作"朗"。狐狸而苍"，宋本"而"作"其"。王伯厚诗考引作"而"，今从之。又注"倾侧也"，元刻作"诈也"。郝懿行曰：墨者，幽暗之意。诗言以暗为明，以黄为苍，所谓“玄黄改色，马鹿易形”也。（二语见后汉文苑传。）赵高欲为乱，以青为黑，以黑为黄，民言从之，（语见礼器注。）此正上幽下险之事。君人者宣则直言至矣，而谗言反矣，君子迩而小人远矣。反，还也。谗言复归而不敢出矣。或曰：反，倍也。言与谗人相倍反也。〇先谦案：“谗言”上“而”字衍。或说非。诗曰：“明明在下，赫赫在上。”此言上明而下化也。诗，大雅大明之篇。言文王之德明明在下，故赫赫然著见于天也。

荀子卷第十六

正名篇第二十二

是时公孙龙、惠施之徒乱名改作，以是为非，故作正名篇。尹文子曰：“形以定名，名以定事，事以验名。察其所以然，则形名之与事物无所隐其理矣。名有三科：一曰命物之名，方圆白黑是也。二曰毁誉之名，善恶贵贱是也。三曰况谓之名，贤愚爱憎是也。”〇卢文弨曰：“事以验名”，案本书作“检名”。

后王之成名：后之王者有素定成就之名。谓旧名可法效者也。刑名从商，爵名从周，文名从礼。商之刑法未闻。康诰曰“殷罚有伦”，是亦言殷刑之允当也。爵名从周，谓五等诸侯及三百六十官也。文名，谓节文、威仪。礼，即周之仪礼也。〇郝懿行曰：文名谓节文、威仪，礼即周之仪礼，其说是也。古无仪礼之名，直谓之礼，或谓之礼经。散名之加于万物者，则从诸夏之成俗曲期，成俗，旧俗方言也。期，会也。曲期，谓委曲期会物之名者也。〇郝懿行曰：曲期，谓曲折期会之地，犹言委巷也。此与“远方异俗”相俪。杨注断“曲期”上属，似未安。先谦案：郝云“曲期”二字下属，是也，而解为委巷，非也。下文云“命不喻然后期，期不喻然后说”，

注："期，会也。物之稍难名，命之不喻者，则以形状大小会之。若是事多，会亦不喻者，则说其所以然。"是曲期者，乃委曲以会之。万物之散名，从诸夏之成俗，以委曲期会于远方异俗之乡，而因之以为通，所谓"名从中国"是也。远方异俗之乡则因之而为通。远方异俗，名之乖异者，则因其所名，遂以为通，而不改作也。散名之在人者：举名之分散在人者。生之所以然者谓之性。人生善恶，故有必然之理，是所受于天之性也。性之和所生，精合感应，不事而自然谓之性。和，阴阳冲和气也。事，任使也。言人之性，和气所生，精合感应，不使而自然。言其天性如此也。精合，谓若耳目之精灵与见闻之物合也。感应，谓外物感心而来应也。○先谦案："性之和所生"，当作"生之和所生"。此"生"字与上"生之"同，亦谓人生也。两"谓之性"相俪，生之所以然者谓之性，生之不事而自然者谓之性，文义甚明。若云"性之不事而自然者谓之性"，则不词矣。此传写者缘下文"性之"而误。注"人之性"，"性"当为"生"，亦后人以意改之。性之好、恶、喜、怒、哀、乐谓之情。人性感物之后，分为此六者，谓之情。情然而心为之择谓之虑。情虽无极，心择可否而行，谓之虑也。心虑而能为之动谓之伪。伪，矫也。心有选择，能动而行之，则为矫拂其本性也。○郝懿行曰：荀书多以"伪"为"为"。杨注训伪为矫，不知古字通耳。下云"正利而为谓之事，正义而为谓之行"，与此"能为"之"为"俱可作"伪"。虑积焉、能习焉而后成谓之伪。心虽能动，亦在积久习学，然后能矫其本性也。○卢文弨曰：此"伪"字，元刻作"为"，非也。观荀此篇及礼论等篇，"伪"即今"为"字。故曰"桀、纣性也，尧、舜伪也"，谓尧、舜不能无待于人为耳。后儒但知有"真伪"字，昧古六书之法而訾之者众矣。下两"而为"，

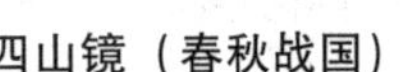
四山镜（春秋战国）

承上文，亦必本是“而讹”。正利而为谓之事。为正道之事利，则谓之事业。谓商农工贾者也。正义而为谓之行。苟非正义，则谓之奸邪。行，下孟反。○俞樾曰：广韵：“正，正当也。”正利而为，正义而为，犹文四年左传曰“当官而行”也。杨注以正道释之，非是。所以知之在人者谓之知。知有所合谓之智。知之在人者，谓在人之心有所知者。知有所合，谓所知能合于物也。○卢文弨曰：“谓之智”，亦当同上作“谓之知”，而皆读为智耳。下“能”字亦可不分两音。先谦案：在人者，明藏于心。有合者，遇物而形。下两“谓之能”同。智所以能之在人者谓之能。智有所能，在人之心者，谓之能。能，才能也。○卢文弨曰：句首“智”字衍。注当云“在人有所能谓之能”。此似有舛误。能有所合谓之能。“能”当为“耐”，古字通也。耐，谓堪任其事。耐，乃来、乃代二反。○郝懿行曰：案杨注能、耐古通，此语非是。杨既知为古字通矣，何必上为“能”，下为“耐”，强生分别？即如上文二“知”、二“智”，亦是强生分别，古本必皆作“知”，如“伪”“为”之例也。若依杨注，则上文“谓之性”，此两“性”字不知当何分别？戴记礼运、乐记二篇并用“耐”字，郑康成注：“耐，古能字也。”此盖杨注所本。然郑此说，未见所出。既云“古字时有存者”，又云“亦有今误”，(礼运注。)然则郑意亦不以为定论也。且以荀书订之，仲尼篇云“能耐任之”，又云“能而不耐任”，杨注：“耐，忍也。”此则一句之中“耐”“能”兼用，其不以为一字明矣。又考说文：“能，熊属”也，“能兽坚中，故称贤能，而强壮偁能杰也”。又云“耐，或形字”，不言为古“能”字。然则经典用“能”，不用“耐”，当依许叔重书。康成之说，与许不同，疑未可据。先谦案：二“伪”、二“知”、二“能”，并有虚实动静之分。知，皆读智。能，皆如字，不分两读。杨说非也。性伤谓之病。伤于天性，不得其所。节遇谓之命。节，时也。当时所遇，谓之命。命者，如天所命然。○先谦案：节，犹适也，说详天论篇。是散名之在人者也，是后王之成名也。略举此上事，是散名之在人者，而后王可因袭成就素定之名也。而或者乃为“坚白”之说，以是为非，斯乱名之尤也。故王者之制名，名定而实辨，道行而志通，则慎率民而一焉。道，谓制名之道。志通，言可晓也。礼记曰："黄帝正名百物以明民。"慎率民而一焉，言不敢以异端改作也。故析辞擅作名以乱正名，使民疑惑，人多辨讼，则谓之大奸，其罪犹为符节、度量之罪也。新序曰："子产决邓析教民之难，约大狱袍衣，小狱襦袴。民之献袍衣、襦袴者不可胜数，以非为是，以是为非，郑国大乱，民口讙哗。子产患之，于是讨邓析而僇之，民乃服，是非乃定。"是其类也。○卢文弨曰：今本新序缺此文。王念孙曰："析辞擅作"下本无"名"字，有"名"字则成累句矣。此"名"字涉下"正名"而衍。下文"离正道而擅作"，"作"下无"名"字，即其证。先谦案：为与伪同。故其民莫敢托为奇辞以乱正名。故其民悫，悫则易使，易使则公。○顾千里曰："公"，疑当作"功"，荀子屡言"功"，可以为证。下文"则其迹长矣。迹长功成，治之极也"，承此"功"言之，不作"公"明甚。宋本与今本同，盖皆误。其民莫敢托为奇辞以乱正名，故壹于道法而谨于循令矣。如是，则其迹长矣。迹，王者所立之迹也。下不敢乱其名，畏服于上，故迹长也。长，丁丈反。迹长功成，治之极也，是谨于守名约之功也。谨，严也。约，要约。今圣王没，名守慢，奇辞起，名实乱，是非之形不明，则虽守法之吏、诵数之儒，亦皆乱也。奇辞乱实，故法吏迷其所守，偏儒疑其所习。○先谦案：诵数犹诵说，说见劝学篇。若有王者起，必将有循于旧名，有作于新名。名之善者循之，不善者作之。故孔子曰："必也正名乎。"○先谦案：旧名，上所云"成名"也。新名，上所云"托奇辞以乱正名"也。既循旧名，必变新名，以反其旧。作者，变也。礼记哀公问郑注："作，犹变也。"杨注未晰。然则所为有名，与所缘以同异，与制名之枢要，不可不察也。缘，因也。枢要，大要总名也。物无名则不可分辨，故因而有名也。名不可一贯，故因耳目鼻口而制同异又不可常别，虽万物万殊，有时欲举其大纲，故制为名之枢要。谓若谓之禽，知其二足而羽；谓之兽，知其四足而毛。既为治在正名，则此三者不可不察而知其意也。○谢本从卢校作"有同异"。王念孙曰：元刻"有"作"以"。（宋龚本同。）案作"以"者是也。下文云"然则何缘而以同异"，又云"此所缘而以同异也”，三“以”字前后相应。宋本作“有”者，涉上句“有名”而误。先谦案：王说是，今改从元刻。异形离心万物之形各异，则分离人之心。言人心知其不同也。此已下覆明有名之意。交喻，异物名实玄纽，玄，深隐也。纽，结也。若不为分别立名，使物物而交相譬喻之，则名实深隐，纷结难知也。○郝懿行曰：“玄”即“眩”字。纽，系也，结也。言名实眩乱，连系交结而难晓也。王念孙曰：名实互纽，即上文所谓“名实乱”也。今本“互”字上下皆误加点。杨所见本已然，故误读为胡涓切，而所说皆非。先谦案：杨注之非，由失其读。“异形离心交喻”句，“异物名实玄纽”句。离心交喻，谓人心不同，使之共喻，下文所云“名闻而实喻”也。异形者离心交喻，异物者名实眩纽，此所以有名也。贵贱不明，同异不别，如是则志必有不喻之患，而事必有困废之祸。故知者为之分别，制名以指实，无名则物杂乱，故智者为之分界制名，所以指明实事也。上以明贵贱，下以辨同异。贵贱明，同异别，如是则志无不喻之患，事无困废之祸，此所为有名也。有名之意在此。然则何缘而以同异？设问，覆明同异之意也。曰：缘天官。天官，耳目鼻口心体也。谓之官，言各有所司主也。缘天官，言天官谓之同则同，谓之异则异也。凡同类、同情者，其天官之意物也同，故比方之疑似而通，是所以共其约名以相期也。同类同情，谓若天下之马虽白黑大小不同，天官意想其同类，所以共其省约之名，以相期会而命之名也。○卢文弨曰：注末“名也”上，宋本有“各为制”三字，衍。

王念孙曰：约，非省约之谓。约名，犹言名约。上文云“是谨于守名约之功也”，杨彼注云“约，要约”是也。下文云“名无固宜，约之以命，约定俗成谓之宜”；“名无固实，约之以命，（今本“命”下有“实”字，辩见下。）约定俗成谓之实名”，又其一证也。形体、色、理以目异，形体，形状也。色，五色也。理，文理也。言万物形体色理，以目别异之而制名。○王引之曰：色理，肤理也。荣辱、性恶二篇并云：“骨体肤理。”彼言“骨体肤理”，此言“形体色理”。形体，犹骨体也。色理，犹肤理也。杨云“色，五色也”，失之。声音清浊、调竽奇声以耳异，清浊，宫、徵之属。调竽，谓调和笙竽之声也。竽，笙类，所以导众乐者也。不言革木之属而言竽者，或曰：竽，八音之首。故黄帝使泠伦取竹作管，是竹为声音之始。庄子“天籁”“地籁”，亦其义也。奇，奇异也。奇声，万物众声之异者也。〇卢文弨曰：“调竽”二字，上下必有脱误，不必从为之辞。俞樾曰：笙竽之声而独言竽，义不可通。杨又引或说，谓“竽，八音之首”，斯曲说也。“调竽”，疑当为“调笑”，字之误也。孟子告子篇曰：“则己谈笑而道之。”“调笑”与“谈笑”，文异而谊同。玉篇、广韵并曰：“谈，戏调也。”盖谈与调，一声之转耳。“笑”“竽”形似，因而致误。先谦案：“调竽”当为“调节”。“竽”“节”字皆从竹，故“节”误为“竽”。礼记仲尼燕居篇“乐也者，节也”，孔疏：“节，制也。”檀弓篇“品节斯”，疏：“节，制断也。”是节为制也。调者，说文：“和也。”声音之道，调以和合之，节以制断之，故曰“调节”，与“清浊”同为对文，“奇声”与下“奇味”“奇臭”对文。杨、俞说皆非。甘、苦、咸、淡、辛、酸、奇味以口异，奇味，众味之异者也。香、臭、芬、郁、腥、臊、洒、酸、奇臭以鼻异，芬，花草之香气也。郁，腐臭也。礼记曰：“鸟皫色而沙鸣。”郁、洒，未详。酸，暑涅之酸气也。奇臭，众臭之异者。气之应鼻者为臭，故香亦谓之臭。礼记曰：“皆佩容臭。”或曰：“洒”当为“漏”，篆文稍相似，因误耳。礼记曰“马黑脊而般臂，漏”，郑音“蝼，蝼蛄臭”者也。〇卢文弨曰：洒，从水，西声，古音与辛相同。洒酸犹辛酸，辣气之触鼻者。王念孙曰：辛、酸，皆味也，非臭也。宋玉高唐赋“孤子寡妇，寒心酸鼻”，阮籍咏怀诗“感慨怀辛酸，怨毒常苦多”，皆非辣气触鼻之谓。西，古读若先。“先”字古在谆部，“辛”字古在真部，不得言西、辛古音相同，卢说非也。杨以“洒”为“漏”之误，是也。余谓“酸”乃“庮”字之误，庮从酉声，与“酸”字左畔相同，又涉上文“辛酸”而误也。周官内饔及内则并云“牛夜鸣则庮”，先郑司农云：“庮，朽木臭也。”（说文：“庮，久屋朽木。周礼曰：‘牛夜鸣则庮。’臭如朽木。”）内则注曰：“庮，恶臭也。”春秋传曰：“一薰一莸。”（僖四年。今左传作“莸”，杜注：“莸，臭草。”）郁、腥、臊、漏、庮，并见周官、礼记，则“洒酸”必“漏庮”之误也。酸亦味也，非臭也。杨以为暑浥之酸气，亦失之。疾、养、沧、热、滑、铍、轻、重以形体异，疾，痛也。养与痒同。沧，寒也。滑与汩同，铍与披同，皆坏乱之名。或曰：滑如字。“铍”当为“钑”，传写误耳，与涩同。轻重，谓分铢与钧石也。此皆在人形体别异之而立名也。沧，初亮反，又楚陵反。说、故、喜、怒、哀、乐、爱、恶、欲以心异。说，读为脱，误也。脱、故，犹律文之“故”“误”也。○先谦案：说者，心诚悦之。故者，作而致其情也，与性恶篇“习伪故”之“故”同义。二字对文。杨注非。心有征知。征，召也。言心能召万物而知之。征知则缘耳而知声可也，缘目而知形可也，缘，因也。以心能召万物，故可以因耳而知声，因目而知形。为之立名，心虽有知，不因耳目，亦不可也。然而征知必将待天官之当簿其类然后可也。天官，耳目也。当，主也，丁浪反。簿，簿书也。当簿，谓如各主当其簿书，不杂乱也。类，谓可闻之物，耳之类；可见之物，目之类。言心虽能召所知，必将任使耳目，令各主掌其类，然后可也。言心亦不能自主之也。○俞樾曰：杨注曰“天官，耳目也”，疑此文及注并有夺误。上文云“然则何缘而以同异，曰缘天官”，注曰：“天官，耳目鼻口心体也”。是天官本兼此六者而言，此何以独言耳目乎？疑“天官”乃“五官”之误。上云“心有征知”，此当云“然而征知必将待五官之当簿其类”，注当云“五官，耳目鼻口体也”。所以不数心者，征知即心也。下文云“五官簿之而不知，心征之而无说”，即承此文而言，可知“天官”为“五官”之讹。因“五官”讹为“天官”，而注又有阙文，遂不可读。五官簿之而不知，心征之而无说，则人莫不然谓之不知，此所缘而以同异也。五官，耳目鼻口心也。五官能主之，而不能知，心能召而知之，若又无说，则人皆谓之不知也。以其如此，故圣人分别，因立同异之名，使人晓之也。○王念孙曰：“莫不然谓之不知”，“然”字涉上下文而衍。五官者，耳目鼻口与形体也。（见上文。）言五官能簿之而不能知，心能征之而又无说，则人皆谓之不智也。杨注亦当作“五官，耳目鼻口体也”，今本“体”作“心”。乃后人不知其义而妄改之。上注云“天官，耳目鼻口心体

也”，足正此注之误。（天论篇以耳目鼻口形能为五官，“能”即“态”字。此篇以耳目鼻口形体为五官，“形体”即“形态”。）郭嵩焘曰：王说非也。簿，犹记录也。心征于耳目而后有知，所闻所见，心征而知之，由耳目之记籍其名也。与耳目相接而终不知其名，心亦能征之耳目而莫能言其名，则终不知而已。“莫不然谓之不知”，“然”亦语词，不必为衍文。然后随而命之：既分同异之后，然后随所名而命之。此已下覆明制名枢要之意也。同则同之，异则异之，同类则同名，异类则异名。单足以喻则单，单不足以喻则兼，单，物之单名也。兼，復名也。喻，晓也。谓若止喻其物，则谓之马；喻其毛色，则谓之白马、黄马之比也。〇卢文弨曰：注“復名”，宋本作“複名”。案復亦与複通用。单与兼无所相避则共，虽共，不为害矣。谓单名、复名有不可相避者，则虽共同其名，谓若单名谓之马，虽万马同名，复名谓之白马亦然，虽共，不害于分别也。知异实者之异名也，故使异实者莫不异名也，不可乱也，知，谓人心知之。异实者异名，则不乱也。谓若牛与马为异实也。犹使异实者莫不同名也。恐异实、异名卒不可遍举，故犹使异实者有时而同一名也。或曰：“异实”当为“同实”。言使异实者异名，其不可相乱，犹如使同实者莫不同名也。〇王念孙曰：或说是也。上文“同则同之，异则异之”是其证。前说非。故万物虽众，有时而欲遍举之，故谓之物。物也者，大共名也。推而共之，共则有共，至于无共然后止。推此共名之理，则有共至于无共。言自同至于异也。起于总，谓之物，散为万名，是异名者本生于别同名者也。〇王念孙曰：“共则有共”之“有”，读为又。谓共而又共，至于无共然后止也。杨说失之。有时而欲遍举之，故谓之鸟兽。鸟兽也者，大别名也。推而别之，别则有别，至于无别然后止。言自异至于同也。谓总其万名，复谓之物，是同名者生于欲都举异名也。言此者，所以别异名、同名之意。〇王念孙曰：案此“遍”字当作“别”，与上条不同。上条以同为主，故曰“遍举之”，此条以异为主，故曰“别举之”。（下文皆作“别”。）鸟兽不同类，而鸟兽之中又各不同类，推而至于一类之中，又有不同，（若雉有五雉，雇有九雇，牛马毛色不同，其名亦异之类。）故曰

“鸟兽也者，大别名也。推而别之，别则有别，（有读为又，见上条。）至于无别然后止”也。今本作“遍举”，则义不可通，盖涉上条“遍举”而误。杨说皆失之。俞樾曰：此“遍”字乃“偏”字之误。上云“遍举之”，乃普遍之义，故曰“大共名也”。此云“偏举之”，乃一偏之义，故曰“大别名也”。“偏”与“遍”形似，因而致误。先谦案：俞说是。名无固宜，约之以命。约定俗成谓之宜，异于约则谓之不宜。名无固宜，言名本无定也。约之以命，谓立其约而命之，若约为天，则人皆谓之天也。○先谦案：注“固宜”，各本误“故宜”，今正。名无固实，约之以命实，约定俗成谓之实名。实名，谓以名实各使成言语文辞。谓若天地日月之比也。○王念孙曰：“约之以命实”，“实”字涉上下文而衍。上文“名无固宜，约之以命”，杨注云“约之以命，谓立其约而命之”，则此言“约之以命”，义亦与上同。若“命”下有“实”字，则义不可通，且杨必当有注矣。名有固善，径易而不拂，谓之善名。径疾平易而不违拂，谓易晓之名也。即谓呼其名遂晓其意，不待训解者。拂音佛。物有同状而异所者，谓若两马同状，各在一处之类也。有异状而同所者，谓若老幼异状，同是一身也。蚕、蛾之类亦是也。可别也。状同而为异所者，虽可合，谓之二实。即谓两马之类，名虽可合，同谓之马，其实二也。状变而实无别而为异者，谓之化。有化而无别，谓之一实。状虽变而实不别为异所，则谓之化。化者，改旧形之名，若田鼠化为鴽之类，虽有化而无别异，故谓之一实，言其实一也。此事之所以稽实定数也，稽考其实而定一二之数也。此制名之枢要也。此皆明制名之大意，是其枢要也。后王之成名，不可不察也。此三者，制名之实，后王可因其成名而名之，故不可不察也。

“见侮不辱”，“圣人不爱己”，“杀盗非杀人也”，此惑于用名以乱名者也。“见侮不辱”，宋子之言也。“圣人不爱己”，未闻其说，似庄子之意。“杀盗非杀人”，亦见庄子。宋子言“见侮不辱则使人不斗”，或言“圣人不爱己而爱人”，庄子又云“杀盗贼不为杀人”，言此三者，徒取其名，不究其实，是惑于用名以乱正名也。验之所以为有名而观其孰行，则能禁之矣。验其所为有名，本由不喻之患、困废之祸，因观“见侮不辱”之说精孰可行与否，则能禁也。言必不可行也。○王引之曰：“验之所”下“以”字，及下文“验之所缘”下“无”字，皆后人所增。据注云“验其所为有名”、“验其所缘同异”，则上无“以”字、下无“无”字明甚。上文云“所为有名，（“为”，即“以”也，说见释词。）与所缘以同异，不可不察也”，故此承上文而言之。又案：孰者，何也。（说见释词。）观其孰行者，观其何所行也。观其孰调者，观其何所调也。杨读孰为熟，而训为精熟，则义不可通。“山渊平”，“情欲寡”，“刍豢不加甘，大钟不加乐”，此惑于用实以乱名者也。山渊平，即庄子云“山与泽平”也。情欲寡，即宋子云“人之情，欲寡”也。刍豢不加甘，大钟不加乐，墨子之说也。古人以山为高，以泉为下，原其实，亦无定，但在当时所命耳，后世遂从而不改。乱名之人既以高下是古人之一言，未必物之实也，则我以山泉为平，奚为不可哉？古人言情欲多，我以为寡，刍豢甘，大钟乐，我尽以为不然，亦可也。此惑于用实本无定，以乱古人之旧名也。验之所缘无以同异而观其孰调，则能禁之矣。验其所缘同异，本由物一贯，则不可分别，故定其名而别之。今“山渊平”之说，以高为下，以下为高，若观其精孰，得调理与否，则能禁惑于实而乱名者也。○郭嵩焘曰：此三惑，仍承上言之。用名以乱名，则验其所以为名而观其行；用实以乱名，则验其所缘以为同异而调使平；用名以乱实，则验其制名之原而观其所以为辞受。荀用此三者，以明诸家立言之旨，所以为正名也。此文“验之所缘无以同异”，与前文不合，明“无”字衍文。“非而谒楹有牛，马非马也”，此惑于用名以乱实者也。非而谒楹有牛，未详所出。马非马，是公孙龙白马之说也。白马论曰：“言白，所以命色也；马，所以命形也。色非形，形非色，故曰白马非马也。”是惑于形色之名而乱白马之实也。验之名约，以其所受悖其所辞，则能禁之矣。名约，即名之枢要也。以，用也。悖，违也。所受，心之所是。所辞，心之所非。验其名之大要，本以稽实定数，今马非马之说则不然。若用其心之所受者，违其所辞者，则能禁之也。凡邪说辟言之离正道而擅作者，无不类于三惑者矣。辟，读为僻。故明君知其分而不与辨也。明君守圣人之名分，不必乱名辨说是非也。夫民易一以道而不可与共故，故，事也。言圣人谨守名器，以道一民，不与之共事，共则民以它事乱之。故老子曰“国之利器，不可以示人”也。〇郝懿行曰：故，谓所以然也。夫民愚而难晓，故但可偕之大道，而不可与共明其所以然，所谓“民可使由之，不可使知之”。故明君临之以埶，道之以道，道达之以正道。申之以命，章之以论，禁之以刑。故其民之化道也如神，辨埶恶用矣哉！申，重也。章，明也。论，谓先圣格言。但用此道驭之，不必更用辨埶也。辨埶，谓说其所以然也。〇卢文弨曰：以注末释“辨说”观之，则正文“辨埶”乃“辨说”之讹，注“埶”字亦当作“说”。下文屡云“辨说”，则此之为误显然，盖因上有“临之以埶”语而误涉耳。先谦案：据卢说，注皆作“辨埶”。今翻谢本者并作“辨说”，误，据虞、王本改正。今圣王没，天下乱，奸言起，君子无埶以临之，无刑以禁之，故辨说也。荀卿自述正名及辨说之意也。实不喻然后命，命不喻然后期，期不喻然后说，说不喻然后辨。命，谓以名命之也。期，会也。言物之稍难名，命之不喻者，则以形状大小会之，使人易晓也。谓若白马，但言马则未喻，故更以白会之。若是事多，会亦不喻者，则说其所以然。若说亦不喻者，则反覆辨明之也。故期、命、辨、说也者，用之大文也，而王业之始也。无期、命、辨、说，则万事不行，故为用之大文饰。王业之始，在于正名，故曰“王业之始也”。名闻而实喻，名之用也。名之用，本在于易知也。累而成文，名之丽也。累名而成文辞，所以为名之华丽，诗、书之言皆是也。或曰：丽与俪同，配偶也。〇卢文弨曰：注“丽与俪同”，旧本脱“与俪”二字，今补。用、丽俱得，谓之知名。浅与深，俱不失其所，则为知名。名也者，所以期累实也。名者，期于累数其实，以成言语。或曰：“累实”当为“异实”。言名者所以期于使实各异也。辞也者，兼异实之名以论一意也。辞者，说事之言辞。兼异实之名，谓兼数异实之名，以成言辞。犹若“元年春，王正月，公即位”，兼说亡实之名，以论公即位之一意也。〇王念孙曰：“论”当为“谕”，字之误也。（淮南齐俗篇“不足以谕之”，今本“谕”误作

“论”。）谕，明也。言兼说异实之名以明之也。字或作“喻”。下文曰“辩说也者，不异实名以喻动静之道也”是其证。上下文言“喻”者甚多，此不应独作“论”也。杨说以春秋，云“论公即位之一意”，则所见本已误。辨说也者，不异实名以喻动静之道也。动静，是非也。言辨说者不唯兼异常实之名，所以喻是非之理。辞者论一意，辨者明两端也。期命也者，辨说之用也。期，谓委曲为名以会物也。期与命，所以为辨说之用。辨说也者，心之象道也。辨说所以为心想象之道，故心有所明则辨说也。心也者，道之工宰也。工能成物，宰能主物，心之于道亦然也。〇陈奂曰：工宰者，工，官也。官宰，犹言主宰。（广雅：“官，主君也。”）解蔽篇曰“心者，形之君也，而神明之主也，出令而无所受令”，是其义。旧注失之。道也者，治之经理也。经，常也。理，条贯也。言道为理国之常法条贯也。心合于道，说合于心，辞合于说，言经为说，成文为辞。谓心能知道，说能合心，辞能成言也。正名而期，质请而喻。辨异而不过，推类而不悖，听则合文，辨则尽故。以正道而辨奸，犹引绳以持曲直，是故邪说不能乱，百家无所窜。正名而期，谓正其名以会物，使人不惑也。质，物之形质。质请而喻，谓若形质自请其名然，因而喻知其实也。辨异而不过，谓足以别异物，则已不过说也。推类而不悖，谓推同类之物，使共其名，不使乖悖也。听则合文，辨则尽故，谓听它人之说则取其合文理者，自辨说则尽其事实也。正道，谓正名之道。持，制也。窜，匿也。百家无所隐窜，言皆知其奸诈也。〇王念孙曰：杨说“质请”，甚迂。质，本也。（系辞传“原始要终，以为质也”，曲礼“礼之质也”，郑、虞注并曰：“质，本也。”）请读为情。情，实也。言本其实而晓喻之也。上文云“名闻而实喻”，是其证也。正名而期，质情而喻，情即是实，实与名正相对也。古者情、请同声而通用。（成相篇“明其请”，杨注：“请，当为情。”礼论篇“情文俱尽”，史记礼书“情”作“请”，徐广曰：“古情字或假借作请，诸子中多有此比。”列子说符篇“发于此而应于外者唯请”，张湛曰：“请，当作情。”又墨子尚同、明鬼、非命诸篇，皆以“请”为“情”。）有兼听之明而无奋矜之容，有兼覆之厚而无伐德之色。说行则天下正，说不行则白道而冥穷，是圣人之辨说也。是时百家曲说，皆竞自矜伐，故述圣人辨说虽兼听兼覆，而无奋矜伐德之色也。白道，明道也。冥，幽隐也。冥穷，谓退而穷处也。○俞樾曰：杨说冥穷之义，甚为迂曲。穷，当读为躬。白道而冥躬者，明白其道而幽隐其身也。古穷与躬通用。论语乡党篇“鞠躬如也”，聘礼郑注作“鞠穷”，是其证。诗曰：“颙颙卬卬，如珪如璋，令闻令望。岂弟君子，四方为纲。”此之谓也。诗，大雅卷阿之篇。颙颙，体貌敬顺也。卬卬，志气高朗也。

辞让之节得矣，长少之理顺矣，忌讳不称，祆辞不出，以仁心说，以学心听，以公心辨。以仁心说，谓务于开导，不骋辞辨也。以学心听，谓悚敬而听它人之说，不争辨也。以公心辨，谓以至公辨它人之说是非也。不动乎众人之非誉，不以众人是非而为之动，但自正其辞说也。不治观者之耳目，其所辨说，不求夸眩于众人。○王念孙曰：“治”字义不可通。“治”当为“冶”，字之误也。不冶观者之耳目，谓不为祆辞以惑众人之耳目也。（祆辞，见上文。）“冶”与“蛊”，古字通。集韵上声三十五马：“蛊，以者切，媚也。”文选南都赋“侍者蛊媚”，五臣本蛊音冶。刘良曰：“蛊媚，美容仪也。”舞赋“貌嫽妙以妖蛊”，五臣作“妖冶”。后汉书张衡传“咸姣丽以蛊媚”，注曰：“蛊音野。谓妖丽也。”是“冶”即“蛊惑”之“蛊”也。“不冶观者之耳目，不赂贵者之权埶”，二句一意相承。据杨注云“其所辩说，不求夸眩于众人”，则所见本当是“冶”字。若是“治”字，则不得言“夸眩于众”矣，以是明之。不赂贵者之权埶，不为货赂而移贵者之权埶也。不利传辟者之辞，利，谓说爱之也。辟，读为僻。故能处道而不贰，吐而不夺，利而不流，贵公正而贱鄙争，是士君子之辨说也。吐而不夺，谓吐论而人不能夺。“利”，或为“和”。○俞樾曰：杨说非也。“吐”当为“咄”，形似而误。从土从出之字，隶书每相乱，若“敳”从出而今讹为“敖”，“出”从出而今讹为“卖”是也。“咄”者，“诎”之假字。从口从言之字，古或相通，若“詠”之为“咏”、“诺”之为“喏”、“吟”之为“訡”、“啧”之为“讀”是也。“诎而不夺，利而不流”，二句相对，言虽困诎而不可劫夺，虽通利而不至流荡也。上文于圣人之辨说曰“说行则天下正，说不行则白道而冥躬”；此于士君子之辨说曰“诎而不夺，利而不流”：诎谓说不行，利谓说行，其文正相配也。诗曰：“长夜漫兮，永思骞兮。大古之不慢兮，礼义之不愆兮，何恤人之言兮！”此之谓也。逸诗也。漫，谓漫漫，长夜貌。骞，咎也。引此以明辨说得其正，何忧人之言也？

君子之言，涉然而精，俛然而类，差差然而齐。彼正其名，当其辞，以务白其志义者也。涉然，深入之貌。俛然，俯就貌。俛然而类，谓俯近于人，皆有统类，不虚诞也。差差，不齐貌。谓论列是非，似若不齐，然终归于齐一也。当，丁浪反。彼名辞也者，志义之使也，足以相通则舍之矣；苟之，奸也。通，谓得其理。使，所吏反。故名足以指实，辞足以见极，则舍之矣。极，中也，本也。见，贤遍反。外是者谓之讱，是君子之所弃，而愚者拾以为己宝。讱，难也。过于志义相通之外，则是务为难说耳，君子不用也。故愚者之言，芴然而粗，啧然而不类，諮諮然而沸。芴与忽同。忽然，无根本貌。粗，疏略也。啧，争言也，助革反。或曰：与赜同，深也。諮諮，多言也。谓愚者言浅则疏略，深则无统类，又諮諮然沸腾也。彼诱其名，眩其辞，而无深于其志义者也。诱，诳也。但欺诳其名而不正，眩惑其辞而不实，又不深明于志义相通之理也。故穷藉而无极，甚劳而无功，贪而无名。藉，践履也，才夜反。谓践履于无极之地。贪而无名，谓贪于立名而实无名也。故知者之言也，知，读为智。虑之易知也，行之易安也，持之易立也，成则必得其所好而不遇其所恶焉。而愚者反是。诗曰：“为鬼为蜮，则不可得，有靦面目，视人罔极。作此好歌，以极反侧。”此之谓也。诗，小雅何人斯之篇。毛云：“蜮，短狐也。靦，姡也。”郑云：“使女为鬼为蜮也，则女诚不可得见也。姡然有面目，女乃人也，人相视无有极时，终必与女相见。作此歌，求女之情，女之情展转极于是也。”

凡语治而待去欲者，无以道欲而困于有欲者也。凡言治待使人尽去欲，然后为治，则是无道欲之术，而反为有欲者所困也。凡语治而待寡欲者，无以节欲而困于多欲者也。若待人之寡欲然后治之，则是无节欲之术，而反为多欲者所困。故能导欲则欲自去矣，能节欲则欲自寡矣。有欲无欲，异类也，生死也，非治乱也。二者异类，如生死之殊，非治乱所系。在于导欲则治，不导欲则乱也。〇王念孙曰："生死也"三字，与上下文义不相属，杨曲为之说，非也。"生死也"，当作"性之具也"。（"生""性"字相近，又因下文有"生死"字而误。）下文"性之具也"，即此句之衍文。有欲无欲，是生而然者也。故曰"性之具也"。"性之具也"，"情之数也"，二句相对为文。下文"虽为守门，欲不可去"，"虽为天子，欲不可尽"，四句亦相对为文，若阑入"性之具也"一句，则隔断上下语气。杨曲为之说，亦非也。欲之多寡，异类也，情之数也，非治乱也。情之数，言人情必然之数也。治乱所系，在节欲则治，不节欲则乱，不在欲之多寡也。欲不待可得，而求者从所可。凡人之情欲，虽未可得，以有欲之意求之，则从其所可得者也。〇卢文弨曰：宋本注多賸字，今删正。俞樾曰："待"字衍，当作"欲不可得，而求者从所可"。杨注不释"待"字，故知为衍文。

郭嵩焘曰："待"字不可少。人生而有欲，不待其可得而后欲之，此根于性者也。若无"待"字，则文不成义。俞说非，下同。欲不待可得，所受乎天也；求者从所可，受乎心也。天性有欲，心为之节制。〇俞樾曰："待"字亦衍文也。"受乎心也"上，当有"所"字。"所受乎心"，与"所受乎天"正相对。下文亦以"所受乎天""所受乎心"并言，则此文有"所"字明矣，当据补。所受乎天之一欲，制于所受乎心之多，固难类所受乎天也。此一节未详，或恐脱误耳。或曰：当为"所受乎天之一欲，制于所受乎心之计"，其余皆衍字也。一欲，大凡人之情欲也。言所受乎天之大欲，皆制节于所受心之计度，心之计度亦受于天，故曰"所受"。〇俞樾曰：或说甚晦，义不可通。此文当云"所受乎天之一，所受乎心之多，固难类也"。所受乎天，所受乎心，即承上文而言，"一"与"多"正相对。所受乎天之一，言天之与人有定也。所受乎心之多，言人之心无穷也。固难类也，犹言固不可同耳。

郭嵩焘曰：生之有欲，一而已矣。制于所受乎心之多者，以有欲之性听命于心，而欲遂多纷驰，而日失其故，漓其真，则与所受于天之一欲，又不可以类求也。文义显然。杨、俞说皆非。人之所欲，生甚矣，人之所恶，死甚矣，然而人有从生成死者，非不欲生而欲死也，不可以生而可以死也。此明心制欲之义。故欲过之而动不及，心止之也。动，谓作为也。言欲过多，而所作为不及其欲，由心制止之也。〇先谦案：此文即以上生死明之。所欲有过于生，而动不及于求生者，心之中理止之也，故欲虽多，不伤于治；所欲不及于死，而动过之，自取死者，如斗很亡身之类，心之失理使之也，故欲虽寡，无止于乱：此在心不在欲也。杨注似未全通。心之所可中理，则欲虽多，奚伤于治！所可，谓心以为可也。言若心止之而中理，欲虽多，无害于治也。欲不及而动过之，心使之也。心之所可失理，则欲虽寡，奚止于乱！心使之失理，则欲虽寡，亦不能止乱。故治乱在于心之所可，亡于情之所欲。明在心不在欲。不求之其所在，而求之其所亡，虽曰我得之，失之矣。所在，心也。所亡，欲也。性者，天之就也；情者，性之质也；欲者，情之应也。以所欲为可得而求之，情之所必不免也；性者成于天之自然，情者性之质体，欲又情之所应，所以人必不免于有欲也。〇谢本从卢校无"所"字。卢文弨曰："以欲为可得"，宋本作"以所欲以为可得"。今从元刻。王念孙曰：宋钱、吕本、世德堂本并作"以所欲以为可得而求之"，卢从元刻删"所"字及下"以"字。案"所"字不当删，下文曰"所欲虽不可尽，求者犹近尽"是其证。先谦案：王说是。今依宋本存"所"字。以为可而道之，知所必出也。心以欲为可得而道达之，智虑必出于此也。故虽为守门，欲不可去，夫人各有心，故虽至贱，亦不能去欲也。性之具也。虽为天子，欲不可尽。具，全也。若全其性之所欲，虽为天子，亦不能尽，秦皇、汉武之比也。欲虽不可尽，可以近尽也；以，用也。近尽，近于尽欲也。言天子虽不可尽欲，若知道，则用可近尽而止之，不使故肆之也。欲虽不可去，求可节也。虽至贱，亦不可去欲，若知道，则求节欲之道而为之也。所欲虽不可尽，求者犹近尽；欲虽不可去，所求不得，虑者欲节求也。为贱者之谋虑，皆在节其所求之欲也。〇卢文弨曰：注"贱者"，旧本作

"贵贱"，讹，今改正。道者，进则近尽，退则节求，天下莫之若也。道，谓中和之道，儒者之所守也。进退，亦谓贵贱也。道者，贵则可以知近尽，贱则可以知节求，天下莫及之也。凡人莫不从其所可，而去其所不可。知道之莫之若也，而不从道者，无之有也。知节欲无过于道，则皆从道也。假之有人而欲南无多，而恶北无寡，岂为夫南者之不可尽也，离南行而北走也哉？有人欲往南而恶往北也。欲南无多，谓南虽至多，犹欲之也。恶北无寡，谓北虽至寡，犹恶之也。言此人既欲南而恶北，岂为夫南之不可得尽，因肯舍南而走北乎？今人所欲元多，所恶元寡，岂为夫所欲之不可尽也，离得欲之道而取所恶也哉？今夫人情，欲虽至多，犹欲之，恶虽至寡，犹恶之，岂为欲之不可得尽，因肯取所恶哉？圣人以道节欲，则各安其分矣。而宋、墨之徒不喻斯理，而强令去欲寡欲，此何异使之离南而北走，舍欲而取恶？必不可得也。故可道而从之，奚以损之而乱！可道，合道也。损，减也。言若合道则从之，奚以损乱而过此也。不可道而离之，奚以益之而治！不合道则离之，奚以益治而过此。此明上合道，虽为有欲之说，亦可从之；不合道，虽为去欲之说，亦可离之也。故知者论道而已矣，小家珍说之所愿皆衰矣。知治乱者，论合道与不合道而已矣，不在于有欲无欲也。能知此者，则宋、墨之家自珍贵其说，愿人之去欲、寡欲者皆衰矣。凡人之取也，所欲未尝粹而来也；其去也，所恶未尝粹而往也。故人无动而不可以不与权俱。粹，全也。凡人意有所取，其欲未尝全来，意有所去，其恶未尝全去，皆所不适意也。权者，称之权，所以知轻重者也，能权变适时，故以喻道也。言人之欲恶常难适意，故其所举动而不可不与道俱，不与道俱则惑于欲恶矣。故达道者不戚戚于贫贱，不汲汲于富贵，故能遣夫得丧，欲恶不以介怀而欲自节矣。〇王念孙曰：上"不"字衍。此言人之举动不可不与权俱。（权，谓道也。）不与权俱，则必为欲恶所惑，故曰"人无动而可以不与权俱"。今本"可"上有"不"字者，涉注文"不可不与道俱"而衍。衡不正，则重县于仰而人以为轻，轻县于俛而人以为重，此人所以惑于轻重也。衡，称之衡也。不正，谓偏举也。衡若均举之，则轻重等而平矣。若偏举之，则重县于仰、轻县于俛而犹未平也，遂以此定轻重，是惑也。权不正，则祸托于欲而人以为福，福托于恶而人以为祸，此亦人所以惑于祸福也。权不正，谓不知道而偏见，如称之权不正者也。祸托于欲，谓无德而禄，因以为福，不知祸不旋踵也。福托于恶，谓若有才未偶，因以为祸，不知先号后笑也。言不知道则惑于倚伏之理也。道者，古今之正权也，离道而内自择，则不知祸福之所托。道能知祸福之正，如权之知轻重之正。离权则不知轻重，离道则不知祸福也。易者以一易一，人曰无得亦无丧也；易，谓以物相易。以一易两，人曰无丧而有得也；以两易一，人曰无得而有丧也。计者取所多，谋者从所可。以两易一，人莫之为，明其数也。从道而出，犹以一易两也，奚丧！从道则无所丧，儒术是也。离道而内自择，是犹以两易一也，奚得！离道则无所得，宋、墨是也。其累百年之欲，易一时之嫌，然且为之，不明其数也。累，积也。嫌，恶也。此谓不以道求富贵，终遇祸也。有尝试深观其隐而难其察者，有，读为又。虽隐而难察，以下四事观之，则可知也。〇王念孙曰："隐而难其察"，"其"字涉上文而衍。据杨注云"隐而难察"，则无"其"字明矣。志轻理而不重物者，无之有也；理为道之精微。〇顾千里曰：案"不"下疑当有"外"字。下文"外重物而不内忧者，无之有也；行离理而不外危者，无之有也；外危而不内恐者，无之有也"，一气承接，"外重物"与"外危"二句为同例也。外重物而不内忧者，无之有也；行离理而不外危者，无之有也；外危而不内恐者，无之有也。心忧恐则口衔刍豢而不知其味，耳听钟鼓而不知其声，目视黼黻而不知其状，轻暖平簟而体不知其安。故向万物之美而不能嗛也，向，读为享，献也，谓受其献也。嗛，足也，快也。史记乐毅曰："先王以为嗛于志。"嗛，口簟反。〇俞樾曰：平乃席名，故与"簟"并言。说文艸部："蓱，蒲子，可以为平席。"释名释床帐曰："蒲平，以蒲作之，其体平也。"并可为证。假而得问而嗛之，则不能离也。假或有人问之，蹔以为足其意，终亦不能离于不足也。〇王念孙曰："得问"二字，义不可通，杨曲为之说，非也。"得问"当为"得间"，（古苋反。）字之误也。言忧恐在心，则虽享万物之美而心不慊，即使暂时得间

而慊之，而其不慊者仍在也。故向万物之美而盛忧，兼万物之利而盛害。如此者，其求物也？养生也？粥寿也？“也”，皆当为“邪”，问之辞。故欲养其欲而纵其情，纵其情，则欲终不可养也。欲养其性而危其形，欲养其乐而攻其心，欲养其名而乱其行。皆外重物之所致也。如此者，虽封侯称君，其与夫盗无以异；乘轩戴絻，其与无足无以异。絻与冕同。〇卢文弨曰：“夫盗”，元刻无“夫”字，“乘轩”上有“虽”字。无足，当谓贫人之本不足者。俞樾曰：无足，谓刖者也。乘轩戴絻而行，荣之至矣，然实与无足者之跉卓而行无以异也。“无足”与“乘轩”相应。卢未得其义。夫是之谓以己为物役矣。己为物之役使。心平愉，则色不及佣而可以养目，所视之物不及佣作之人，亦可养目。声不及佣而可以养耳，蔬食菜羹而可以养口，粗布之衣、粗紃之履而可以养体，粗紃之履，粗麻屦也。〇卢文弨曰：“蔬食”，当作“疏食”。屋室、庐庾、葭稾蓐、尚机筵而可以养形。庐，草屋也。庾，屋如廪庾者。葭，芦也。以庐庾为屋室，葭稾为席蓐，皆贫贱人之居也。尚机筵，未详。或曰：尚，言尚古，犹若称“尚书”之“尚”也。尚机筵，质朴之机筵也。〇王念孙曰：以庐庾为屋室，而云“屋室庐庾”，则文义不明，且与“葭稾蓐”文非一律。初学记器物部引作“局室、芦帘、稾蓐”，于义为长。说文：“局，促也。”局室，谓促狭之室。芦帘、稾蓐，谓以芦为帘、以稾为蓐也。“屋室”盖“局室”之误，“庐庾”盖“芦廉”之误。（“帘”“廉”古字通。）“稾蓐”与“芦廉”对文，则“稾”上不当有“葭”字，且葭即芦也，又与“芦”相复。故无万物之美而可以养乐，无埶列之位而可以养名。埶列，班列也。名，美名也。如是而加天下焉，其为天下多，其和乐少矣，以是无贪利之心，加以天下之权，则为天下必多，为己之私和乐少矣。〇王念孙曰：“和”，当为“私”，字之误也。（管子法禁篇“修上下之交，以私亲于民”，今本“私”误作“和”。）言以是不贪之心治天下，则其为天下必多，而为己之私乐必少也。私乐对天下之乐而言。若云“和乐少”，则义不可通。杨云“为己之私和乐少”，则未知“和”即“私”之误也。先谦案：王说是。注中“和”字，乃后人因正文误“私”为“和”

而羼入之，杨所见本盖不误。夫是之谓重己役物。知道则心平愉，心平愉则欲恶有节，不能动，故能重己而役物。自“有尝试”已下，皆论知道不知道也。无稽之言，不见之行，不闻之谋，君子慎之。无稽之言，言无考验者也。不见之行，不闻之谋，谓在幽隐，人所不闻见者，君子尤当戒慎，不可忽也。中庸曰：“戒慎乎其所不睹，恐惧乎其所不闻，莫见乎隐，莫显乎微，故君子慎其独也。”说苑作“无类之说，不戒之行，不赞之辞，君子慎之”。此三句不似此篇之意，恐误在此耳。○卢文弨曰：案此篇由孔子“必也正名”之恉推演之，极言人不能无欲，必贵乎导欲以合乎道，而不贵乎绝欲。此荀子之辟小家珍说，而与孔、孟所言治己治人之恉相合。后儒专言遏制净尽者，几何不以雍而溃矣。

荀子卷第十七

性恶篇第二十三

当战国时，竞为贪乱，不修仁义，而荀卿明于治道，知其可化，无势位以临之，故激愤而著此论。书曰“惟天生民，有欲无主，乃乱，惟聪明时乂”，亦与此义同也。旧第二十六，今以是荀卿论议之语，故亦升在上。○卢文弨曰：书作“惟天生聪明时乂”，此无“天生”二字，似误脱。

人之性恶，其善者伪也。伪，为也，矫也，矫其本性也。凡非天性而人作为之者，皆谓之伪。故为字“人”傍“为”，亦会意字也。○郝懿行曰：性，自然也。伪，作为也。“伪”与“为”，古字通。杨氏不了，而训为矫，全书皆然，是其蔽也。先谦案：郝说是。荀书伪，皆读为。下文“器生于工人之伪”尤其明证。今人之性，生而有好利焉，顺是，故争夺生而辞让亡焉；天生性也。顺是，谓顺其性也。生而有疾恶焉，顺是，故残贼生而忠信

连弧纹镜（春秋战国）

亡焉；疾与嫉同。恶，乌路反。生而有耳目之欲，有好声色焉，○先谦案：下"有"字疑衍。顺是，故淫乱生而礼义文理亡焉。文理，谓节文、条理也。然则从人之性，○先谦案：论语八佾篇集解："从，读曰纵。"下同。顺人之情，必出于争夺，合于犯分乱理而归于暴。○俞樾曰："犯分"，当作"犯文"。此本以"文""理"相对。上文曰"顺是，故淫乱生而礼义文理亡焉"，下文曰"合于文理，而归于治"，并其证也。"合于犯文乱理"，与"合于文理"正相对成义。今作"犯分"，则与下文不合矣。当由后人习闻"犯分"、罕闻"犯文"而误改之耳。故必将有师法之化、礼义之道，道与导同。然后出于辞让，合于文理，而归于治。用此观之，然则人之性恶明矣，其善者伪也。故枸木必将待檃栝、烝、矫然后直，枸，读为钩，曲也，下皆同。檃栝，正曲木之木也。烝，谓烝之使柔。矫，谓矫之使直也。钝金必将待砻、厉然后利。砻、厉，皆磨也。厉与砺同。○卢文弨曰：注"砺"，旧作"励"，误。今人之性恶，必将待师法然后正，得礼义然后治。今人无师法则偏险而不正，○王念孙曰：广雅："险，衺也。"成相篇曰："险陂倾侧。"大戴记卫将军文子篇曰："如商也，其可谓不险矣。"无礼义则悖乱而不治。古者圣王以人之性恶，以为偏险而不正，悖乱而不治，是以为之起礼义，制法度，以矫饰人之情性而正之，以扰化人之情性而导之也。始皆出于治、合于道者也。矫，强抑也。扰，驯也。今之人，化师法、积文学、道礼义者为君子；纵性情、安恣睢、而违礼义者为小人。用此观之，然则人之性恶明矣，其善者伪也。孟子曰："人之学者，其性善。"孟子言人之有学，适所以成其天性之善，非矫也。与告子所论者是也。曰：是不然。是不及知人之性，而不察乎人之性、伪之分者也。不及知，谓智虑浅近，不能及于知，犹言不到也。书曰"予冲人，不及知"也。凡性者，天之就也，不可学，不可事；礼义者，圣人之所生也，人之所学而能、所事而成者也。圣人之所生，明非天性也。事，为也，任也。周礼太宰职“六曰事典，以富邦国，以任百官”，郑云：“任，事也。”〇卢文弨曰：郑注本云“任，犹倳也”。玩杨意，却只作“事”。不可学、不可事而在人者谓之性，可学而能、可事而成之在人者谓之伪。是性、伪之分也。不可学、不可事，谓不学而能、不事而成也。〇顾千里曰：“而在人者”，“而”，疑当作“之”，“人”，疑当作“天”，与“可学而能、可事而成之在人者谓之伪”为对文也。上文“凡性者，天之就也，不可学，不可事”亦其明证。今人之性，目可以见，耳可以听。夫可以见之明不离目，可以听之聪不离耳，可见之明常不离于目，可听之聪常不离于耳也。目明而耳聪，不可学明矣。如目明耳聪之不假于学，是乃天性也。孟子曰：“今人之性善，将皆失丧其性故也。”孟子言失丧本性，故恶也。曰：若是，则过矣。今人之性，生而离其朴，离其资，必失而丧之。朴，质也。资，材也。言人若生而任其性，则离其质朴而偷薄，离其资材而愚恶，其失丧必也。〇郝懿行曰：“朴”，当为“樸”。樸者，素也。言人性生而已离其质樸与其资材，其失丧必矣，非本善而后恶。用此观之，然则人之性恶明矣。〇王念孙曰：此下亦当有“其善者伪也”句。“人之性恶，其善者伪也”二句，前后凡九见，则此亦当然。所谓性善者，不离其朴而美之，不离其资而利之也。不离质朴资材，自得美利，不假饰而善，此则为天性。使夫资朴之于美，心意之于善，若夫可以见之明不离目，可以听之聪不离耳，使质朴资材自善，如闻见之聪明常不离于耳目，此乃天性也。故曰目明而耳聪也。故曰如目明耳聪，此乃是其性，不然，则是矫伪使之也。今人之性，饥而欲饱，寒而欲暖，劳而欲休，此人之情性也。今人饥，见长而不敢先食者，将有所让也；〇俞樾曰：注不释“长”字，盖以为尊长也。然下文云“劳而不敢求患者，将有所代也”，无为尊长任劳之文，则此句“长”字亦非谓尊长也。长，读为粻。尔雅释言：“粻，粮也。”诗崧高篇“以峙其粻”，郑笺曰：“粻，“粮也。”“见粻而不敢先食”，与下文劳而不敢求息”意正相配，若作“见长”，则转与下意不伦矣。劳而不敢求息者，将有所代也。所以代尊长也。夫子之让乎父，弟之让乎兄，子之代乎父，弟之代乎兄，此二行者，皆反于性而悖于情也。悖，违。然而孝子之道，礼义之文理也。故顺情性则不辞让矣，辞让则悖于情性矣。用此观之，然则人之性恶明矣，其善者伪也。

问者曰："人之性恶，则礼义恶生？"礼义从何而生？恶音乌。应之曰：凡礼义者，是生于圣人之伪，非故生于人之性也。故，犹本也。言礼义生于圣人矫伪抑制，非本生于人性也。故陶人埏埴而为器，陶人，瓦工也。埏，击也。埴，埴黏土也。击黏土而成器。埏音羶。然则器生于工人之伪，非故生于人之性也。言陶器自是生于工人学而为之，非本生于人性自能为之也。或曰："工人"当为"陶人"。故，犹本也。○王念孙曰：杨后说以此"工人"为"陶人"之误，是也。此文本作"故陶人埏埴而为器，然则器生于陶人之伪，非故生于陶人之性也。故工人斫木而成器，然则器生于工人之伪，非故生于工人之性也"。今本"陶人之性"、"工人之性"，皆作"人之性"，此涉上下文"人之性"而误。下文云"瓦埴岂陶人之性"、"器木岂工人之性"，是其明证矣。故工人斫木而成器，然则器生于工人之伪，非故生于人之性也。圣人积思虑，习伪故，以生礼义而起法度，然则礼义法度者，是生于圣人之伪，非故生于人之性也。自是圣人矫人性而为之，如陶人、工人然也。若夫目好色，耳好声，口好味，心好利，骨体肤理好愉佚，是皆生于人之情性者也，肤理，皮肤文理也。佚与逸同。人劳苦则皮肤枯槁也。感而自然，不待事而后生之者也。受性自尔，不待学而知也。夫感而不能然，必且待事而后然者，谓之生于伪。○王引之曰：伪音为。"谓之伪"三字中不当有"生于"二字，此涉上"生于"而衍也。上文曰"可学而能、可事而成之在人者谓之伪"，正名篇曰"虑积焉、能习焉而后成谓之伪"，皆其证。是性、伪之所生，其不同之征也。征，验。故圣人化性而起伪，言圣人能变化本性而兴起矫伪也。伪起而生礼义，老子曰"智惠出，有大伪"，庄子亦云"仁相伪也，义相亏也"，皆言非其本性也。○谢本从卢校作"伪起于性"。王念孙曰：宋钱佃校本云："'伪起于性而生礼义'，诸本作'伪起而生礼义’，无‘于性’二字。”案诸本是也。上文云“凡礼义者，是生于圣人之伪，非故生于人之性也”，则不得言“伪起于性而生礼义”明矣。宋本有“于性”二字者，不晓荀子之意而妄加之也。礼义生于圣人之伪，故曰“伪起而生礼义”。下文云“能化性，能起伪，伪起而生礼义”，是其明证矣。先谦案：王说是。今从诸本删“于性”二字。礼义生而制法度。然则礼义法度者，是圣人之所生也。故圣人之所以同于众，其不异于众者，性也；○俞樾曰：同于众，即不异于众也，于文复矣。据下文云“所以异而过众者，伪也”，疑此文亦当作“所以同于众而不过于众者，性也”。“而”讹作“其”，“过”讹作“异”，而词意俱不可通矣。所以异而过众者，伪也。圣人过众，在能起伪。夫好利而欲得者，此人之情性也。假之人有弟兄资财而分者，且顺情性，好利而欲得，若是，则兄弟相拂夺矣；拂，违戾也。或曰：“拂”字从“木”旁“弗”，击也。方言云：“自关而西谓之柫。”今之农器连枷也。且，发辞也。○卢文弨曰：“拂夺”，宋本作“佛夺”，注同。俞樾曰：杨注“违戾”之训既得之矣，读拂为拂，义转迂曲。说文：“拂，过击也。”拂自可训击，何必改为“柫”乎？柫者，农器也，施之于此，非所安矣。又案：说文色部艴怒色也。此“拂”字，疑“艴”之假音。言兄弟必艴然争夺也。先谦案：据下文言“让乎国人”，则非兄弟分财之谓，明“弟兄”二字衍文也。有资财而分，顺情性则兄弟相夺，化礼义则让乎国人，文义正相对待，若兄弟分财而让及国人，非情理所有矣。“弟兄”二字，乃浅人缘下文“兄弟相拂夺”妄加之。且化礼义之文理，若是则让乎国人矣。故顺情性则弟兄争矣，化礼义则让乎国人矣。凡人之欲为善者，为性恶也。为其性恶，所以欲为善也。夫薄愿厚，恶愿美，狭愿广，贫愿富，贱愿贵，苟无之中者，必求于外；故富而不愿财，贵而不愿埶，苟有之中者，必不及于外。既有富贵于中，故不及财埶于外也。用此观之，人之欲为善者，为性恶也。无于中，故求于外，亦犹贫愿富之比。今人之性，固无礼义，故强学而求有之也；性不知礼义，故思虑而求知之也。然则生而已，则人无礼义，不知礼义。生而已，谓不矫伪者。○卢文弨曰：“生而已”，元刻作“性而已”，下同。人无礼义则乱，不知礼义则悖。然则生而已，则悖乱在己。用此观之，人之性恶明矣，其善者伪也。不矫而为之，则悖乱在己，以此知其性恶也。

孟子曰：“人之性善。”曰：是不然。凡古今天下之所谓善者，正理平治也；所谓恶者，偏险悖乱也。是善恶之分也已。善恶之分，在此二者。分，扶问反。今诚以人之性固正理平治邪？则有恶用圣王、恶用礼义矣哉！有，读为又。恶音乌。虽有圣王礼义，将曷加于正理平治也哉！今不然，人之性恶。今以性善为不然者，谓人之性恶也。故古者圣人以人之性恶，以为偏险而不正，悖乱而不治，故为之立君上之埶以临之，明礼义以化之，起法正以治之，重刑罚以禁之，使天下皆出于治、合于善也。是圣王之治，而礼义之化也。今当试去君上之埶，〇先谦案：“当”，是“尝”之借字。当试，犹尝试，说见君子篇。无礼义之化，去法正之治，无刑罚之禁，倚而观天下民人之相与也，倚，任也。或曰：倚，偏倚。犹傍观也。〇王念孙曰：杨说非也。倚者，立也。言立而观之。说卦传“参天两地而倚数”，虞翻曰：“倚，立也。”（广雅同。）楚辞九辩“澹容与而独倚兮”，谓独立也。招隐士“白鹿麏麚兮，或腾或倚”，谓或腾或立也。列子黄帝篇曰“有七尺之骸，手足之异，戴发含齿，倚而趣者，谓之人”，谓立而趣也。淮南氾论篇曰：“立之于本朝之上，倚之于三公之位。”若是，则夫强者害弱而夺之，众者暴寡而哗之，众者陵暴于寡而喧哗之，不使得发言也。〇俞樾曰：如杨注“哗”与“夺”义不伦。礼记曲礼篇“为国君华之”，郑注曰：“华，中裂之。”此文“哗”字，当读为华，而从“中裂”之训。陵暴于寡而分裂之，与害弱而夺之者无异也。天下之悖乱而相亡不待顷矣。顷，少顷也。本或为“须”，须臾也。用此观之，然则人之性恶明矣，其善者伪也。故善言古者必有节于今，善言天者必有征于人。节，准。征，验。〇郝懿行曰：节者，信也。言论古必以今事为符信。四语，董子书偁之。王引之曰：诸书无训节为准者。节，亦验也。礼器注云：“节，犹验也。”下文曰“凡论者，贵其有辨合，有符验”，“符验”即“符节”。（哀六年公羊传注：“节，信也。”齐策注：

"验，信也。"或言"符节"，或言"符验"，或言"符信"，一也。）汉书董仲舒传作"善言古者必有验于今"，是"节"即"验"也。凡论者，贵其有辨合，有符验，辨，别也。周礼小宰"听称责以傅别"，郑司农云："别之为两，两家各执其一。"符，以竹为之，亦相合之物。言论议如别之合，如符之验，然可施行也。故坐而言之，起而可设，张而可施行。今孟子曰"人之性善"，无辨合符验，坐而言之，起而不可设，张而不可施行，岂不过甚矣哉！故性善则去圣王、息礼义矣；性善则不假圣王礼义也。性恶则与圣王、贵礼义矣。〇谢本从卢校"与"作"兴"。王念孙曰：吕、钱本"兴"皆作"与"。案齐语"桓公知天下诸侯多与己也"，韦注曰："与，从也。"与圣王，从圣王也。"与"与"去"正相反，则作"与"者是，从元刻作"兴"非。先谦案：王说是。今改正。故檃栝之生，为枸木也；绳墨之起，为不直也；立君上，明礼义，为性恶也。用此观之，然则人之性恶明矣，其善者伪也。直木不待檃栝而直者，其性直也；枸木必将待檃栝、烝、矫然后直者，以其性不直也。今人之性恶，必将待圣王之治、礼义之化，然后皆出于治、合于善也。用此观之，然则人之性恶明矣，其善者伪也。

问者曰："礼义积伪者，是人之性，故圣人能生之也。"言礼义虽是积伪所为，亦皆人之天性自有，圣人能生之，众人但不能生耳。〇先谦案：礼义积伪者，积作为而起礼义也。杨注非。应之曰：是不然。夫陶人埏埴而生瓦，然则瓦埴岂陶人之性也哉？岂陶人亦性而能瓦埴哉？亦积伪然后成也。工人斫木而生器，然则器木岂工人之性也哉？夫圣人之于礼义也，辟则陶埏而生之也，辟，读为譬。然则礼义积伪者，岂人之本性也哉？凡人之性者，尧、舜之与桀、跖，其性一也；君子之与小人，其性一也。言皆恶也。今将以礼义积伪为人之性邪？然则有曷贵尧、禹，曷贵君子矣哉？所以贵尧、禹者，以其能化性、异于众也。有，读为又。凡所贵尧、禹、君子者，能化性，能起伪，伪起而生礼义。然则圣人之于礼义积伪也，亦犹陶埏而生之也。圣人化性于礼义，犹陶人埏埴而生瓦。〇王念孙曰：吕、钱本"亦"下皆有"犹"字。案上文云"夫圣人之于礼义也，辟亦陶埏而生之也"，则此句内当有“犹”字。故杨注亦云：“圣人化性于礼义，犹陶人埏埴而生瓦。”先谦案：谢本从卢校无“犹”字。今依王说，从吕、钱本增。用此观之，然则礼义积伪者，岂人之性也哉？即类陶埏而生，明非本性也。所贱于桀、跖、小人者，从其性，顺其情，安恣睢，以出乎贪利争夺。故人之性恶明矣，其善者伪也。桀、跖、小人，是人之本性也。天非私曾、骞、孝已而外众人也，曾、骞，曾参、闵子骞也；孝已，殷高宗之太子：皆有至孝之行也。然而曾、骞、孝已独厚于孝之实而全于孝之名者，何也？以綦于礼义故也。三人能矫其性，极为礼义故也。天非私齐、鲁之民而外秦人也，然而于父子之义、夫妇之别，不如齐、鲁之孝具敬父者，何也？孝具，能具孝道。“敬父”，当为“敬文”，传写误耳。敬而有文，谓夫妇有别也。王念孙曰：敬文，见劝学、礼论二篇。“于父子之义、夫妇之别”上，当有“秦人”二字，而今本脱之。“孝具”二字不词，且与“敬文”不对，“具”当为“共”，字之误也。“孝共”，即“孝恭”，（“令德孝恭”，见周语。）正与“敬文”对。杨云“孝具，能具孝道”，此望文生义而非其本旨。以秦人之从情性、安恣睢、慢于礼义故也。岂其性异矣哉？綦礼义则为曾、闵，慢礼义则为秦人，明性同于恶，唯在所化耳。若以为性善，则曾、闵不当与众人殊，齐、鲁不当与秦人异也。

黄玉透雕龙纹玉饰（春秋战国）

“涂之人可以为禹”，曷谓也？涂，道路也。旧有此语，今引以自难。言若性恶，何故涂之人皆可以为禹也。曰：凡禹之所以为禹者，以其为仁义法正也。然则仁义法正有可知可能之理，人皆有之。然而涂之人也，皆有可以知仁义法正之质，皆有可以能仁义法正之具，然则其可以为禹明矣。今以仁义法正为固无可知可能之理邪？然则唯禹不知仁义法正，不能仁义法正也。唯，读为虽。将使涂之人固无可以知仁义法正之质，而固无可以能仁义法正之具邪？然则涂之人也，且内不可以知父子之义，外不可以知君臣之正。不然。以涂之人无可知可能之论为不然也。〇俞樾曰："不然"二字当在"今"字之下，"今不然"三字为句。上文云"今不然，人之性恶"是其例也。今涂之人者，皆内可以知父子之义，外可以知君臣之正，然则其可以知之质、可以能之具，其在涂之人明矣。今使涂之人者以其可以知之质、可以能之具，本夫仁义之可知之理、可能之具，然则其可以为禹明矣。今使涂之人伏术为学，专心一志，思索孰察，加日县久，积善而不息，则通于神明、参于天地矣。伏术，伏膺于术。孰察，精孰而察。加日，累日也。县久，县系以久长。〇郝懿行曰："伏"与"服"，古字通。服者，事也。古书"服事"亦作"伏事"，"服膺"亦作"伏膺"。王念孙曰：术者，道也。（见大传注、乐记注、鲁语、晋语注。）服术，犹言事道。故圣人者，人之所积而致矣。虽性恶，若积习，则可为圣人。书曰："惟狂克念作圣。"曰："圣可积而致，然而皆不可积，何也？"曰：可以而不可使也。可以为而不可使为，以其性恶。故小人可以为君子而不肯为君子，君子可以为小人而不肯为小人。小人、君子者，未尝不可以相为也，然而不相为者，可以而不可使也。故涂之人可以为禹则然，涂之人能为禹未必然也。〇卢文弨曰："故涂之人可以为禹"下，元刻有"未必然也，涂之人可以为禹"十一字，宋本无。虽不能为禹，无害可以为禹。足可以遍行天下，然而未尝有能遍行天下者也。夫工匠、农、贾，未尝不可以相为事也，事，业。然而未尝能相为事也。用此观之，然则可以为，未必能也；虽不能，无害可以为。然则能不能之与可不可，其不同远矣，其不可以相为明矣。工、贾可以相为而不能相为，是可与能不同也。可与能既不同，则终不可以相为也。此明禹亦性恶，以能积伪为圣人，非禹性本善也。圣人异于众者，在化性也。尧问于舜曰："人情何如？"舜对曰："人情甚不美，又何问焉？妻子具而孝衰于亲，嗜欲得而信衰于友，爵禄盈而忠衰于君。人之情乎！人之情乎！甚不美，又何问焉？"唯贤者为不然。引此亦以明性之恶。韩侍郎作性原曰："性也者，与生俱生也；情也者，接于物而生也。性之品有三，而其所以为性五；情之品有三，而其所以为情七。曰：何也？曰：性之品有上、中、下三。上焉者，善而已矣；

中焉者，可道而上下也；下焉者，恶焉而已矣。其所以为性者五：曰仁，曰礼，曰信，曰义，曰智。上焉者之于五也，主于一而行于四；中焉者之于五也，一不少有焉，则少反焉，其于四也混；下焉者之于五也，反于一而悖于四。性之于情，视其品。情之品有上、中、下三，其所以为情者七：曰喜，曰怒，曰哀，曰惧，曰爱，曰恶，曰欲。上焉者之于七也，动而处其中；中焉者之于七也，有所甚，有所亡，然而求合其中者也；下焉者之于七也，亡与甚，直情而行者也。情之于性，视其品。孟子之言性曰：'人之性善。'荀子之言性曰：'人之性恶。'扬子之言性曰：'人之性，善恶混。'夫始善而进恶，与始恶而进善，与始也混而今也善恶，皆举其中而遗其上下者也，得其一而失其二者也。叔鱼之生也，其母视之，知其必以贿死。杨食我之生也，叔向之母闻其号也，知必灭其宗。越椒之生也，子文以为大戚，知若敖氏之鬼不食也。人之性果善乎？后稷之生也，其母无灾；其始匍匐也，则岐岐然，嶷嶷然。文王之在母也，母不忧；既生也，傅不勤；既学也，师不烦。人之性果恶乎？尧之朱，舜之均，文王之管、蔡，习非不善也，而卒为奸。瞽叟之舜，鲧之禹，习非不恶也，而卒为圣。人之性，善恶果混乎？故曰：三子之言性也，举其中而遗其上下者也，得其一而失其二者也。曰：然则性之上下者，其终不可移乎？曰：上之性，就学而愈明；下之性，畏威而寡罪。是故上者可学而下者可制也，其品则孔子谓'不移'也。曰：今之言性者异于此，何也？曰：今之言者，杂老、佛而言也。杂老、佛而言之也者，奚言而不异？"有圣人之知者，有士君子之知者，有小人之知者，有役夫之知者：多言则文而类，终日议其所以，言之千举万变，其统类一也，是圣人之知也。文，谓言不鄙陋也。类，谓其统类不乖谬也。虽终日议其所以然，其言千举万变，终始条贯如一，是圣人之知也。少言则径而省，论而法，若佚之以绳，是士君子之知也。径，易也。省，谓辞寡。论而法，谓论议皆有法，不放纵也。"论"或为"伦"。佚，犹引也。佚以绳，言其直也。圣人经营事广，故曰"多言"；君子止恭其所守，故曰"少言"也。〇郝懿行曰：径者，直也。论，犹伦也。古"论""伦"字亦通。佚者，隐也。言若暗合于绳墨，不邪曲也。杨注非。俞樾曰：杨注"佚，犹引也"，然佚无引义，恐不可从。佚，当读为秩。秩之言次也、序也。僖三十一年公羊传"天子秩而祭之"，何休注曰："秩者，随其大小、尊卑、高下所宜。"故字亦通作"程"。尚书尧典"平秩东作"、"平秩南讹"、"平秩西成"，史记五帝本纪"秩"皆作"程"。段玉裁以说文"戥""䠠"字皆读若诗"秩秩大猷"为证。是程与秩，声义俱相近。秩之以绳，犹程之以绳也。致仕篇曰"程者，物之准也"是其义也。其言也謟，其行也悖，其举事多悔，是小人之知也。言謟、行悖，谓言行相违也。○卢文弨曰：宋本"謟"作"谄"，"悔"作"侮"，今从元刻。俞樾曰："多悔"义不可通，卢从元刻作"悔"，是也。诗生民篇"庶无罪悔"，郑笺曰："无有罪过。"是过谓之悔也。襄二十九年公羊传"尚速有悔于予身"，何休解诂曰："悔，咎。"是咎谓之悔也。多悔，犹云"多过""多咎"耳。其本字当作"痗"，"悔"乃假借字。诗十月之交篇"亦孔之痗"，释文曰："痗，本作悔。"齐给、便敏而无类，杂能、旁魄而无用，齐，疾也。给，谓应之速，如供给者也。便，谓轻巧。敏，速也。无类，首尾乖戾。杂能，多异术也。旁魄，广博也。无用，不应于用。便，匹延反。魄音薄。○卢文弨曰："无用"，宋本、元刻俱作"毋用"，注同。郝懿行曰：类者，善也。"旁魄"即"旁薄"，皆谓大也。析速、粹孰而不急，析，谓析辞，若"坚白"之论者也。速，谓发辞捷速。粹孰，所著论甚精孰也。不急，言不急于用也。○谢本从卢校"析"作"折"，注同。郝懿行曰：折速者，言转折疾速也。粹与萃同，聚也。萃孰，言论荟萃而练孰也。此皆以言语争胜，故下遂云："不恤是非，不论曲直，以期胜人为意，是役夫之知也。"王念孙曰：吕、钱本皆作"析速"。案杨注云"析，谓析辞，（今本注文亦讹作"折"。案析辞见解蔽、正名二篇。）若'坚白'之论者也"，则本作"析"明矣。卢从元刻作"折"，非。先谦案：王说是，今从吕、钱本并注文改正。郝说非。不恤是非，不论曲直，以期胜人为意，是役夫之知也。期于必胜人，惠施之论也。徒自劳苦争胜而不知礼义，故曰"役夫之知也"。有上勇者，有中勇者，有下勇者：天下有中，敢直其身；中，谓中道。敢，果决也。直其身，谓中立而不倚，无回邪也。先王有道，敢行其意；言不疑也。上不循于乱世之君，下不俗于乱世之民；循，顺从也。俗，谓从其俗也。〇俞樾曰：杨注以从其俗为俗，义不可通。“俗”乃“铅”字之误。荀子书屡用“铅”字。荣辱篇曰“铅之重之”，又曰“反铅察之而俞可好也”，礼论篇曰“则必反铅过故乡”，注并曰：“铅与沿同，循也。”是铅、循同谊。“上不循于乱世之君，下不铅于乱世之民”，两句一律。“铅”“俗”字形相似，传写者因而致误耳。先谦案：王念孙云“不俗，不习也”，说见荣辱篇。王不改字，义较长。俞说亦通。仁之所在无贫穷，仁之所亡无富贵；唯仁所在，谓富贵。礼记曰：“不祈多积多文以为富也。”〇卢文弨曰：案此言仁之所在，虽贫穷甘之；仁之所亡，虽富贵去之。注非。王念孙曰：此汪中说也，见丙申校本。天下知之，则欲与天下同苦乐之，得权位则与天下之人同休戚。“苦”，或为“共”也。〇王念孙曰：作“共”者是也。此本作“欲与天下共乐之”。上言“仁之所在无贫穷，仁之所亡无富贵”，则此言“与天下共乐之”者，谓共乐此仁也，“乐”上不当有“苦”字。今本作“同苦乐之”者，“共乐”误为“苦乐”，后人又于“苦乐”上加“同”字耳。杨云“与天下同休戚”，此望文生义而为之说耳。太平御览人事部七十六引作“欲与天下共乐之”，无“同”字，则宋初本尚有不误者。天下不知之，则傀然独立天地之间而不畏：是上勇也。傀，傀伟，大貌也，公回反。或曰：傀与块同，独居之貌也。〇王念孙曰：后说是也。君道云：“块然独坐。”礼恭而意俭，大齐信焉而轻货财，大，重也。齐信，谓整齐于信也。〇王念孙曰：尔雅：“齐，中也。”言大中信而轻货财也。康王之诰“底至齐信”，传以“齐信”为“中信”，是其证。“齐信”与“货财”对文。非十二子篇“大俭约而僈差等”，与此文同一例，则齐信非“整齐于信”之谓。贤者敢推而尚之，不肖者敢援而废之，是中勇也。尚，上也。援，牵引也。轻身而重货，恬祸而广解，恬，安也。谓安于祸难也。而广自解说，言以辞胜人也。解，佳买反。苟免，不恤是非、然不然之情，以期胜人为意，是下勇也。〇卢文弨曰：“苟免”上当脱三字，以上二句例之自明。

王念孙曰：此亦汪氏说也。汪又云：“‘苟免’，或是注文混入。”先谦案：“不然”，“然”字衍，说见儒效篇。繁弱、钜黍，古之良弓也，繁弱，封父之弓。左传曰：“封父之繁弱。”钜与拒同。“黍”当为“来”。史记苏秦说韩王曰“谿子、少府时力、距来”，司马贞云：“言弓弩埶劲，足以拒于来敌也。”○郝懿行曰：性恶篇末自“繁弱、钜黍”以下，皆言身有美质，亦须师友渐靡而成，然则性质本恶，必资师友切劘而善，其意自明矣。然亦可知性善、性恶皆执一偏而言，若就浑全而论，自当善恶并存。所以孔子语性，惟言“相近”，可知善恶存焉尔；又言“相远”，可知善恶分焉尔。故曰“群言淆乱衷诸圣”也。王念孙曰：案作“钜黍”者是，说见史记苏秦传。然而不得排檠则不能自正。排檠，辅正弓弩之器。檠，巨京反。桓公之葱，大公之阙，文王之禄，庄君之曶，阖闾之干将、莫邪、钜阙、辟闾，此皆古之良剑也，葱、阙、录、曶，齐桓公、齐太公、周文王、楚庄王之剑名，皆未详所出。葱，青色也，录与绿同，二剑以色为名。曹植七启说剑云“雕以翠绿”，亦其类也。曶，剑光采慌忽难视，以形为名也。阙，未详。或曰：阙，缺也。剑至利则喜缺，因以为名，钜阙亦是也。干将、莫邪、巨阙，皆吴王阖闾剑名。辟闾，未详。新序闾丘印谓齐宣王曰：“辟闾、巨阙，天下之良剑也。”或曰：辟闾，即湛卢也。闾、卢声相近。卢，黑色也。湛卢，言湛然如水而黑也。又张景阳七发说剑曰“舒辟不常”，李善云：“辟，卷也。言神剑柔，可卷而怀之，舒则可用。”辟闾或此义欤？○卢文弨曰：“曶”，旧本作“曶”，讹，今改正，注同。然而不加砥厉则不能利，不得人力则不能断。骅骝、騹、骥、纤离、绿耳，此皆古之良马也，皆周穆王八骏名。騹读为骐，谓青骊，文如博棋。列子作“赤骥”，与此不同。纤离，即列子“盗骊”也。○王念孙曰：“骐骥”之为“騹骥”，犹“耄期”之为“耄勤”也。（凡之部之字，或与谆部相转，说见致士篇“隐忌”下。）杨云“騹读为骐”是也，而云“谓青骊，文如博棋”则非。然而前必有衔辔之制，后有鞭策之威，○王念孙曰：“前必有”本作“必前有”。“前有”“后有”皆承“必”字而言，若作“前必有”，则与下句不贯矣。群书治要及初学记人部中、太平御览人事部四十五并引作“必前有”。加之以造父之驭，然后一日而致千里也。夫人虽有性质美而心辩知，必将求贤师而事之，择良友而友之。得贤师而事之，则所闻者尧、舜、禹、汤之道也；得良友而友之，则所见者忠信敬让之行也。身日进于仁义而不自知也者，靡使然也。靡，谓相顺从也。或曰：靡，磨切也。今与不善人处，则所闻者欺诬诈伪也，所见者污漫、淫邪、贪利之行也，污，秽行也。漫，诞漫欺诳也。庄子北人无择曰“舜以其辱行漫我”也。身且加于刑戮而不自知者，靡使然也。传曰：“不知其子视其友，不知其君视其左右。”靡而已矣，靡而已矣。

君子篇第二十四

凡篇名多用初发之语名之，此篇皆论人君之事，即“君子”当为“天子”，恐传写误也。旧第三十一，今升在上。

天子无妻，告人无匹也。告，言也。妻者，齐也。天子尊无与二，故无匹也。四海之内无客礼，告无适也。适，读为敌。礼记曰：“天子无客礼，莫敢为主焉。君适其臣，升自阼阶，不敢有其室也。”足能行，待相者然后进；口能言，待官人然后诏。官人，掌喉舌之官也。不视而见，不听而聪，不言而信，不虑而知，不动而功，告至备也。尽委于群下，故能至备也。天子也者，执至重，形至佚，心至愈，愈，读为愉。志无所诎，形无所劳，尊无上矣。诗曰：“普天之下，莫非王土；率土之滨，莫非王臣。”此之谓也。诗，小雅北山之篇。率，循也。滨，涯也。圣王在上，分义行乎下，则士大夫无流淫之行，○先谦案：群书治要“流”作“沈”，二字通用，说见劝学篇。百吏官人无怠慢之事，众庶百姓无奸怪之俗，无盗贼之罪，莫敢犯大上之禁。大，读为太。太上，至尊之号。○俞樾曰：杨说非也。此当作“莫敢犯上之大禁”，传写倒之耳。下文云“皆知夫犯上之禁不可以为安也”，不言“犯太上之禁”，可知此文之误矣。先谦案：群书治要正作“莫敢犯上之禁”，无“大”字。天下晓然皆知夫盗窃之人不可以为富也，皆知夫贼害之人不可以为寿也，〇王念孙曰：“盗窃之”、“贼害之”下，皆本无“人”字，后人加两“人”字，而以“盗窃之人”、“贼害之人”与“犯上之禁”对文，谬矣。盗窃不可以为富，贼害不可以为寿，皆指其事而言，非指其人而言，不得加入两“人”字也。群书治要无“人”字。先谦案：寿，谓年命短长。人自贼害者，非其寿命本如此也。皆知夫犯上之禁不可以为安也。由其道，则人得其所好焉；不由其道，则必遇其所恶焉：道，谓政令。是故刑罚綦省而威行如流。世晓然皆知夫为奸则虽隐窜逃亡之由不足以免也，故莫不服罪而请。自请刑戮。〇谢本从卢校“世”上有“治”字。卢文弨曰：“治世”，元刻无“治”字。由、犹通。“故莫不”，宋本无“故”字。王念孙曰：无“治”字者是也。世晓然，犹上文言“天下晓然”，则“世”上不当有“治”字。自“圣王在上”以下至此，皆治世之事，则无庸更言“治世”，“治”字即上“流”字之误而衍者。宋钱佃校本亦云：“诸本无治字。”俞樾曰：请，当读为情。成相篇“明其请”，注曰：“请，当为情。”礼论篇“情文俱尽”，史记礼书“情”作“请”，徐广曰：“古情字或假借作请。”是其证也。情，实也。莫不服罪而情，犹莫不服罪而实也。言服罪而不敢虚诞也。论语所谓“则民莫敢不用情”也。杨注以本字释之，误矣。成相篇曰“下不欺上，皆以情言明若日”，即此“情”字之义。先谦案：王说无“治”字，是也。今从诸本删正。书曰：“凡人自得罪。”此之谓也。言人人自得其罪，不敢隐也。与今康诰义不同，或断章取义与？故刑当罪则威，不当罪悔；爵当贤则贵，不当贤则贱。不当则为下所侮贱。古者刑不过罪，爵不逾德，故杀其父而臣其子，杀其兄而臣其弟。言当罪而用贤，归于至公也。谓若殛鲧兴禹，杀管叔、封康叔之比也.。刑罚不怒罪，爵赏不逾德，〇郝懿行曰：怒，盖盈溢之意，与逾义近。杨氏无注，或以恚怒为说，则非。王念孙曰：怒、逾，皆过也。（淮南主术篇注：“逾犹过也。”）方言曰：“凡人语而过，东齐谓之詈。”又曰：“詈，犹怒也。”是“怒”即“过”也。上言“刑不过罪”，此言“刑罚不怒罪”，其义一而已矣。分然各以其诚通。善恶

分然，其忠诚皆得通达，无屈滞。○先谦案：分然，又说见儒效篇。是以为善者劝，为不善者沮，刑罚綦省而威行如流，政令致明而化易如神。○俞樾曰：易，当读为施。诗皇矣篇“施于孙子”，郑笺曰：“施，犹易也。”故“施”“易”二字古通用。何人斯篇“我心易也”，释文曰：“易，韩诗作施。”是其证也。化易如神者，化施如神也，正与上句“威行如流”一律。传曰：“一人有庆，兆民赖之。”此之谓也。尚书甫刑之辞。乱世则不然：刑罚怒罪，爵赏逾德，以族论罪，以世举贤。泰誓所谓“罪人以族，官人以世”。公羊亦云：“尹氏卒，曷为贬？讥世卿也。”故一人有罪而三族皆夷，德虽如舜，不免刑均，是以族论罪也。三族，父、母、妻族也。夷，灭也。均，同也。谓同被其刑也。○卢文弨曰：案士昏礼记“惟是三族之不虞”，郑注：“三族，谓父昆弟、己昆弟、子昆弟也。”又注周礼小宗伯，礼记仲尼燕居，皆云：“三族，父、子、孙。”先祖当贤，后子孙必显，行虽如桀、纣，列从必尊，此以世举贤也。当贤，谓身当贤人之号也。列从，谓行列相从。“当”，或为“尝”也。○王念孙曰：元刻无“后”字，群书治要同。案“先祖当贤”，即“先祖尝贤”，作“当”者，借字耳。正名篇曰“尝试深观其隐而难察者”，性恶篇曰“当试去君上之势”，“当试”即“尝试”也。杨谓“身当贤人之号”，失之。古多以“当”为“尝”，说见墨子天志下篇注。以族论罪，以世举贤，虽欲无乱，得乎哉！诗曰：“百川沸腾，山冢崒崩；高岸为谷，深谷为陵。哀今之人，胡憯莫惩！”此之谓也。诗，小雅十月之交之篇。毛云：“沸，出也。腾，乘也。山顶曰冢。崒者，崔嵬。‘高岸为谷，深谷为陵’，言易位也。”郑云：憯，曾也。惩，止也。变异如此，祸乱方至，哀哉！今在位之人，何曾无以道德止之！”论法圣王，则知所贵矣；论议法，效圣王。以义制事，则知所利矣。以义制事则利博。论知所贵，则知所养矣；事知所利，则动知所出矣。养，谓自奉养。所出，谓所从也。○陈奂曰：案养，取也。知所养，知所取法也。周颂毛传云：“养，取也。”是养有取义。注“养，谓自奉养”，失之。俞樾曰：四句相对成文，下句不应多“动”字。注亦不及“动”字之谊，则“动”字衍文也。二者，是非之本、得失之原也。故成王之于周公也，无所往而不听，知所贵也。桓公之于管仲也，国事无所往而不用，知所利也。吴有伍子胥而不能用，国至于亡，倍道失贤也。故尊圣者王，贵贤者霸，敬贤者存，慢贤者亡，古今一也。故尚贤使能，等贵贱，分亲疏，序长幼，此先王之道也。故尚贤、使能，则主尊下安；贵贱有等，则令行而不流；流，邪移也。各知其分，故无违令。○王念孙曰：流，读为留。各安其分，则上令而下从，故令行而不留也。君道篇曰"兼听齐明而百事不留"是也。群书治要正作"令行而不留"，作"流"者，借字耳。（系辞传"旁行而不流"，释文："流，京作留。"荀子王制篇"无有滞留"，韩诗外传作"无有流滞"。）杨以流为邪移，失之。亲疏有分，则施行而不悖，施，谓恩惠。亲疏有分，则恩惠各亲其亲，故不乖悖。施，式豉反。分，扶问反。长幼有序，则事业捷成而有所休。捷，速也。长幼各任其力，故事业速成，而亦有所休息之时也。○郝懿行曰：捷者，接也。夫少长有礼，晋人知其可用；洙、泗无断，鲁俗觇其尤美。故知长幼循其序，而后事业有所归。捷与接同。言相接续而成，故人得休息也。捷不训速，杨注恐非。故仁者，仁此者也；仁，谓爱说也。此，谓尚贤、使能、等贵贱、分亲疏、序长幼五者也。爱说此五者，则为仁也。义者，分此者也；分别此五者，使合宜，则为义也。节者，死生此者也；能为此五者死生，则为名节也。忠者，惇慎此者也。慎，读如顺。人臣能厚顺此五者，则为忠也。○郝懿行曰：慎者，诚也。言能惇厚诚信于此五者，谓之忠也。（说见不苟篇。）俞樾曰："厚"与"顺"谊不伦，杨说非是。"敦慎"，当作"敦慕"。儒效篇曰"敦慕焉，君子也"，王氏引之云："敦、慕，皆勉也。"尔雅曰："敦，勉也。"又曰："慔慔，勉也。"释文："慔，亦作慕。"是敦、慕并为勉。此文疑本作"忠者敦慔此者也"，"敦慔"与"敦慕"，文异而义同，言人臣能勉此则为忠也。说文心部："慔，勉也。"是"慔"其本字，"慕"其假字。此用本字作"慔"，因讹为"慎"矣。先谦案：群书治要"惇慎"下有"于"字。兼此而能之，备矣。兼此仁、义、忠、节而能之，则为德备也。备而不矜，一自善也，谓之圣。一，皆也。德备而不矜伐于人，皆所以自善，则谓之圣人。夫众人之心，有一善则扬扬如也。圣人包容万物，与天地同功，何所矜伐为也？○郝懿行曰：上言兼此仁、义、忠、节而能之，备矣，德备而不矜伐于人，一一自然尽善，非圣人不能也。先谦案：杨注未顺。郝说增文成义，即言“备”，又言“一一尽善”，于文为复矣。自，犹己也。德备而不以己之一善自矜，非圣人不能也。不矜矣，夫故天下不与争能而致善用其功。不矜而推众力，故天下不敢争能，而极善用于众功。矜则有敌，故不尊也。有而不有也，夫故为天下贵矣。有能而不自有。诗曰：“淑人君子，其仪不忒。其仪不忒，正是四国。”此之谓也。诗，曹风尸鸠之篇。言善人君子，其仪不忒，故能正四方之国。以喻正身待物则四国皆化，恃才矜能则所得者小也。

荀子卷第十八

成相篇第二十五

以初发语名篇，杂论君臣治乱之事，以自见其意，故下云“托于成相以喻意”。汉书艺文志谓之成相杂辞，盖亦赋之流也。或曰：成功在相，故作成相三章。旧第八，今以是荀卿杂语，故降在下。○卢文弨曰：成相之义，非谓“成功在相”也，篇内但以国君之愚暗为戒耳。礼记“治乱以相”，相乃乐器，所谓春牍。又古者瞽必有相。审此篇音节，即后世弹词之祖。篇首即称“如瞽无相何伥伥”，义已明矣。首句“请成相”，言请奏此曲也。汉艺文志“成相杂辞十一篇”，惜不传，大约托

错银卧牛青铜镇（春秋战国）

于瞽蒙讽诵之词，亦古诗之流也。逸周书周祝解亦此体。王引之曰：杨、卢二说皆非也。杨谓“汉书艺文志谓之成相杂辞”，案志所载成相杂辞在汉人杂赋之末，非谓荀子之成相篇也。杨又云“成功在相”，稍为近之，然亦非荀子所谓“成相”也。卢以相为乐器之舂牍，斯为谬矣。以相为乐器，则“成相”二字义不可通，且乐器多矣，何独举舂牍言之乎？若篇首称“如瞽无相”，乃指相瞽之人而言，非乐器，亦非乐曲也。窃谓相者，治也。（昭九年左传“楚所相也”，二十五年传“相其室”，杜注并曰：“相，治也。”小尔雅同。）成相者，成此治也。成相者，请言成治之方也。自“世之殃”以下，乃先言今之不治，然后言成治之方也。（下文“请布基”、“请牧基”，皆言成治之方也，与“请成相”同义。）下文云“凡成相，辨法方”，又云“请成相，道圣王”，又云“请成相，言治方”，是“成相”即“成治”也。（又云“治之经，礼与刑”、“治之志，后势富”、“治之道，美不老”。）后言“托于成相以喻意”者，成相为此篇之总名，谓托此一篇之词以喻意，非谓托于蒙瞽讽诵之词也。俞樾曰：卢说是也。惟引“治乱以相”及“瞽必有相”以释“相”字，则皆失之。乐器多矣，何独举舂牍为言？既以为乐器，又以为瞽必有相，义又两歧矣。此“相”字，即“舂不相”之相。礼记曲礼篇“邻有丧，舂不相”，郑注曰：“相，谓送杵声。”盖古人于劳役之事，必为歌讴以相劝勉，亦举大木者呼邪许之比，其乐曲即谓之相。请成相者，请成此曲也。汉志有成相杂辞。足征古有此体。王氏必以卢说为谬，何也？先谦案：俞说近是。王以成相为成治，于汉书之成相杂辞及本篇云“托于成相以喻意”义未洽。郝氏读相为平声，尤非。

请成相，请言成相之辞。世之殃，愚暗愚暗堕贤良。世之殃，由于愚暗，此愚暗以重堕贤良也。堕，许规反。〇卢文弨曰：案“愚暗”重言之者，即下文“愚以重愚，暗以重暗”之意。注似尚有脱误。又“堕”字即“隓”字之俗。说文于“隓”下作“许规切”，下有“𡐦”，注为“篆文”。又载“隓”字注“今俗作堕，徒果切”，则此字当从徒果切。广韵亦然。且绎尚书“元首丛脞”之韵可见。王念孙曰：大戴记曾子制言篇“是以惑暗惑暗终其世而已矣”，亦重言“惑暗”。人主无贤，如瞽无相何伥伥！伥伥，无所往貌。相，息亮反。伥，丑羊反。请布基，慎圣人，慎，读为顺。请说陈布基业，在乎顺圣人也。○郝懿行曰：基者，设也。慎者，诚也。言请布陈设施，必在诚用圣人也。诗云“考慎其相”，慎训诚，相训质也。“诚”与“成”，古字通。是即成相名篇，篇中“相”字，俱读平声。释言云：“基，设也。”篇内皆同。注云“基业”，失之。顾千里曰：“人”字，疑当有误，不入韵。本篇“人”字，下文两见：一、“平”“倾”“人”“天”韵，一、“精”“荣”“成”“人”韵。此上韵“基”，下韵“治”“灾”，互为歧异，非原文耳。俞樾曰：“人”字不入韵，疑当作“慎听之”。圣与听，音近而讹。尚书无逸篇“此厥不听”，汉石经作“不圣”；秦泰山碑“皇帝躬听”，史记作“躬圣”，并其证也。“听”讹作“圣”，则“圣之”二字不成义，后人因改为“圣人”矣。请布基，慎听之，欲人慎听其言，下文云“请牧基，贤者思”，欲贤者思其言，义正同也。“慎听之”三字，本礼记仲尼燕居篇。愚而自专事不治。主忌苟胜，群臣莫谏必逢灾。主既猜忌，又苟欲胜人也。论臣过，反其施，言论人臣之过，在乎不行施惠。施，式豉反。○先谦案：言论人臣之过，当反其所施行，即下所云“拒谏饰非，愚而上同”也。杨以施为施惠，非。尊主安国尚贤义。○郝懿行曰：施，古读如莎。义，古读如俄。此皆古韵，余可类推。俞樾曰：义，读为仪。仪亦贤也。尚书大诰篇“民献有十夫”，枚传训献为贤，大传作“民仪有十夫”。广雅释言曰：“仪，贤也。”尚贤仪，言崇尚贤者也。作“义”者，古字通用。拒谏饰非，愚而上同国必祸。所以尊主安国，在崇尚贤义。若拒谏饰非，以愚暗之性苟合于上，则必祸也。曷谓罢？国多私，假设问答以明其义。罢，读曰疲，谓弱不任事者也。所以弱者，由于多私。国语曰“罢士无伍”，韦昭曰：“罢，病也。无行曰病。”比周还主党与施。还，绕。○王念孙曰：还，读为营。比周营主，谓朋党比周以营惑其主也。施，张也。杨训还为绕，失之，说见君道篇“不还秩”下。远贤近谗，忠臣蔽塞主埶移。曷谓贤？明君臣，明君臣之道则为贤。上能尊主爱下民。○王念孙曰：“爱下

民"，当作"下爱民"，与"上能尊主"对文。不苟、臣道二篇并云"上则能尊君，下则能爱民"，是其证。主诚听之，天下为一海内宾。主之孽，谗人达，贤能遁逃国乃蹶。孽，灾也。蹶，颠覆也。愚以重愚、暗以重暗成为桀。久而愚暗愈甚，遂至于桀也。世之灾，妒贤能，飞廉知政任恶来。恶来，飞廉之子，秦之先也。史记曰"恶来有力，飞廉善走，父子俱以材力事纣"也。卑其志意，大其园囿高其台。卑其志意，言无远虑，不慕往古。○卢文弨曰："台"下，宋本有"榭"字，元刻无。以韵读之，元刻是也，今从之。郝懿行曰：能，读如泥；来，读如黎；台，读如题，皆古韵。武王怒师牧野，纣卒易乡启乃下。易乡，回面也。谓前徒倒戈攻于后。启，微子名。下，降也。乡，读为向。武王善之，封之于宋立其祖。立其祖，使祭祀不绝也。左传曰："宋祖帝乙。"○俞樾曰：杨注未得"祖"字之义。说文示部："祖，始庙也。"盖祖之本义为庙。故尚书甘誓曰"用命赏于祖，弗用命戮于社"，考工记匠人曰"左祖右社"，并以"祖""社"对文，犹言"庙""社"也。郑康成注考工记曰"祖，宗庙"，得其义矣。封之于宋立其祖，言封之于宋而立其宗庙也。今人但知有尔雅"祖，王父也"之训，而说文"祖，始庙也"之训遂为所夺，古谊之湮久矣。世之衰，谗人归，比干见刳箕子累。累，读为缧。书曰："释箕子之囚。"武王诛之，吕尚招麾殷民怀。招麾，指挥也。世之祸，恶贤士，子胥见杀百里徙。子胥，吴大夫伍员字也，为夫差所杀。百里奚，虞公之臣。徙，迁也。谋不见用，虞灭系虏，迁徙于秦。穆公任之，强配五伯六卿施。穆公，秦穆公任好也。伯，读曰霸。六卿，天子之制。春秋时，大国亦僭置六卿。六卿施，言施六卿也。世之愚，恶大儒，逆斥不通孔子拘。逆拒斥逐大儒，不使通也。拘，谓畏匡厄陈也。展禽三绌，春申道缀基毕输。展禽，鲁大夫无骇之后，名获，字子禽，谥曰惠，居于柳下。三绌，为士师，三见绌也。春申，楚相黄歇，封为春申君。缀，止也，与辍同。毕，尽也。输，倾委也。言春申为李园所杀，其儒术、政治、道德、基业尽倾覆委地也。○卢文弨曰：此"春申"句有误，必非指黄歇，注非。郝懿行曰：此荀卿自道。荀本受知春申，为兰陵

令，盖将借以行道，迨春申亡而道亦连缀俱亡，基亦输矣。输者，堕也。言己布陈设施毕堕坏也。王念孙曰：杨说“输”字之义甚迂。输者，堕也。言基业尽堕坏也。公羊春秋隐六年“郑人来输平”，传曰：“输平者何？输平，犹堕成也。何言乎堕成？败其成也。”穀梁传亦曰：“输者，堕也。”小雅正月篇“载输尔载”，郑笺曰：“输，堕也。”卢说本汪氏，见丙申校本。先谦案：注“三绌”下，宋台州本有“谓”字。请牧基，贤者思，牧，治。尧在万世如见之。谗人罔极，险陂倾侧此之疑。陂与诐同。言当疑此谗人倾险也。○王念孙曰：疑，恐也，畏也。（既济象传：“终日戒，有所疑也。”杂记“五十不致毁，六十不毁，七十饮酒食肉，皆为疑死”，郑注：“疑，犹恐也。”宥坐篇“其赴百仞之谷不惧”，大戴记劝学篇“惧”作“疑”。）此之疑，此是畏也。言此险陂倾侧之谗人甚可畏也。皋陶谟曰“何畏乎巧言令色孔壬”是也。杨未喻“疑”字之义。俞樾曰：尔雅释言：“疑，戾也。”郭注曰：“戾，止也。疑者亦止。”仪礼乡射礼“宾升西阶上疑立”，郑注曰：“疑，止也。”是疑有止义。其字盖“᠎”之假借。说文匕部：“᠎，定也。”定，故为止。今说文讹作“未定”，而疑之训止，遂不可晓矣。谗人罔极，险陂倾侧此之疑，承上文“尧在万世如见之”而言。此之疑者，此之止也。言尧明见万世，虽险陂倾侧之徒，莫不由此而止也。杨注“言当疑此谗人陂险”，则与上意不贯矣。基必施，辨贤、罢，罢，读曰疲。○王念孙曰：施，张也。言必欲张大其基业，当先辨贤、罢也。下文曰“道古贤圣基必张”，上文曰“请布基”，布与张亦同义。文、武之道同伏戯。文、武，周文王、武王。伏戯，古三皇太昊氏，始画八卦、造书契者。戯与羲同。由之者治，不由者乱何疑为？○郝懿行曰：为，古读如讹，与“施”“罢”“戯”皆韵。凡成相，辨法方，至治之极复后王。后王，当时之王。言欲为至治，在归复后王。谓随时设教，必拘于古法。○先谦案：浙局本注“法”为“大”字，依各本改。复慎、墨、季、惠，百家之说诚不详。慎到、墨翟、惠施。或曰：季，即庄子曰“季真之莫为”者也。又曰“季子闻而笑之”。据此，则是梁惠王、犀首、惠施同时人也。韩侍郎云：“或曰季梁也。”列子曰：“季梁，杨朱之友。”言四子及百家好为异说，故不用心详明之。“详”，或为“祥”。〇王念孙曰：“祥”“详”，古字通。不祥，不善也。杨说失之。治复一，修之吉，君子执之心如结。言坚固不解也。众人贰之，谗夫弃之形是诘。众人则不能复一，谗夫则兼弃之，但诘问治之形状。言侮嫚也。或曰：“形”当为“刑”。无德化，唯刑戮是诘。言苛暴也。〇郝懿行曰：“形”与“刑”，古字通。诘者，治也。书云：“度作刑以诘四方。”水至平，端不倾，心术如此象圣人。圣人心平如水。而有埶，直而用抴必参天。“而有埶”之上，疑脱一字。言既得权埶，则度己以绳，接人用抴，功业必参天也。〇郝懿行曰：“而有埶”句之上，疑脱“人”字，盖与“圣人”“人”字相涉而误脱也。此以“平”“倾”“人”“天”相韵，古读平如偏也。世无王，穷贤良，无王者兴，贤良穷困。暴人刍豢仁人糟糠。〇郝懿行曰：二句当为七字一句。王引之曰：下“人”字涉上“人”字而衍。上已言“暴人”，则下“人”字可蒙上而省。此篇之例，两三字句下皆用七字句，以是明之。礼乐灭息，圣人隐伏墨术行。治之经，礼与刑，君子以修百姓宁。明德慎罚，国家既治四海平。治之志，后埶富，为治之意，后权埶与富者，则公道行而货赂息也。君子诚之好以待。君子必诚此意，好以待用。处之敦固，有深藏之能远思。敦，厚也。有，读为又。既处之厚固，又能深藏远虑。思乃精，志之荣，好而壹之神以成。好而不二，则通于神明也。精神相反，一而不贰为圣人。相反，谓反覆不离散也。〇王引之曰：“反”，当为“及”，字之误也。精神相及，故一而不贰。杨说失之。治之道，美不老，老，休息也。庄子曰：“佚我以老。”为治当日新，为美无休息也。君子由之佼以好。佼，亦好也，音绞。下以教诲子弟，上以事祖考。接下以仁，事亲以孝也。成相竭辞不蹶，竭，尽也。论成相之事，虽终篇，无颠蹶之辞。蹶音厥。君子道之顺以达。道，言说也。辞既不蹶，君子言之必弘顺而通达。〇王念孙曰：道，行也。言君子能行此言，则顺以达也。杨说失之。宗其贤良，辨其殃孽。君子寻成相之辞，必能宗其贤良以致治，辨其殃孽之为害也。〇顾千里曰：此句以前后例之，应十一字，今存八字，疑尚少三字，无可补也。（下文“道古贤圣基必张”亦应十一字，今存七字，尚少四字。）又下文“托于成相以喻意”，案此句例之，应十一字，亦疑尚少四字。本篇之例，两三字句、一七字句、一十一字句为一章，每章凡四句，每句有韵。其十一字句，或上八下三，或上四下七，各见本篇。上八下三者，如“愚以重愚、暗以重暗成为桀”之属是也。上四下七者，如“主诚听之，天下为一海内宾”之属是也。唯“下以教诲子弟，上以事祖考”，又“孰（杨注：“孰或为郭。”）公长父之难，厉王流于彘”两处，则上六下五，虽变例，正可推知其十一字句矣。卢校语定上四下七为两句，言五句为一章，以前后例之，不合。

请成相，道圣王，道亦言说。前章意未尽，故再论之也。○王念孙曰：道圣王，从圣王也。（古谓从为道，说见史记淮南衡山传。）下文“道古贤圣基必张”，义与此同。杨说失之。又案：“道古贤圣基必张”上，当有一四字句，而今本脱之。（此篇之例，两三字句，一七字句，一四字句，又一七字句，共五句为一章，今少一四字句。）此指当时之君而言，与上成汤异事，故知有脱文。尧、舜尚贤身辞让。许由、善卷，重义轻利行显明。庄子曰：“尧让天下于许由，许由不受。又让于子州支父，子州支父曰：‘予适有幽忧之病，方且治之，未暇治天下也。’”遂不受。“舜让天下于善卷，善卷不受，遂入深山，不知其处”也。尧让贤，以为民，为万民求明君，所以不私其子。泛利兼爱德施均。辨治上下，贵贱有等明君臣。尧授能，舜遇时，尚贤推德天下治。虽有贤圣，适不遇世孰知之？盖以自叹。尧不德，舜不辞，皆归至公。妻以二女任以事。大人哉舜！南面而立万物备。委任群下，无为而理。舜授禹，以天下，舜所以授禹，亦以天下之故也。○王念孙曰：此不言“舜以天下授禹”，而言“舜授禹以天下”者，倒文以合韵耳，（“禹”“下”为韵。）非有深意也。杨反以过求而失之。尚得推贤不失序。“得”，当为“德”。外不避仇，内不阿亲贤者予。谓殛鲧兴禹，又不私其子。予，读为与。○郝懿行曰：子者，相推予也。“予”“与”，古今字。禹劳心力，尧有德，干戈不用三苗服。○王引之曰：“力”上本无“心”字，后人以左传言“君子劳心，小人劳力”，故以意加“心”字耳。不知禹抑洪水，本是劳力于民，故淮南氾论篇、论衡祭意并言“禹劳力天下”，非“小人劳力”之谓也。且此篇之例，凡首二句皆三字，加一“心”字，则与全篇之例不符矣。举舜甽亩，任之天下身休息。甽与畎同。得后稷，五谷殖，夔为乐正鸟兽服。谓“击石拊石，百兽率舞”、“笙镛以间，鸟兽跄跄”也。契为司徒，民知孝弟尊有德。禹有功，抑下鸿，抑，遏也。下，谓治水使归下也。鸿，即洪水也。书曰“禹，降水警予”也。辟除民害逐共工。今尚书舜“流共工于幽州”，此云“禹”，来详。北决九河，通十二渚疏三江。案禹贡道弱、黑、漾、沇、淮、渭、洛七水，又有“潍、淄其道”、“伊、洛、瀍、涧既入于河”数则，不止于十二。此云“十二”者，未详其说也。○郝懿行曰：共工，盖主水土之官，禹抑鸿水，故假言逐去之，非实事也。通十二渚，即肇十二州也。小州曰渚，故假“渚”言之。注皆未了。禹傅土，平天下，傅，读为敷。孔安国云“洪水泛溢，禹分布治九州之土”也。躬亲为民行劳苦。行，读如字。谓所行之事也。得益、皋陶、横革、直成为辅。横革、直成，未闻。韩侍郎云：“此论益、皋陶之功，横而不顺理者革之，直者成之也。”○卢文弨曰：困学纪闻曰：“吕氏春秋：‘得陶、化益、真窥、横革、之交五人佐禹，故功绩铭乎金石，著于盘盂。’陶即皋陶也，化益即伯益也，真窥即直成也，并横革、之交二人，皆禹辅佐之名。”案“窥”与“成”音同，与“窥”形似，吕氏春秋盖本作“窺”，传写误为“窥”耳。“直”与“真”亦形似。吕氏语见求人篇。王念孙曰：卢说是也。“横革、直成为辅”，此句例当用七字，今本脱一字，或在“为”上，或在“为”下，俱未可知。契玄王，生昭明，诗曰“天命玄鸟，降而生商”，又曰“玄王桓拨”，皆谓契也。史记曰“契为尧司徒，封于商，赐姓子氏”，“契卒，子昭明立”也。居于砥石迁于商。砥石，地名，未详所在。或曰：即砥柱也。左氏传曰：“阏伯居商丘，相土因之。”相土，昭明子也。言契初居砥石，至孙相土，乃迁商丘也。十有四世，乃有天乙是成汤。史记曰“契卒，子昭明立。昭明卒，子相土立。相土卒，子昌若立。昌若卒，子曹圉立。曹圉卒，子冥立”，为夏司空，勤其官，死于水，殷人郊之。“冥卒，子振立。振卒，子微

立。微卒，子报丁立。报丁卒，子报乙立。报乙卒，子报丙立。报丙卒，子主壬立。主壬卒，子主癸立。主癸卒，子乙立。”是十四世也。天乙汤，论举当，身让卞随举牟光。庄子曰汤让天下于卞堕、务光二人，不受，皆投水死。牟与务同也。○俞樾曰：举，当读为与，古“举”“与”字通。周官师氏职曰“王举则从”，郑注曰：“故书举为与。”史记吕后纪“苍天举直”，徐广曰：“举，一作与。”是其证也。此文本云“身让卞随与牟光”，作“举”者，假字耳。道古贤圣基必张。道，说。古之贤圣，基业必张大也。

愿陈辞，世乱恶善不此治。不知治此世乱恶善之弊。○王引之曰：“愿陈辞”下，脱一三字句。隐讳疾贤，良由奸诈鲜无灾。隐讳过恶，疾害贤良，长用奸诈，少无灾也。○郝懿行曰：“讳疾”二字误倒，当作“隐疾贤良，讳由奸诈鲜无灾”，亦四字、七字句。王念孙曰：“良”，当为“长”，杨注“长用奸诈”，是其证。今本“长”作“良”者，涉注文“疾害贤良”而误。（注言“疾害贤良”者，加一“良”字，以申明其义耳。若正文则以“隐讳疾贤”为句，“长由奸诈鲜无灾”为句，无“良”字。）先谦案：王说是。宋台州本、谢本并作“由”，浙局本作“用”，盖臆改。但依注，作“用”为是，盖“由“用”形相似而误。患难哉！阪为先，圣阪与反同。反先圣之所为。○卢文弨曰：“患难哉！阪为先”二句，句三字，“圣知不用愚者谋”七字句，与“辞”“治”“灾”“哉”“时”韵。“阪为先”三字未详，杨注不得其句。盖此篇通例，两三字句，一七字句，一四字句，又一七字句，如此五句为一章也。郝懿行曰：卢断“圣知”二字属下为句，是也。阪为先者，阪犹反也，所行反侧颇僻为先。先，古音西，亦与下韵。王念孙曰：“阪为先”，“先”，疑当作“之”。此言为治者当进圣知而退愚，今不用圣知而用愚，是反为之也。杨谓“阪与反同”，是也，但误以“先圣”连读耳。“之”字本作“㞢”。说文“㐫”字从儿、㞢，（儿与人同。）此文“之”字，盖本从古作“㞢”，写者误加“儿”耳。“㞢”字正与“辞”“治”“灾”“哉”“谋”“时”为韵。知不用愚者谋。前车已覆，后未知更何觉时！前车已覆，犹不知戒，更何有觉悟之时也。○卢文弨曰：“前车已覆”四字句。

更，改也。不觉悟，不知苦，迷惑失指易上下。中不上达，蒙揜耳目塞门户。不能辟四门也。○卢文弨曰："中"，元刻作"忠"，古通用。俞樾曰：中，读为忠。言忠诚之士不能上达也。汉张迁碑"中謇于朝"，魏横海将军吕君碑"君以中勇"，并假"中"为"忠"。国语周语曰"考中度衷为忠"，盖以"中""衷""忠"三字义并通耳。门户塞，大迷惑，悖乱昏莫不终极。莫，冥寞，言暗也。不终极，无已时也。是非反易，比周欺上恶正直。恶，乌路反，下同。正直恶，心无度，邪枉辟回失道途。辟，读为僻。己无邮人，我独自美岂独无故！故，事也。不可尤责于人，自美其身，己岂无事，己亦有事而不知其过也。或曰：下无"独"字。○卢文弨曰：无"独"字则与全篇句法合。不知戒，后必有，恨愎，悔。○卢文弨曰："后必有"三字为句。有，读曰又，所谓贰过也，古音戒。又"悔""态"为韵。王念孙曰：卢说是矣，而未尽也。"恨后遂过"四字，义不相属。恨与很同。（尔雅："阋，恨也。"孙炎本作"很"。）"后"，当为"复"，字之误也。（"复""后"形相近，又因上文"后必有"而误。）复与愎同。（韩子十过篇"夫知伯之为人也，好利而鸷愎"，赵策"愎"作"复"，亦通作"覆"。管子五辅篇"下愈覆鸷而不听从"是也。又通作"蝮"。史记酷吏传赞"京兆无忌、冯间殷周蝮鸷"是也。）言很愎不从谏，以遂其过也。庄子渔父篇曰："见过不更，闻谏愈甚，谓之很。"逸周书谥法篇曰："愎很遂过曰刺。"后遂过不肯悔。不肯悔前之非。谗夫多进，反覆言语生诈态。○王念孙曰：态，读为"奸慝"之慝。（下"人之态"同。）言言语反覆，则诈慝从此生也。（襄四年左传："树之诈慝，以取其国家。"）以"态"为"慝"者，古声不分去、入也。秦策曰"科条既备，民多伪态"，又曰"上畏大后之严，下惑奸臣之态"；淮南齐俗篇曰"礼义饰，则生伪态之本"；汉书李寻传曰"贺良等反道惑众，奸态当穷竟"：皆借"态"为"慝"，非"姿态"之态也。人之态，不如备，"如"，当为"知"。言人为诈态，上不知为备。争宠嫉贤利恶忌。利在恶忌贤者。○王念孙曰："利恶忌"三字，义不相属，杨曲为之说，非也。"利"，当为"相"，字之误也。"相恶忌"，正承"争宠嫉贤"言之。妒

功毁贤，下敛党与上蔽匿。敛，聚也。下聚党与则上蔽匿也。上壅蔽，失辅执，失辅弼之臣，则执不在上。任用谗夫不能制。孰公长父之难，孰公、长父，皆厉王之嬖臣，未详其姓名。墨子曰“厉王染于玂公长父、荣夷终”，“玂公”与“孰公”不同，未知孰是。或曰：孰公长父，即诗所云“皇父”也。“孰”，或为“郭”。○卢文弨曰：案古“郭”“虢”字通，郭公长父即吕氏春秋当染篇之虢公长父也，作“郭”字为是。“之难”二字，当属下为七字句。注“玂公”，宋本从立，元刻从糸，字书皆无考。墨子所染篇作“厉公”。王念孙曰：“之”者，“是”也。言难厉王者是此人也。楚语云“秦征衙实难桓、景”，“实难”即“是难”。俞樾曰：“之难厉三流于彘”七字为句，义终未安。此篇之例，虽以两三字句、一七字句、一四字句、一七字句为一节，然古人之文变动不居，如云“治之道，美不老，君子由之佼以好，下以教诲子弟，上以事祖考”，此节词意明白，无夺文讹字，其弟四句六字，其弟七句五字，岂能以“子弟”二字属下为七字句乎？然则此文以“郭公长父之难”六字为句，“厉王流于比彘”五字为句，于义较安，不必拘泥字数，转致不通也。先谦案：俞说是。厉王流于彘。彘，地名，在河东。左传晋大夫有彘王。言孰公长父奸邪，遂使难作，厉三流窜于彘。周幽、厉，所以败，不听规谏忠是害。嗟我何人，独不遇时当乱世！言自古忠良多有遇害，何独我哉！自慰勉之辞也。欲衷对，言不从，衷，诚也。欲诚意以对时君，恐言不从而遇祸也。○郝懿行曰：“对”字失韵，疑“封”字之形讹。衷封者，言中衣内怀藏封事也。王念孙曰：此篇之例，凡首句必入韵，唯此处“对”字与下文之“从”“凶”“江”不协。“衷对”当为“剖衷”。言欲剖衷以谏，而无如言之不见听也。（史记蔡泽传“披腹心，示情素”，即“剖衷”之谓。）欲剖衷，言不从，即上文所谓“中不上达”也。“中”与“衷”，古字同耳。“衷”字正与“从”“凶”“江”为韵。今本作“欲衷对”者，“剖”误为“对”，又误在“衷”字之下耳。杨说失之。俞樾曰：王氏改“欲衷对”为“欲剖衷”，此臆说也。“对”字实不误，但当在“衷”字上。对，读为遂。尔雅释言：“对，遂也。”诗皇矣篇“以对于天下”，江汉篇“对扬王休”，荡篇“流言以对”，毛传并曰：“对，遂也。”又礼记祭义篇“对扬以辟之”，郑注亦曰：“对，遂也。”盖对、遂音近，以声相训耳。欲对衷者，欲遂衷也。言欲遂其衷忱，而无如言之不从也。今本作“欲衷对”者，因浅人不知“对”之为“遂”，而疑“对衷”二字无义，因倒其文。杨氏即据以为说，曰“欲诚意以对”，失之矣。先谦案：俞说是。恐为子胥身离凶。进谏不听，刭而独鹿弃之江。独鹿，与属镂同。本亦或作“属镂”，吴王夫差赐子胥之剑名。属，之欲反。镂，力朱反。国语里革曰：“鸟兽成，水虫孕，水虞于是禁罝、罜麗。”此当是自刭之后，盛以罜麗，弃之江也。贾逵云：“罜麗，小罟也。”○卢文弨曰：案杨云“本或作属镂”，则训剑不可易，“国语”以下，必后人采它说附益之。罝，韦昭云：“当为罜。”此衍“罜”字，而又讹“罜”作“罣”。宋本亦同，又无“水虞”二字。郝懿行曰：黄县蓬莱间人，皆以独鹿为酒器名。此言“独鹿”，盖为革囊盛尸，所谓鸱夷者也。“独鹿”与鲁语之“罜麗”音义相近，而与属镂义远。若作“刭而属镂”，语复不词。王念孙曰：后人读独鹿为罜麗者，盖未解“而”字之义故也。其意谓独鹿果为剑名，则不当言“刭而独鹿”，故读为罜麗，谓是“既刭之后，盛以罜麗而弃之江也”。今案：而，犹以也。谓刭以独鹿也。古者“而”与“以”同义。顾命曰“眇眇末小子，其能而乱四方”，言其能以治四方也。（某氏传“能如父祖治四方”，非是。）墨子尚贤篇曰“使天下之为善者可而劝也，为暴者可而沮也”，言可以劝、可以沮也。吕氏春秋去私篇曰“晋平公问于祁黄羊曰‘南阳无令，其谁可而为之’”，言谁可以为之也。（高注“而，能也”，非是，辩见吕氏春秋。）“而”与“以”同义，故二字可以互用。同人彖传曰“文明以健，中正而应”，系辞传曰“蓍之德圆而神，卦之德方以知”，宣十五左传曰“易子而食，析骸以爨”，皆以二字互用。“而”与“以”同义，故又可以通用。系辞传“上古结绳而治”，论衡齐世篇引此“而”作“以”。昭元年左传“櫜甲以见子南”，考工记函人郑司农注引此“以”作“而”。观往事，以自戒，治乱是非亦可识。托于成相以喻意。识，如字，亦读为志也。○顾千里曰：案此句例之，应十一字，亦疑尚少四字。

请成相，言治方，言为治之方术。君论有五约以明。君谨守之，下皆平正国乃昌。论为君之道有五，甚简约明白。谓“臣下职”，一也；“君法明”，二也；“刑称陈”，三也；“言有节”，四也；“上通利”至“莫敢恣”，五也。臣下职，莫游食，游食，谓不勤于事，素飡游手也。务本节用财无极。事业听上，莫得相使一民力。所兴事业皆听于上，群下不得擅相役使，则民力一也。礼记曰“用民之力，岁不过三日”也。守其职，足衣食，民不失职，则衣食足矣。厚薄有等明爵服。贵贱有别。利往卬上，莫得擅与孰私得？利之所往，皆卬于上，莫得擅为赐与，则谁敢私得于人乎？擅相赐与，若齐田氏然。卬与仰同，宜亮反。○王引之曰：“往”字文义不顺，杨说非也。“往”，当为“隹”。“隹”，古“唯”字也。（“唯”，或作“惟”“维”。古钟鼎文“唯”字作“隹”，石鼓文亦然。）言臣民之利，唯仰于上，莫得擅有所与也。凡隶书从彳从亻之字多相乱，故“往”字或作“住”，与“隹”相似而误。君法明，论有常，君法所以明，在言论有常，不二三也。表仪既设民知方。进退有律，莫得贵贱孰私王？进人退人，皆以法律，贵贱各以其才，孰有私侫于王乎？君法仪，禁不为，为君之法仪，在自禁止，不为恶。○俞樾曰：禁不为恶，而止曰“禁不为”，则辞不达。注义非也。“君法仪”之“仪”，当读为俄。说文人部：“俄，行顷也。”诗宾之初筵篇“侧弁之俄”，郑笺曰：“俄，顷貌。”广雅释诂曰：“俄，衺也。”是俄有顷邪之义。管子书或假“义”为之。明法解曰：“虽有大义，主无从知之。故明法曰：‘佼众誉多，外内朋党，虽有大奸，其蔽主多矣。’”以“大奸”为“大义”，是其证也。义、仪，古通用，“义”可为“俄”，故“仪”亦可为“俄”。“君法仪”，与上文“君法明”相对。上云“君法明，论有常”，此云“君法仪，禁不为”，言君法明盛则其论有常，君法倾邪则当禁之使不为也。盖此皆蒙上文“臣下职”而言，所陈皆臣道也。杨注因上文“君论有五约以明”之句，妄举五节以当之，而以“君法明”为其一，所举又不相连属，更有它文以间之，殆不足据也。莫不说教名不移。既能正己，则民皆悦上之教，而名器不移也。说读为悦。修之者荣、离之者辱孰它师？孰敢以它为师？言皆归王道，不敢离贰也。○郝懿行曰："它师"二字误倒，当作"师它"，则与"仪""为""移"皆韵矣。刑称陈，守其银，称，谓当罪。当罪之法施陈，则各守其分限。称，尺证反。银与垠同。○王念孙曰：杨说"称陈"二字未安。余谓陈者，道也。文登毕氏恬谿说尚书曰："李斐注汉书哀帝纪曰：'陈，道也。'是古谓道为陈。微子云'我祖底遂陈于上'，谓致成道于上也。君奭云'率惟兹有陈'，谓有道也。"念孙案：大戴记卫将军文子篇"君陈则进，不陈则行而退"，亦谓道与不道也。言刑之轻重皆称乎道，而各守其限也。下不得用轻私门。下不得专用刑法，则私门自轻。罪祸有律，莫得轻重威不分。祸，亦罪也。请牧祺，明有基，祺，祥也。请牧治吉祥之事，在明其所有之基业也。○俞樾曰：上文云"请牧基，贤者思"，此文亦当作"请牧基，明有祺"，传写者误倒"基""祺"两字耳。据杨注，所见本已倒。主好论议必善谋。五听修领，莫不理续主执持。五听，折狱之五听也。修领，谓修之使得纲领。莫不有文理相续，主自执持此道，不使权归于下。○卢文弨曰："修领"，宋本作"循领"。今从元刻，注同。王念孙曰：领，犹治也、理也。乐记"领父子君臣之节"，郑注："领，犹理治也。"仲尼燕居"领恶而全好"，注："领，犹治也。"淮南本经篇"神明弗能领也"，高注："领，理也。"言五听皆修理也。"续"，当为"绩"。"主执持"，当为"孰主持"。莫不理绩孰主持者，尔雅曰"绩，事也"，言百官莫不各理其事，夫孰得而主持之也。上文曰"莫得轻重威不分"，正所谓"孰主持"也。又曰"莫得擅与孰私得"，又曰"莫得贵贱孰私王"，并与此文同一例。今本"绩"误作"续"，"孰"误作"执"，"执"字又误在"主"字下，则义不可通。杨说皆失之。顾千里曰：五听，疑即上文"君论有五约以明"也。第一章"臣下职"云云，第二章"守其职"云云，第三章"君法明"云云，第四章"君法仪"云云，第五章"刑称陈"云云，下文接以"五听修领"，谓五章为五听明甚。下文又接以"听之经"，谓听为五听亦明甚。本属一气相承，而杨注别以"折狱之五听"解之，非也。又于后注"耳目既显，吏敬法令莫敢恣"，始云"此已上，论君有五之事也"，亦非也。听之经，明其请，"请"，当为"情"。听狱之经，在明其情。〇卢文弨曰：案请，古与情通用。列子说符篇杨朱曰："发于此而应于彼者唯请。"释文引徐广曰："古情字或假借作请。"又墨子书多以"请"为"情"。先谦案：经，道也，说详劝学篇。下文兼"赏刑"言，则听非听狱之谓，谓听政也。王制篇"听政之大分，以善至者待之以礼，以不善至者待之以刑"，即"参伍明谨施赏刑"也。"贤不肖不杂，是非不乱"，"信、诞分"也。"无遗善，无隐谋"，"隐远至"也。明其请者，彼云"凡听，威严猛厉，则下不亲"、"和解调通，则尝试锋起"，故非明其情不可。参伍明谨施赏刑。参伍，犹错杂也。谓或往参之，或往伍之，皆使明谨，施其赏刑。言精研，不使僭滥也。显者必得，隐者复显民反诚。幽隐皆通，则民不诈伪也。言有节，稽其实，节，谓法度。欲使民言有法及不欺诳，在稽考行实也。信、诞以分赏罚必。下不欺上，皆以情言明若日。上通利，隐远至，上通利不壅蔽，则幽隐遐远者皆至也。观法不法见不视。所观之法非法，则虽见不视也。〇郝懿行曰：此言观法于法不及之地，见视于视不到之乡，所以谓之"隐远至"、"耳目显"也。注似未了。耳目既显，吏敬法令莫敢恣。此已上，论君有五之事也。君教出，行有律，五论之教既出，则民所行有法。言知方也。吏谨将之无铍、滑。将，持也。诗曰："无将大车。"铍与披同，滑与汩同。言不使纷披汩乱也。〇郝懿行曰：正名篇有"滑、铍"，此言"铍、滑"，其义同，皆谓骫骳、滑乱之意。汉书淮南厉王传"骫天下正法"，颜注："骫，古委字，谓曲也。"枚乘传"其文骫骳"，骳与铍同，谓曲戾也。滑盖与猾同，谓搅乱也。下不私请，各以宜舍巧拙。请，谒。舍，止也。群下不私谒，各以所宜，不苟求也。如此则以道事君，巧拙之事亦皆止。〇卢文弨曰："各以宜舍巧拙"句中脱一字，或当作"各以所宜舍巧拙"。臣谨修，君制变，臣职在谨修，君职在制变。〇王念孙曰："修"，当为"循"，字之误也。（隶书"循""修"相乱，说见管子形势篇。）此言臣当谨循旧法而不变其制，变则在君也。"循"与"变""乱""贯"为韵。（此以谆、元二部通用。凡谆、元二部之字，古声皆不分平、上、去。）此篇之例，首句无不入韵者。今本“循”作“修”，则既失其义，而又失其韵矣。公察善思论不乱。先谦案：“伦”“论”，古字通。谓君臣之伦不乱也。说见儒效篇。以治天下，后世法之成律贯。律贯，法之为条贯也。○卢文弨曰：案全篇与诗三百篇中韵同。

赋篇第二十六

所赋之事，皆生人所切，而时多不知，故特明之。或曰：荀盟所赋甚多，今存者唯此言也。旧第二十二，今亦降在下。

爰有大物，爰，于也。言于此有大物。夫人之大者莫过于礼，故谓之大物也。非丝非帛，文理成章。丝帛能成黼黻文章，礼亦然也。非日非月，为天下明。生者以寿，死者以葬，城郭以固，三军以强。粹而王，驳而伯，无一焉而亡。臣愚不识，敢请之王。言礼之功用甚大，时人莫知，故荀卿假为隐语，问于先王云“臣但见其功，亦不识其名，唯先王能知，敢请解之”。先王因重演其义而告之。王曰：此夫文而不采者与？先王为解说曰：“此乃有文饰而不至华采者与？”简然易知而致有理者与？君子所敬而小人所不者与？性不得则若禽兽，性得之则甚雅似者与？雅，正也。似，谓似续古人。诗曰：“维其有之，是以似之。”匹夫隆之则为圣人，诸侯隆之则一四海者与？致明而约，甚顺而体，请归之礼。极明而简约，言易知也。甚顺而有体，言易行也。先王言唯归于礼，乃合此义也。礼。○卢文弨曰：此目上事也。如礼记文王世子子贡问乐之比，下放此。

皇天隆物，以示下民，隆，犹备也。物，万物也。○王念孙曰：隆与降同。（古字或以“隆”为“降”，说见墨子尚贤中篇。）“示”，本作“施”，俗音之误也。广雅曰：“施，予也。”或厚或薄，帝不齐均。言人虽同见，方所知或多厚，或寡薄，天帝或不能齐均也。○王念孙曰：“帝”，本作“常”字之误也。“物”字，即指智而言。言皇天降智，以予下民，厚薄常不齐均，故有桀、纣、汤、武之异也。今本“施”作“示”，“常”作“帝”，则义不可通。艺文类聚人部五引此正作“皇天隆物，以施下民，或厚或薄，常不齐均”。杨说皆失之。桀、纣以乱，汤、武以贤。涽涽淑淑，皇皇穆穆，涽涽，思虑昏乱也。淑淑，未详，或曰：美也。皇皇穆穆，言绪之美也。言或愚或智也。○俞樾曰：淑淑训美，则与“涽涽”不伦矣。淑，当读为踧。文选长笛赋“蹜踧攒仄”，注曰：“蹜踧，迫蹙皃。”海赋“葩华踧沑”，注曰：“踧沑，蹴聚也。”踧踧之谊，亦犹是耳。周流四海，曾不崇日。崇，充也。言智虑周流四海，曾不充满一日而遍也。君子以修，跖以穿室。跖，柳下惠之弟，太山之盗也。君子用智以修身，跖用智以穿室，皆“帝不齐均”之意也。大参乎天，精微而无形。言智虑大则参天，小则精微无形也。行义以正，事业以成。皆在智也。行，下孟反。可以禁暴足穷，百姓待之而后宁泰。足穷，谓使穷者足也。百姓待君上之智而后安。“宁泰”，当为“泰宁”也。臣愚不识，愿问其名。曰：此夫安宽平而危险隘者邪？言智常欲见利远害。修洁之为亲而杂污之为狄者邪？智修洁则可相亲，若杂乱秽污，则与夷狄无异。言险诈难近也。○王念孙曰：亲，近也。狄，读为逖。逖，远也。大雅瞻印篇“舍尔介狄”，毛传曰：“狄，远也。”是狄与逖同。此言智之为德，近于修洁而远于杂污也。杨说皆失之。甚深藏而外胜敌者邪？法禹、舜而能弇迹者邪？弇，袭。行为动静，待之而后适者邪？血气之精也，志意之荣也。精，灵。荣，华。百姓待之而后宁也，天下待之而后平也。明达纯粹而无疵也，夫是之谓君子之知。此论君子之智，明小人之智不然也。○王引之曰：“疵”“知”为韵。“疵”下“也”字，涉上文而衍，艺文类聚无。知。

有物于此，居则周静致下，动则綦高以钜。居，谓云物发在地时。周，密也。钜，大也。圆者中规，方者中矩。言满天地之圆方也。大参天地，德厚尧、禹。参，谓天地相似。云所以致雨，生成万物，其德厚于尧、禹者矣。○卢文弨曰：艺文类聚“大参”作“大齐”。注“天地相似”上似脱一“与”字。精微乎毫毛，而大盈乎大寓。寓与宇同。言细微之时则如毫毛，其广大时则盈于大宇之内。宇，覆也，谓天所覆。三苍云："四方上下为宇。"上"大参天地"，此又云"大盈大宇"，言说云之变化或大或小，故重言之也。〇王念孙曰：宋钱佃校本云："诸本作'充盈乎大寓'，非。"案作"充盈"者是也。下文"充盈大宇而不窕"，即其证。"充盈"与"精微"对。监本作"大盈"，则既与下"大"字复，又与"精微"不对矣。杨云"其广大时则盈于大宇之内"，则所见本已作"大盈"。艺文类聚天部上引作"充盈乎天宇"。又曰：吕、钱本作"盈大乎寓宙"，盖本作"充盈乎大寓"，后脱"充"字，"乎大"又讹作"大乎"，后人又因注内两言"宇宙"而增"宙"字。案，"盈大"文不成义，"寓"与上文"下""钜""矩""禹"为韵，"寓"下不得有"宙"字，杨注释"宇"字而不释"宙"字，则本无"宙"字明甚。忽兮其极之远也，攭兮其相逐而反也，攭与劙同。攭兮，分判貌。言云或慌忽之极而远举，或分散相逐而还于山也。攭音戾。〇王念孙曰：忽，远貌。楚辞九歌曰"平原忽兮路超远"，九章曰"道远忽兮"，是忽为远貌。极，至也。言忽兮其所至之远也。攭者，云气旋转之貌。（考工记凫氏："钟县谓之旋。"程氏易畴通艺录曰："旋，所以县钟者，设于甬上。孟子谓之'追蠡'，言追出于甬上者乃蠡也。蠡与螺通。文子所谓'圣人法蠡蚌而闭户'是也。螺小者谓之蜁蜗。郭璞江赋所谓'鹦螺蜁蜗'是也。曰旋，曰蠡，其义不殊，盖为金枘于甬上，以贯于县之者之凿中，形如螺然，如此，则宛转流动，不为声病矣。"水经睢水注云："睢阳城内有高台，谓之蠡台。"续述征记曰："回道如蠡，故谓之蠡台。"是凡言蠡者，皆取旋转之义。）反，亦旋也。故曰"攭兮其相逐而反也"。杨说皆失之。卬卬兮天下之咸蹇也。卬卬，高貌。云高而不雨，则天下皆蹇难也。〇俞樾曰：杨注非是。蹇，当读为攓。方言："攓，取也。"云行雨施，泽被天下，天下皆有取也，故曰"卬卬兮天下之咸攓也"。下文"德厚而不捐"，即承此而言。若如杨注，则与下意不贯矣。德厚而不捐，五采备而成文。捐，弃也。万物或美或恶，覆被之，皆无捐弃也。往来惽憊，通于大神，惽憊，犹晦暝也。通于大神，言变化不测也。憊，困也。人困，目亦昏暗，故惽憊为晦暝也。出

入甚极，莫知其门。极，读为亟，急也。门，谓所出者也。天下失之则灭，得之则存。云所以成雨也。弟子不敏，此之愿陈，君子设辞，请测意之。弟子，荀卿自谓。言弟子不敏，愿陈此事，不知何名，欲君子设辞，请测其意。亦言云之功德，唯君子乃明知之也。〇王引之曰：杨以意为“志意”之“意”，非也。意者，度也。言请测度之也。礼运曰：“圣人耐以天下为一家、以中国为一人者，非意之也。”管子小问篇东郭邮曰：“君子善谋而小人善意，臣意之也。”是意为度也。（意之言亿也。韩子解老篇：“先物行、先理动之谓前识。前识者，无缘而忘意度也。”忘与妄同。庄子胠箧篇云“妄意室中之藏”是也。王褒四子讲德论“今子执分寸而罔亿度”，“罔亿度”即“妄意度”。郑注少仪曰：“测，意度也。”“意”，本又作“亿”。论语先进篇“亿则屡中”，汉书货殖传“亿”作“意”。）曰：此夫大而不塞者与？云气无实，故曰“不塞”。充盈大宇而不窕，入郄穴而不偪者与？窕，读为篠，深貌也。言充盈则满大宇，幽深则入郄穴，而曾无偪侧不容也。篠，它吊反。〇王念孙曰：杨训窕为深貌，又以“窕”字连下句解之，皆非也。“充盈大宇而不窕”为句，窕者，间隙之称，言充盈大宇而无间隙也。偪，不容也。偪与窕义正相反。广雅曰：“窕，宽也。”昭二十一年左传“钟小者不窕，大者不摦，窕则不咸，摦则不容”，杜注曰：“窕，细不满也。摦，横大不入也。不咸，不充满人心也。不容，心不堪容也。”大戴礼王言篇曰：“布诸天下而不窕，内诸寻常之室而不塞。”管子宙合篇曰：“其处大也不窕，其入小也不塞。”。墨子尚贤篇曰：“大用之天下则不窕，小用之则不困。”吕氏春秋适音篇曰：“音大钜则志荡，以荡听钜则耳不容，不容则横塞，横塞则振大；小则志嫌，以嫌听小则耳不充，不充则不詹，不詹则窕。”高注曰：“窕，不满密也。”义并与此同。行远疾速而不可托讯者与？讯，书问也。行远疾速，宜于托讯，今云者虚无，故不可。本或作“托训”。或曰：与似续同也。言云行远疾速，不可依托继续也。〇卢文弨曰：“讯”不与前后韵协，疑是“讯托”误倒耳。注“或作托训”，亦似误。王念孙曰：“讯”下“者与”二字，盖因上下文而衍。“讯”字不入韵，上文“充盈大宇而不窕”，

“窕”字亦不入韵也。卢云“讯不与前后韵协，疑是讯托误倒”，非是。（“托”字于古音属铎部，“塞”“偪”等字于古音属职部，改“托讯”为“讯托”，仍不合韵。）往来惛憊而不可为固塞者与？虽往来晦暝，掩蔽万物，若使牢固蔽塞，则不可。暴至杀伤而不亿忌者与？亿，谓以意度之。论语曰：“亿则屡中。”或曰：与抑同。谓雷霆震怒，杀伤万物，曾不亿度疑忌。言果决不测也。〇王念孙曰：亿，读为意。（“意”“亿”古字通，说见前“测意之”下。）意，疑也。言暴至杀伤，而曾无所疑忌也。广雅曰：“意，疑也。”汉书文三王传“于是天子意梁”，颜师古注与广雅同。韩子说疑篇“上无意，下无怪”，无意，无疑也。史记陈丞相世家“项王为人，意忌信谗”，平津侯传“弘为人意忌，外宽内深”，酷吏传“汤虽文深意忌”，皆谓疑忌也。杨以亿为亿度，则分亿与忌为二义，失之矣。功被天下而不私置者与？天下同被其功，曾无所私置。又言无偏颇。〇王念孙曰：置，读为德。言功被天下而无私德也。系辞传“有功而不德”，“德”，郑、陆、蜀并作“置”。郑云：“置，当为德。”逸周书官人篇“有施而弗德”，大戴礼文王官人篇作“有施而不置”。荀子哀公篇“言忠信而心不德”，大戴礼哀公问五义篇作“躬行忠信而心不置”。是“置”为“德”之借字也。此段以“塞”“偪”“塞”“忌”“置”为韵。忌，读如极。（左传“费无极”，史记作“费无忌”。）置与德同。托地而游宇，友风而子雨。风与云并行，故曰“友”。雨因云而生，故曰“子”。冬日作寒，夏日作暑。在冬而凝寒，在夏而蒸暑也。广大精神，请归之云。至精至神，通于变化，唯云乃可当此说也。云。云所以润万物，人莫之知，故于此具明也。

有物于此，儳儳兮其状，屡化如神。儳，读如“其虫倮”之倮。儳儳，无毛羽之貌。变化，即谓三俯三起，成蛾蛹之类也。功被天下，为万世文。文，饰。礼乐以成，贵贱以分。养老长幼，待之而后存。名号不美，与暴为邻。侵暴者亦取名于蚕食，故曰“与暴为邻”也。〇王引之曰：如杨说，则“蚕”下必加“食”字，而其义始明。窃谓方言：“惨，杀也。”说文：“惨，毒也。”字或作“憯”。庄子庚桑楚篇曰：“兵莫憯于志，镆铘为下。”惨、蚕、僭声相近，故曰“与暴为邻”。功立而身废，事成而家败。茧成而见杀，是身废；丝穷而茧尽，是家败。弃其耆老，收其后世。耆老，蛾也。后世，种也。人属所利，飞鸟所害。人属则保而用之，飞鸟则害而食之。臣愚而不识，请占之五泰。占，验也。五泰，五帝也。五帝，少昊、颛顼、高辛、唐、虞。理皆务本，深知蚕之功大，故请验之也。〇卢文弨曰：此与下文“五泰”，宋本皆作“五帝”，无“五泰，五帝也”五字注。今从元刻，与困学纪闻所引合。古音“帝”字不与“败”“世”“害”韵，五支、六脂之别也。王念孙曰：“败”“世”“害”“泰”，古音并属祭部，非惟不与五支之去声通，并不与六脂之去声通。此卢用段说而误也。说见戴先生声韵考。五泰占之曰：此夫身女好而头马首者与？女好，柔婉也。其头又类马首。周礼马质“禁原蚕者”，郑玄云：“天文辰为马。故蚕书曰：‘蚕为龙精，月值大火，则浴其种。’是蚕与马同气也。”屡化而不寿者与？善壮而拙老者与？壮得其养，老而见杀。有父母而无牝牡者与？为蚕之时，未有牝牡也。冬伏而夏游，食桑而吐丝，游，谓化而出也。〇俞樾曰：“食桑而吐丝，前乱而后治”，此文“游”字独不入韵，疑“滋”字之误。吕氏春秋明理篇曰“草木庳小不滋”，注曰：“滋，亦长也。”冬伏而夏滋，言冬伏而夏长也。杨以“化而出”释“游”字，谊亦迂曲，非独于韵不协也。前乱而后治，茧乱而丝治也。夏生而恶暑，生长于夏，先暑而化。喜湿而恶雨。湿，谓浴其种。既生之后，则恶雨也。〇王念孙曰：蚕性恶湿，不得言“喜湿”，太平御览资产部五引作“疾湿而恶雨”是也。恶雨与疾湿同意。杨云“湿，谓浴其种”，乃曲为之说耳。俞樾曰：杨说甚得。荀子之意，盖此句与上文“夏生而恶暑”相对。生于夏，宜不恶暑矣，而蚕则恶暑。其种必浴，有似喜湿者，宜不恶雨矣，而蚕则恶雨。此两“而”字，正明其性之异也。太平御览资产部引作“疾湿而恶雨”，盖人疑蚕性恶湿，不得言“喜湿”，故妄改之。言“疾湿”，又言“恶雨”，辞复而意浅，非荀子原文也。王氏反据御览以订正荀子，误矣。蛹以为母，蛾以为父。互言之也。三俯三起，事乃大已。俯，谓卧而不食。事乃大已，言三起之后，事乃毕也。谓化而成茧也。夫是之谓蚕理。五帝言此乃蚕之义理也。〇郝懿行曰：理者，条理也。夫含生赋形，各有条理，条者似智，理者似礼。蚕、针为物，条理尤深，莫精于蚕，莫密于针，所以二赋语已，皆言其理者也。蚕。蚕之功至大，时人鲜知其本。诗曰："妇无公事，休其蚕织。"战国时此俗尤甚，故荀卿感而赋之。

有物于此，生于山阜，处于室堂。山阜，铁所生也。无知无巧，善治衣裳。知，读为智。不盗不窃，穿窬而行。日夜合离，以成文章。合离，谓使离者相合。文章亦待其连缀而成也。以能合从，又善连衡。从，竖也，子容反。衡，横也。言箴亦能如战国合从、连横之人。南北为从，东西为衡也。下覆百姓，上饰帝王。功业甚博，不见贤良。见，犹显也。不自显其功伐。见，贤遍反。时用则存，不用则亡。顺时行藏。臣愚不识，敢请之王。王曰：此夫始生钜，其成功小者邪？为铁则巨，为箴则小。长其尾而锐其剽者邪？长其尾，谓线也。剽，末也，谓箴之锋也。庄子曰："有实而无乎处者，宇也；有长而无本剽者，宙也。"剽，杪末之意，匹小反。头铦达而尾赵缭者邪？重说长其尾而锐其剽。赵，读为掉。掉缭，长貌。言箴尾掉而缭也。掉，徒吊反。〇郝懿行曰：赵之为言超也。穆天子传"天子北征赵行"，郭注"赵犹超腾"是也。"赵缭""摇掉"，叠韵之字，今时俗语犹以"摇掉"为"赵缭"也。一往一来，结尾以为事。结其尾线，然后行箴。无羽无翼，反覆甚极。极，读为亟，急也。尾生而事起，尾邅而事已。尾邅回盘结，则箴功毕也。簪以为父，管以为母。簪形似箴而大，故曰"为父"。言此者，欲状其形也。管所以盛箴，故曰"为母"。礼记曰"箴、管、线、纩"也。〇卢文弨曰："簪"，当为"钻"，子贯反。谓所以琢箴之线孔者也。箴赖以成形，故曰"为父"。郝懿行曰：古之簪，形若大箴耳。箴肖簪，故父之；管韬箴，故母之。俞樾曰："簪"，当为"鐕"。礼记丧大记"用杂金鐕"，正义曰："鐕，钉也。"钉与箴，形质皆同，磨之琢之而后成箴。方其未成箴之时，则箴亦一鐕而已矣，故曰"鐕以为父"。作"簪"者，假字耳。若是首笄之簪，则与箴全不相涉。杨注谓"言此者，欲状其形"，失之迂矣。卢氏谓"簪，当为钻，所以琢箴之线孔者也。箴赖以成形，故曰为父"，此尤曲说。箴所赖以成形者，岂特一钻之功乎？王氏载之读书杂志，误矣。既以缝表，又以连里。夫是之谓箴理。理，义理也。箴。古者贵贱皆有事，故王后亲织玄紞，公侯夫人加之以紘綖，大夫妻成祭服，士妻衣其夫。末世皆不修妇功，故托辞于箴，明其为物微而用至重，以讥当世也。

天下不治，请陈佹诗：荀卿请陈佹异激切之诗，言天下不治之意也。天地易位，四时易乡。皆言贤愚易位也。乡，犹方也。春夏秋冬皆不当其方，言错乱也。乡，如字。列星殒坠，旦暮晦盲。列星，二十八宿有行列者。殒坠，以喻百官弛废。旦暮晦盲，言无蹔明时也。或曰：当时星辰殒坠，旦暮昏雾也。幽晦登昭，日月下藏。言幽暗之人，登昭明之位，君子明如日月，反下藏也。"昭"，或为"照"。○王念孙曰："幽晦"，元刻作"幽闇"，（宋龚本同。）是也。杨注"幽闇之人"是其证。宋本"闇"作"晦"者，涉上文"旦暮晦盲"而误。艺文类聚人部八引作"幽暗登照"，暗与闇同。公正无私，反见从横，言公正无私之人，反见谓从横反覆之志也。○郝懿行曰："藏"，古作"臧"，荀书皆然。"横"，古作"衡"，上言"连衡"亦然。此皆俗人所改。王念孙曰："反见从横"四字文不成义。此本作"见谓从横"，言公正无私之人反以从横见谓于世也。杨注内"见谓"二字即其证。凡见誉于人，曰"见谓"，若王霸篇曰"齐桓公闺门之内，县乐奢泰游抚之循，于天下不见谓修"，贾子修政语篇曰"故言之者见谓智，学之者见谓贤，守之者见谓信，乐之者见谓仁，行之者见谓圣"，皆是也。见毁于人，亦曰"见谓"，若庄子达生篇曰"居乡不见谓不修，临难不见谓不勇"，汉书兒宽传曰"张汤为廷尉，尽用文史法律之吏，而宽以儒生在其间见谓不习事"，邶风谷风笺曰

白玉蝉挂件（春秋战国）

"泾水以有渭，故见谓浊"，（今本"谓"讹作"渭"，据正义改。）及此言"见谓纵横"，皆是也。后人不晓"见谓"二字之义，又以杨注云"反见谓从横"，遂改正文"见谓"为"反见"，不知杨注特加"反"字以申明其义，非正文所有也。艺文类聚人部八引此正作"见谓从横"。志爱公利，重楼疏堂，欲在上位，行至公以利百姓，非谓重楼疏堂之荣贵也。无私罪人，憼革贰兵。憼与儆同，备也。贰，副也。谓无私罪人，言果于去恶也。言去邪嫉恶，乃以儆备增益兵革之道。言强盛也。○王念孙曰："贰兵"二字文义不明，"贰"当为"戒"，字之误也。（隶书"戒"字作"㦸"，与"贰"相似。）戒兵与憼革同义。杨云"贰，副也"，未安。道德纯备，谗口将将。将，去也。言以谗言相退送。或曰：将将，读为锵锵，进貌。○郝懿行曰：将者，大也。逸诗云："如霜雪之将将。"此言道德纯备之人，谗口方张，不能用也。王念孙曰：杨后说读将将为锵锵是也，而云"进貌"，则古无此训。余谓将将，集聚之貌也。周颂执竞篇"磬筦将将"，毛传曰："将将，集也。"然则谗口将将，亦谓谗言之交集也。小雅十月篇"谗口嚣嚣"，笺云："嚣嚣，众多貌。"义亦与将将同。仁人绌约，敖暴擅强，绌退穷约。天下幽险，恐失世英。天下幽暗凶险如此，必恐时贤不见用也。螭龙为蝘蜓，鸱枭为凤皇。说文云："螭，如龙而黄，北方谓之地蝼。"蝘蜓，守宫。言世俗不知善恶，螭龙之圣，反谓之蝘蜓；鸱枭之恶，反以为凤皇也。比干见刳，孔子拘匡。昭昭乎其知之明也，郁郁乎其遇时之不祥也。拂乎其欲礼义之大行也，暗乎天下之晦盲也。郁郁，有文章貌。拂，违也。此盖误耳，当为"拂乎其遇时之不祥也，郁郁乎其欲礼义之大行"。晦盲，言人莫之识也。皓天不复，忧无疆也。千岁必反，古之常也。皓与昊同。昊天，元气昊大也。呼昊天而诉之，云世乱不复，忧不可竟也。复自解释云乱久必反于治，亦古之常道。"千"，或为"卒"。弟子勉学，天不忘也。言天道福善，故曰"不忘"。恐弟子疑为善无益而解惰，故以此勉之也。圣人共手，时几将矣。共，读为拱。圣人拱手，言不得用也。几，辞也。将，送也，去也。言战国之时，世事已去，不可复治也。○俞樾曰：如杨注，与上意不贯。上文曰"千岁必反，古之常也。弟子勉学，天不忘也”，是荀子之意，谓乱极必反，非谓世事已去，不可复治也。此二句乃望之之辞，言圣人于此，亦拱手而待之耳，所谓“千岁必反”者，此时殆将然矣。杨注非。与愚以疑，愿闻反辞。反辞，反覆叙说之辞，犹楚词“乱曰”。弟子言当时政事既与愚反疑惑之人，故更愿以乱辞叙之也。其小歌曰：此下一章，即其反辞，故谓之小歌，总论前意也。○卢文弨曰：“曰”，各本多作“也”。有一本作“曰”，今从之。念彼远方，何其塞矣！远方，犹大道也。○俞樾曰：杨注以远方为大道，其义未安。此章盖亦遗春申君者。下文“仁人绌约，暴人衍矣”诸句，其意实讥楚也。不敢斥言楚国，故姑托远方言之，若谓彼远方之国有如此耳。此荀卿之危行言孙也。仁人绌约，暴人衍矣。衍，饶也。○卢文弨曰：“衍”不与“塞”“服”为韵，“服”字本有作“般”者，则“塞”或“蹇”字之误。忠臣危殆，谗人服矣。服，用也。本或作“谗人般矣”。般，乐也，音盘。

璇、玉、瑶、珠，不知佩也。说文云：“璇，赤玉。”“瑶，美玉也。”孔安国曰：“瑶，美石。”言不知以此四宝为佩。说文云：“璇音琼。”○卢文弨曰：瑶，说文本训美石，杨所据乃误本也。如孔安国曰“美石”，而今本禹贡注亦皆误为“美玉”。又曰：此章在遗春申君书后。此书但载其赋，而不载其书。今以楚策之文具录于此，以备考焉。客说春申君曰：“汤以亳，武王以鄗，（吴师道曰：“镐通。”）皆不过百里，以有天下。今孙子，天下贤人也，君藉之以百里之势，臣窃以为不便，于君何如?”春申君曰：“善。”于是使人谢孙子。孙子去之赵，（鲍彪曰：“史言孔子，春申君死而贫困，家兰陵，不言之赵。然卿书有与赵孝成王论兵，而史不言，失之。）赵以为上卿。（后语作“上客”。）客又说春申君曰：“昔伊尹去夏入殷，殷王而夏亡；管仲去鲁入齐，鲁弱而齐强。夫贤者之所在，其君未尝不尊，国未尝不荣也。今孙子，天下贤人也，君何辞之?”春申君又曰：“善。”于是使人请孙子于赵，孙子为书谢曰：“‘疠人怜王’，（韩诗外传四作“鄙语曰‘疠人怜王’”。）此不恭之语也。虽然，（吴师道曰：“一本此下有‘古无虚谚’四字。"）不可不审察也，此为劫弑死亡之主言也。夫人主年少而矜材，无法术以知奸，则大臣主断图私，以禁诛于己也，故弑贤长而立幼弱，废正適而立不义。春秋戒之曰：（外传作"春秋之志曰"。）'楚王子围聘于郑，未出竟，闻王病，反问疾，遂以冠缨绞王杀之，因自立也。''齐崔杼之妻美，庄公通之，崔杼帅其君党而攻庄公。庄公请与分国，崔杼不许；欲自刃于庙，崔杼不许。庄公走出，逾于外墙，射中其股，遂杀之，而立其弟景公。'近代所见，李兑用赵，饿主父于沙丘，百日而杀之；淖齿用齐，擢闵王之筋，县于其庙梁，宿夕而死。夫疠虽痈肿胞疾，上比前世，未至绞缨射股；下比近代，未至擢筋而饿死也。夫劫弑死亡之主也，心之忧劳，形之困苦，必甚于疠矣。由此观之，疠虽怜王可也。因为赋曰：宝珍隋珠，不知佩兮。袆衣与丝，不知异兮。闾姝、子奢，莫知媒兮。嫫母求之，又甚喜之兮。以瞽为明，以聋为聪，以是为非，以吉为凶。呜呼上天，曷惟其同！诗曰：'上天甚神，无自瘵也。'"（外传所载赋，与荀书略同。"嘉"字，依两书皆作"喜"。外传末引诗作"上帝甚慆，无自瘵焉"。）郝懿行曰："琁"即"琼"字，韩诗外传四作"璇"，非。杂布与锦，不知异也。杂布，粗布。○王念孙曰：此谓布与锦杂陈于前而不知别异。（说文："布，枲织也。"）言美恶不分也。杨以"杂布"二字连读，而训为粗布，失之。闾娵、子奢，莫之媒也。闾娵，古之美女，后语作"明陬"。楚词七谏谓闾娵为丑恶，盖一名明陬。汉书音义韦昭曰："闾娵，梁王魏婴之美女。""子奢"，当为"子都"，郑之美人。诗曰："不见子都。"盖"都"字误为"奢"耳。后语作"子都"。莫之媒，言无人为之媒也。娵，子于反。○卢文弨曰："明"是"闾"字之误，杨未省照耳。汪中曰：都、奢，古本一音，不必改字。嫫母、力父，是之喜也。嫫母，丑女，黄帝时人。力父，未详。喜，悦也。○卢文弨曰："力父"，俗本作"刁父"。今从元刻，与韩诗外传四同。以盲为明，以聋为聪，以危为安，以吉为凶。○郝懿行曰："以危为安"，韩诗外传四作"以是为非"。呜呼上天，曷维其同！言或乱如此，故叹而告上天。曷维其同，言何可与之同也。后语作"曷其与同"。此章即遗春申君之赋也。

荀子卷第十九

大略篇第二十七

此篇盖弟子杂录荀卿之语，皆略举其要，不可以一事名篇，故总谓之大略也。旧第二十七。○卢文弨曰：此卷旧不分段，今案其意义之不相联属者，间一格以识别之。

大略。举为标首，所以起下文也。君人者，隆礼尊贤而王，重法爱民而霸，好利多诈而危。

欲近四旁，莫如中央，故王者必居天下之中，礼也。此明都邑居土中之意，不近偏旁，居中央，取其朝贡道里均。礼也，言其礼制如此。

天子外屏，诸侯内屏，礼也。外屏，不欲见外也；内屏，不欲见内也。屏，犹蔽也。屏谓之树。郑康成云："若今浮思也。"何休注公羊云："礼，天子、诸侯台门。天子外阙两观，诸侯内阙一观。""礼，天子外屏，诸侯内屏，大夫以帘，士以帷。"倞谓不欲见内外、不察泉中鱼之义也。○郝懿行曰：释宫但云"屏谓之树"，不言内外。郭璞注谓"小墙，当门中"，此说是也。盖屏之制如今之照壁。释名云："屏，自障屏也。"苍颉篇云："屏，墙也。"尔雅舍人注云："以垣当门蔽为树。"然则屏取屏蔽之义，但令门必有屏，天子、诸侯似不必琐琐分别外内也。荀书每援礼文，此云"外屏""内屏"，而云"礼也"，必是礼家旧说。何休公羊注亦称之。淮南主术篇云"天子外屏，所以自障"，高诱注谓"屏，树，垣也"，引尔雅曰："门内之垣谓之树。"据高所引，非即尔雅本文，盖已不主外屏之说矣。近逝人全鹗氏箸论，深是高说，以为"天子外屏"，此言出于礼纬，郑注礼记引其说，未可信也。太微垣有屏四星，在端门内，此天子内屏之象也。又云："凡门皆有屏，惟皋门无之。应门内有屏，故宁在门、屏之间，门即应门也。”其言甚辨，见所箸求古录，今采其说存之。

诸侯召其臣，臣不俟驾，颠倒衣裳而走，礼也。诗曰：“颠之倒之，自公召之。”天子召诸侯，诸侯辇舆就马，礼也。辇，谓人挽车。言不暇待马至，故辇舆就马也。诗曰：“我出我舆，于彼牧矣。自天子所，谓我来矣。”诗，小雅出车之篇。毛云：“出车就马于牧地。”郑云：“有人自天子所，谓我来矣，谓以王命召己也。”此明诸侯奉上之礼也。

天子山冕，诸侯玄冠，大夫裨冕，士韦弁，礼也。山冕，谓画山于衣而服冕，即衮也。盖取其龙则谓之衮冕，取其山则谓之山冕。郑注周礼司服云：“古冕服十二章。”“衣五章：初一曰龙，次二曰山，次三曰华虫，次四曰火，次五曰宗彝，皆画。裳四章：次六曰藻，次七曰粉米，次八曰黼，次九曰黻，皆绣。”郑注觐礼云：“裨之言卑也。天子六服，大裘为上，其余为裨，以事尊卑服之。诸侯亦服焉。”“上公衮无升龙，侯伯鷩，子男毳，孤絺，卿大夫玄。”郑云“大夫裨冕”，盖亦言裨冕止于大夫，士已下不得服也。韦弁，谓以爵韦为韠而载弁也。玉藻曰“韠，君朱，大夫素，士爵韦”也。

天子御珽，诸侯御荼，大夫服笏，礼也。御、服，皆器用之名，尊者谓之御，卑者谓之服。御者，言臣下所进御也。珽，大珪，长三尺，杼上终葵首，谓剡上，至其首而方也。“荼”，古“舒”字，玉之上圆下方者也。郑康成云：“珽，挺然无所屈也。”荼，读如“舒迟”之“舒”。舒儒者所畏在前也。

天子雕弓，诸侯彤弓，大夫黑弓，礼也。雕，谓雕画为文饰。彤弓，朱弓。此明贵贱服御之礼也。

诸侯相见，卿为介，相见，谓于郄地为会。介，副也。聘义：“卿为上摈，大夫为承摈，君亲礼宾。”言主君见聘使则以卿为上摈，出会则以卿为上介也。以其教出毕行，教，谓戒令。毕行，谓群臣尽行从君也。○王念孙曰：“教出”，当为“教士”，谓常所教习之士也。大戴礼虞戴德篇云“诸侯相见，卿为介，以其教士毕行"，文与此同也。下文"君子听律习容而后士"，"士"当为"出"，言必听律习容而后出也。（杨云："听律，谓听佩声，使中音律也。"）玉藻云"习容观玉声乃出"，（郑注曰："玉，佩也。"）是其证也。隶书"士""出"二字相似，传写往往讹溷。（隶书"出"字或省作"士"，若"敖"省作"敖"，"賣"省作"賣"，"出"省作"欸"，皆是也。故诸书中"士""出"二字传写多误。僖二十五年左传"谍出曰'原将降矣'"，吕氏春秋为欲篇"谍出"讹作"谋士"。管子大匡篇"士欲通，吏不通"，今本"士"讹作"出"。史记吕后本纪"齐内史士"，徐广曰："一作出。"夏本纪"称以出"，大戴礼五帝德篇作"称以上士"，皆其证也。）杨说皆失之。使仁居守。使仁厚者主后事。春秋传："一子守，二子从。"此明诸侯出疆之礼。又穀梁传曰："智者虑，义者行，仁者守，然后可以会矣。"

聘人以珪，问士以璧，召人以瑗，绝人以玦，反绝以环。聘人以珪，谓使人聘他国以珪璋也。问，谓访其国事，因遗之也。卫侯使工尹襄问子贡以弓，是其类也。说文云："瑗者，大孔璧也。"尔雅："好倍肉，谓之瑗。肉倍好谓之璧。"礼记曰："君召臣以三节。"周礼"珍圭以征守"，郑云："以征召守国之诸侯，若今征郡守以竹使符也。"然则天子以珍圭召诸侯，诸侯召臣以瑗欤？玦，如环而缺。肉、好若一谓之环。古者臣有罪，待放于境，三年不敢去，与之环则还，与之玦则绝，皆所以见意也。反绝，谓反其将绝者。此明诸侯以玉接人臣之礼也。〇郝懿行曰："士"，即"事"也，古字通用。杨注不误，而语未明晰。问士者，谓问人以事，则以璧为挚，如鲁哀公执挚于周丰也。

人主仁心设焉，知其役也，礼其尽也。故王者先仁而后礼，天施然也。人主根本所施设在仁，其役用则在智，尽善则在礼。天施，天道之所施设也。此明为国以仁为先也。

聘礼志曰："币厚则伤德，财侈则殄礼。"礼云礼云，玉帛云乎哉！志，记也。言玉帛，礼之末也。礼记曰"不以美没礼"也。〇卢文弨曰：案聘礼记曰："多货则伤于德，币美则没礼。"诗曰："物其指矣，唯其偕矣。"不时宜，不敬交，不驩欣，虽指，非礼也。诗，小雅鱼丽之篇。指与旨同，美也。偕，齐等也。时，谓得时；宜，谓合宜。此明聘好轻财重礼之义也。○俞樾曰：案上句"不时宜"，注"时""宜"二字平列，下句"不驩欣"，亦二字平列，则此文"不敬交"疑"不敬文"之误。劝学篇曰"礼之敬文也"，注曰："礼有周旋揖让之敬、车服等级之文也。"礼论篇曰"事生不忠厚、不敬文谓之野，送死不忠厚、不敬文谓之瘠"，注曰："敬文，恭敬有文饰。"是荀子书屡言"敬文"。性恶篇曰"不如齐、鲁之孝具敬父者，何也"，注曰："敬父当为敬文。"此"敬文"误为"敬交"，犹彼"敬文"误为"敬父"。杨氏于此无注，其所据本必未误，"敬文"二字本书屡见，故不说也。

水行者表深，使人无陷；治民者表乱，使人无失。礼者，其表也，先王以礼表天下之乱。今废礼者，是去表也。故民迷惑而陷祸患，此刑罚之所以繁也。表，标志也。此明为国当以礼示人也。○郝懿行曰：天论篇云："水行者表深，表不明则陷；治民者表道，表不明则乱。"此云"表乱"，谓表明其为乱而后人不犯也。

舜曰："维予从欲而治。"虞书舜美皋陶之辞。言皋陶明五刑，故舜得从欲而治。引之以喻礼能成圣，亦犹舜赖皋陶也。○郝懿行曰：此语今书以入大禹谟，"维"字作"俾"，荀所偁则未知出何书也。又解蔽篇偁道经曰"人心之危，道心之微"，今亦在大禹谟，二"之"字作"惟"矣。此引"舜曰"，彼援道经，皆不偁书。俞樾曰：此即所谓"不思而得，不勉而中，从容中道，圣人也"。孔子七十而从心所欲不逾矩，可释此文"从欲"之义。故下文曰："礼之生，为贤人以下至庶民也，非为成圣也。"杨氏误据古文尚书为说，乃曰"引之以喻礼能成圣，亦犹舜赖皋陶也"，失之矣。故礼之生，为贤人以下至庶民也，非为成圣也，然而亦所以成圣也。不学不成：礼本为中人设，然圣人不学亦不成也。尧学于君畴，舜学于务成昭，禹学于西王国。"君畴"，汉书古今人表作"尹寿"。又汉艺文志小说家有务成子十一篇，昭，其名也。尸子曰：“务成昭之教舜曰：‘避天下之逆，从天下之顺，天下不足取也。避天下之顺，从天下之逆，天下不足失也。’”西王国，未详所说。或曰：大禹生于西羌，西王国，西羌之贤人也。新序子夏对哀公曰：“黄帝学于太填，颛顼学于录图，帝喾学于赤松子，尧学于尹寿，舜学于务成跗，禹学于西王国，汤学于成子伯，文王学于时子思，武王学于郭叔。”此明圣人亦资于教也。〇卢文弨曰：案新序五“太填”作“大真”，古今人表作“大填”；“录图”作“绿图”，表同。“尹寿”，元刻作“君寿”，宋本新序同，吴祕注法言引新序作“君畴”。“成子伯”，新序作“威子伯”；“时子思”作“铰时子思”。

五十不成丧，七十唯衰存。不成丧，不备哭踊之节。衰存，但服缞麻而已。其礼皆可略也。礼记曰“七十唯衰麻在身”也。〇郭嵩焘曰：五十不成丧，即檀弓“五十不致毁”也。

亲迎之礼，父南乡而立，子北面而跪，醮而命之：“往迎尔相，成我宗事，郑云：“相，助也。宗事，宗庙之事也。”隆率以敬先妣之嗣，若则有常。”仪礼作“勖率”，郑云：“勖，勉也。若，汝也。勉率妇道以敬其为先妣之嗣也。汝之行则当有常，深戒之。诗云：‘大姒嗣徽音。’”子曰：“诺。唯恐不能，敢忘命矣！”子言唯恐不能勉率以嗣先妣，不敢忘父命也。

夫行也者，行礼之谓也。所以称行者，在礼也。礼也者，贵者敬焉，老者孝焉，长者弟焉，幼者慈焉，贱者惠焉。惠，亦赐也。言行礼如此五者，则可为人之行也。

赐予其宫室，犹用庆赏于国家也；忿怒其臣妾，犹用刑罚于万民也。宫室，妻子也。此明能治家则以治国也。〇郭嵩焘曰：“宫室”与“国家”对文，“臣妾”与“万民”对文。宫室者，门梱之内，庭户之间，尽一家之人言之。杨注误。

君子之于子，爱之而勿面，使之而勿貌，导之以道而勿强。面、貌，谓以颜色慰悦之，不欲施小惠也。故易家人曰：“有严君焉。”勿强，不欲使其愧也。此语出曾子。〇郝懿行曰：此出曾子立事篇，荀称之也。勿面，谓不形见于面。勿貌，谓不优以辞色。勿强，谓匪怒伊教，使自得之。注谓“不欲使其愧”，非。

礼以顺人心为本，故亡于礼经而顺人心者，皆礼也。礼记曰：“礼也者，义之实也。协诸义而协，则礼虽先王未之有，可以义起也。”〇卢文弨曰：“皆礼也”，各本作“背礼者也”，误。

礼之大凡：事生，饰驩也；送死，饰哀也；军旅，饰威也。不可太质，故为之饰。

亲亲、故故、庸庸、劳劳，仁之杀也。庸，功也。庸庸、劳劳，谓称其功劳，以报有功劳者。杀，差等也。皆仁恩之差也。杀，所介反。贵贵、尊尊、贤贤、老老、长长，义之伦也。伦，理也。此五者，非仁恩，皆出于义之理也。行之得其节，礼之序也。行仁义得其节，则是礼有次序。仁，爱也，故亲。义，理也，故行。礼，节也，故成。非仁不亲，非义不行，虽有仁义，无礼以节之，亦不成。仁有里，义有门。里与门，皆谓礼也。里所以安居，门所以出入也。仁非其里而虚之，非礼也。义非其门而由之，非义也。虚，读为居，声之误也。仁非其里，义非其门，皆谓有仁义而无礼也。〇卢文弨曰：“非义也”，亦当为“非礼也”。郝懿行曰：虚，读为墟。墟里，人所居，因借为“居”字，非居声之误也。王念孙曰：“虚”，当为“处”，字之误也。下文云“君子处仁以义”是其证。（陈说同，又引论语“里仁为美”、“择不处仁”。）又案：杨云“仁非其里，义非其门，皆谓有仁义而无礼也”，卢云“‘非义也’，亦当为‘非礼也’”，杨、卢之说皆非也。“非礼也”当作“非仁也”，（刘说同。）“非义也”，“义”字不误。此文云“仁，非其里而处之，非仁也；义，非其门而由之，非义也”，下文云“君子处仁以义，然后仁也；行义以礼，然后义也”，前后正相呼应，以是明之。推恩而不理，不成仁；仁虽在推恩，而不得其理则不成仁。谓若有父子之恩，而无严敬之义。遂理而不敢，不成义；虽得其理，而不敢行则不成义。义在果断，故曰“非知之艰，行之惟艰”。审节而不知，不成礼；虽能明审节制，而不知其意也。“知”，或为“和”。〇王念孙曰：作“和”者是也。

礼以和为贵，故审节而不和则不成礼。下文“和而不发”正承此“和”字言之。今本“和”作“知”，字之误耳。（隶书“和”字或作“知”，与“知”相似，见汉白石神君碑。）既能审于礼节，则不得谓之“不知”。杨于“不知”下加“其意”二字，失之。和而不发，不成乐。虽和顺积中，而英华不发于外，无以播于八音，则不成乐。故曰：仁、义、礼、乐，其致一也。言四者虽殊，同归于得中，故曰“其致一也”。君子处仁以义，然后仁也；仁而能断。行义以礼，然后义也；虽能断而不违礼，然后为义也。制礼反本成末，然后礼也。反，复也。本，谓仁义；末，谓礼节。谓以仁义为本，终成于礼节也。三者皆通，然后道也。通明三者，然后为道。

货财曰赙，舆马曰赗，衣服曰襚，玩好曰赠，玉贝曰唅。此与公羊、穀梁之说同。玩好，谓明器琴瑟笙竽之属。何休曰：“此皆春秋之制也。赙，犹覆也；賵，犹助也：皆助生送死之礼。襚，犹遗也，遗是助死者之礼也。知生则賵、赙，知死则襚、唅。”〇卢文弨曰：今公羊注作“知死者赠賵”。赙、賵所以佐生也，赠、襚所以送死也。送死不及柩尸，吊生不及悲哀，非礼也。皆谓葬时。故吉行五十，犇丧百里，賵、赠及事，礼之大也。既说吊赠及事，因明奔丧亦宜行远也。礼记奔丧曰：“日行百里，不以夜行。”

礼者，政之挽也。如挽车然。为政不以礼，政不行矣。

天子即位，上卿进曰：“如之何忧之长也！能除患则为福，不能除患则为贼。”授天子一策。上卿，于周若冢宰也。皆谓书于策，读之而授天子，深戒之也。言天下安危所系，其忧甚远长，问何以治之。能为天下除患则百福归之，不能则反为贼害。策，编竹为之，后易之以玉焉。中卿进曰：“配天而有下土者，先事虑事，先患虑患。先事虑事谓之接，接，读为捷，速也。中卿，若宗伯也。接则事优成；先患虑患谓之豫，豫则祸不生。事至而后虑者谓之后，后则事不举；患至而后虑者谓之困，困则祸不可御。”授天子二策。御，禁。二策，弟二策也。下卿进曰：“敬戒无怠。庆者在堂，吊者在闾。下卿，若司寇也。庆者虽在堂，吊者已在门，言相袭之速。闾，门也。祸与福邻，莫知其门。言同一门出入也。贾谊曰：“忧喜聚门。”豫哉！

豫哉！万民望之！”授天子三策。豫哉，言可戒备也。三策，弟三策。○先谦案：群书治要作“务哉，务哉”。

禹见耕者耦立而式，过十室之邑必下。两人共耕曰耦。论语曰：“长沮、桀溺耦而耕。”十室之邑，必有忠信，故下之也。

杀大蚤，朝大晚，非礼也。杀，谓田猎禽兽也。礼记曰：“天子杀则下大绥，诸侯杀则下小绥，大夫杀则止佐车。”蚤，谓下先上也。又曰：“朝，辨色始入。”杀太蚤，为陵犯也。朝太晚，为懈弛也。或曰：礼记曰“獭祭鱼，然后虞人入泽梁；豺祭兽，然后田猎”，先于此，为蚤也。又曰：“田不以礼，是暴天物也。”○王念孙曰：或说是也，前说非。治民不以礼，动斯陷矣。

平衡曰拜，下衡曰稽首，至地曰稽颡。平衡，谓罄折，头与腰如衡之平。礼记“平衡”与此义殊。○郝懿行曰：拜者必跪。拜手，头至手也，不至地，故曰“平衡”。稽首，亦头至手，而手至地，故曰“下衡”。稽颡则头触地，故直曰“至地”矣。大夫之臣拜不稽首，非尊家臣也，所以辟君也。辟，读为避。

一命齿于乡，再命齿于族，三命，族人虽七十，不敢先。一命，公侯之士；再命，大夫；三命，卿也。郑注礼记曰：“此皆乡饮酒时。齿，谓以年次坐若立也。”礼记曰：“三命不齿，族人虽七十者不敢先。”言不唯不与少者齿，老者亦不敢先也。上大夫，中大夫，下大夫。此覆一命、再命、三命也。一命虽公侯之士，子男之大夫也，故曰“下大夫”也。

吉事尚尊，丧事尚亲。吉事，朝廷列位也。丧事，以亲者为主。礼记曰“以服之精粗为序”也。

君臣不得不尊，父子不得不亲，兄弟不得不顺，夫妇不得不驩。少者以长，老者以养。不得，谓不得圣人之礼法。驩与欢同。故天地生之，圣人成之。○汪中曰：“君臣”以下四十一字错简，当在后“国家无礼不宁”之下。此因上“尚尊”“尚亲”之文而误。

聘，问也。享，献也。私觌，私见也。使大夫出，以圭璋。聘，所以相问也。聘、享，奉束帛加璧。享，所以有献也。享毕，宾奉束锦以请。觌，所以私见也。聘、享以宾礼见，私觌以臣礼见，故曰“私见”。郑注仪礼云：“享，献也。既聘又献，所以厚恩意也。”

言语之美，穆穆皇皇。尔雅曰：“穆穆，敬也。”“皇皇，正也。”郭璞云：“皇皇，自修正貌。”“穆穆，容仪谨敬也。”皆由言语之美，所以威仪修饰。或曰：穆穆，美也。皇皇，有光仪也。诗曰：“皇皇者华。”朝廷之美，济济铨铨。铨与跄同。济济，多士貌。跄跄，有行列貌。

为人臣下者，有谏而无讪，有亡而无疾，有怨而无怒。谤上曰讪。亡，去也。疾与嫉同，恶也。怨，谓若公弟叔肸、卫侯之弟鱄。怒，谓若庆郑也。

君于大夫，三问其疾，三临其丧；于士，一问一临。诸侯非问疾吊丧，不之臣之家。之，往也。礼记曰“诸侯非问疾吊丧，而入诸臣之家，是谓君臣为谑”也。

既葬，君若父之友，食之则食矣，不辟粱肉，有酒醴则辞。郑云：“尊者之前可以食美，变于颜色亦不可也。”

寝不逾庙，设衣不逾祭服，礼也。谓制度精粗。设，宴也。○王念孙曰：“设”当为“讌”，字之误也。故杨注云：“讌，宴也。”（今注文“讌”字亦误作“设”。）“寝”对“庙”而言，“讌衣”对“祭服”而言。王制“燕衣不逾祭服，寝不逾庙”是其证。

易之咸，见夫妇。易咸卦，艮下兑上。艮为少男，兑为少女，故曰“见夫妇”。夫妇之道，不可不正也，君臣父子之本也。易序卦曰“有天地然后有男女，有男女然后有夫妇，有夫妇然后有父子，有父子然后有君臣”，故以夫妇为本。咸，感也，以高下下，以男下女，柔上而刚下。阳唱阴和，然后相成也。

聘士之义，亲迎之道，重始也。聘士，谓若安车束帛，重其礼也。迎，鱼敬反。

礼者，人之所履也，失所履，必颠蹶陷溺。所失微而其为乱大者，礼也。

礼之于正国家也，如权衡之于轻重也，如绳墨之于曲直也。故人无礼不生，事无礼不成，国家无礼不宁。

和乐之声，此言珩佩之声和乐人心。步中武、象，趋中韶、護。佩玉之声，缓则中武、象，速则中韶、護。礼记曰“古之君子必佩玉，右徵、角，左宫、羽，趋以采荠，行以肆夏”，是其类也。或曰：此“和乐”，谓在车和鸾之声、步骤之节也。○顾千里曰：案，疑或说是也。正论篇、礼论篇“乐”皆作“鸾”，可以为证。君子听律习容而后士。君子，在位者之通称。礼记曰：“既服，习容，观玉声。”听律，谓听佩声，使中音律也。言威仪如此，乃可为士。士者，修立之名也。○先谦案：“士”当为“出”，说见上。

霜降逆女，冰泮杀内。十日一御。此盖误耳，当为“冰泮逆女，霜降杀内”。故诗曰：“士如归妻，迨冰未泮。”杀，减也。内，谓妾御也。十日一御，即杀内之义。冰泮逆女，谓发生之时合男女也。霜降杀内，谓闭藏之时禁嗜欲也。月令在十一月，此云“霜降”，荀卿与吕氏所传闻异也。郑云：“归妻，谓请期也。冰未泮，正月中以前，二月可以成婚矣。”故云：“冰泮逆女。”杀，所介反。○卢文弨曰：诗陈风东门之杨毛传云：“言男女失时，不待秋冬。”正义引荀卿语，并云：“毛公亲事荀卿，故亦以秋冬为婚期。”家语所说亦同。匏有苦叶所云“迨冰未泮”，周官媒氏“仲春会男女”，皆是。要其终，言不过是耳。杨注非。十日一御，君子之谨游于房也，不必连“冰泮”言。郝懿行曰：东门之杨传：“男女失时，不逮秋冬。”正义引“荀卿书云：‘霜降逆女，冰泮杀止。’霜降，九月也。冰泮，二月也。荀卿之意，自九月至于正月，于礼皆可为昏。荀在焚书之前，必当有所凭据。毛公亲事荀卿，故亦以为秋冬。家语云：‘群生闭藏为阴，而为化育之始，故圣人以合男女、穷天数也。霜降而妇功成，嫁娶者行焉。冰泮而农桑起，昏礼杀于此。’”又引董仲舒云：“圣人以男女阴阳，其道同类。观天道，向秋冬而阴气来，向春夏而阴气去，故古人霜降始逆女，冰泮而杀止，与阴俱近而阳远也。”孔疏发明毛义，与荀卿之说合。杨注偶未省照，乃云“此误”而改其文，谬矣。十日一御，节于内也。今礼言五日御，此言十者，或古文“五”如侧“十”之形，因转写致误欤？（“五”，古文作“×”。）王引之曰：此文本作“霜降逆女，冰泮杀止”，谓霜降始逆女，至冰泮而杀止也。召南摽有梅及陈风东门之杨正义两引此文，皆作“冰泮杀止”。周官媒氏疏载王肃论引此文及韩诗传，亦皆作“冰泮杀止”。又春秋繁露循天之道篇亦云：“古之人霜降而逆女，冰泮而杀止。”（东门之杨正义所引如是，今本作“杀内”，乃后人依误本荀子改之。）自杨所见本“杀”下始脱“止”字，而杨遂以“杀内”二字连读，误矣。冰泮杀止，指嫁娶而言，“内”字下属为句。内十日御，别是一事，非承“冰泮”而言。

坐视膝，立视足，应对言语视面。仪礼士相见云“子视父则游目，无上于面，无下于带，若不言，立则视足，坐则视膝”，郑云：“不言，则伺其行起而已。”立视前六尺而大之，六六三十六，三丈六尺。盖臣于君前视也。近视六尺，自此而广之，虽远视，不过三丈六尺。由礼曰：“立视五巂。”彼在车上，故与此不同也。〇王引之曰：“大之”，当为“六之”。言以六尺而六之，则为三丈六尺也。杨以广释大，则所见本已误。

文貌情用，相为内外表里，文，谓礼物；貌，谓威仪。情，谓中诚；用，谓语言。质文相成，不可偏用也。〇王念孙曰：文貌在外，情用在内，故曰“相为内外表里”。礼论篇曰：“文理繁，情用省，是礼之隆也。文理省，情用繁，是礼之杀也。文理情用相为内外表里，并行而杂，是礼之中流也。”彼言“文理”，犹此言“文貌”。杨彼注云“文理谓威仪，情用谓忠诚”，是也。此注失之。先谦案：王谓文貌犹文理。是也。礼论篇“文理”，史记并引作“文貌”，是其证。礼之中焉。能思索谓之能虑。

礼者，本末相顺，终始相应。

礼者，以财物为用，以贵贱为文，以多少为异。并解于礼论篇。下臣事君以货，中臣事君以身，上臣事君以人。货，谓聚敛及珍异献君。身，谓死卫社稷。人，谓举贤也。

易曰：“复自道，何其咎？”易，小畜卦初九之辞。复，返也。自，从也。本虽有失，返而从道，何其咎过也？春秋贤穆公，以为能变也。公羊传曰：“秦伯使遂来聘。遂者何？秦大夫也。秦无大夫。此何以书？贤穆公也。何贤乎穆公？以为能变也。”谓前不用蹇叔、百里之言，败于殽、函，而自变悔，作秦誓，询兹黄发是也。

士有妒友，则贤交不亲；君有妒臣，则贤人不至。蔽公者谓之昧，隐良者谓之妒，掩蔽公道，谓之暗昧。奉妒昧者谓之交谲。交通于谲诈之人，相成为恶也。○俞樾曰：交，读为狡。礼记乐记篇“血气狡愤”，释文曰：“狡，本作交。”是“交”“狡”古通用。狡与谲同义。下文曰“交谲之人，妒昧之臣”，是“交谲”与“妒昧”皆两字平列。杨注曰“交通于谲诈之人”，失之矣。交谲之人，妒昧之臣，国之薉孽也。薉与秽同。孽，妖孽。言终为国之灾害也。

口能言之，身能行之，国宝也；口不能言，身能行之，国器也。如器物虽不言而有行也。口能言之，身不能行，国用也。国赖其言而用也。口言善，身行恶，国妖也。治国者敬其宝，爱其器，任其用，除其妖。

不富无以养民情，衣食足，知荣辱。不教无以理民性。人性恶，故须教。故家五亩宅，百亩田，务其业而勿夺其时，所以富之也。宅，居处也。百亩，一夫田也。务，谓劝勉之。孟子曰：“五亩之宅，树之以桑，五十者可以衣帛矣。百亩之田，无失其时，八口之家可以无饥矣。”立大学，设庠序，修六礼，明十教，所以道之也。诗曰：“饮之食之，教之诲之。”王事具矣。礼记曰：“六礼，冠、昏、丧、祭、乡、相见。”十教，即十义也。礼记曰：“父慈、子孝，兄良、弟悌，夫义、妇听，长惠、幼顺，君仁、臣忠，十者谓之人义。”道，谓教道之也。“十”或为“七”也。○王念孙曰：王制曰：“司徒修六礼以节民性，明七教以兴民德。”六礼：冠、昏、丧、祭、乡、相见。七教：父子、兄弟、夫妇、君臣、长幼、朋友、宾客。则作“七教”者是也。凡经传中“七”“十”二字，互误者多矣。杨前注以礼运之十义为十教，失之。

武王始入殷，表商容之闾，释箕子之囚，哭比干之墓，天下乡善矣。

表，筑旌之。言武王好善，天下乡之。孔安国曰："商容，殷之贤人，纣所贬退也。"

天下、国有俊士，世有贤人。天下之国皆有俊士，每世皆有贤人。迷者不问路，溺者不问遂，亡人好独。以喻虽有贤俊，不能用也。所以迷，由于不问路；溺，由于不问遂；亡，由于好独。遂谓径隧，水中可涉之径也。独，谓自用其计。○洪颐煊曰："遂"，当作"坠"。晏子春秋内篇杂上作"溺者不问坠"。郝懿行曰："坠"，当作"队"。"队""坠"，古今字。先谦案：诗载驰篇"大夫跋涉"，释文引韩诗曰："不由蹊遂而涉曰跋涉。"淮南修务训高注："不从蹊遂曰跋涉。"二"遂"字与此义同。晏子作"坠"，乃误文。洪据以为说，非。诗曰："我言维服，勿用为笑。先民有言，询于刍荛。"言博问也。诗，大雅板之篇。毛云："刍荛，薪者也。"郑云："服，事也。我之所言，乃今之急事，汝无笑也。"

有法者以法行，无法者以类举。皆类于法而举之也。○郝懿行曰：类，犹比也，古谓之决事。比，今之所谓例也。下云"庆赏刑罚通类"，亦然。杨注未明晰，卢分段并非。二句又见王制篇。俞樾曰：古所谓类，即今所谓例。史记屈原贾生传"吾将以为类"，正义曰："类，例也。"以其本，知其末，以其左，知其右，凡百事异理而相守也。其事虽异，其守则一。谓若为善不同，同归于理之类也。

庆赏刑罚，通类而后应。通明于类，然后百姓应之。谓赏必赏功，罚必罚罪，不失其类。政教习俗，相顺而后行。顺人心，然后可行也。

八十者一子不事，九十者举家不事，废疾非人不养者一人不事。父母之丧，三年不事。齐衰大功，三月不事。从诸侯不"不"当为"来"。谓从他国来，或君之人入采地。与新有昏，期不事。古者有丧、昏皆不事，所以重其哀戚与嗣续也。事，谓力役。

子谓子家驹续然大夫，不如晏子；子，孔子。谓，言也。子家驹，鲁公子庆之孙，公孙归父之后，名羁，驹其字也。续，言补续君之过。不能兴功用，故不如晏子也。○卢文弨曰："续然大夫"四字未详。郝懿行曰：

"续"，古作"赓"，赓之为言庚也。庚然，刚强不屈之貌，言不阿谀也。晏子，功用之臣也，不如子产；虽有功用，不如子产之恩惠也。子产，惠人也，不如管仲。虽有恩惠，不如管仲之才略也。管仲之为人，力功不力义，力知不力仁，虽九合诸侯，一匡天下，而不全用仁义也。野人也，不可以为天子大夫。言四子皆类郊野之人，未浸渍于仁义，故不可为王者佐。○郝懿行曰：此谓管仲尚功力而不修仁义，不可为王者之佐。注以"四子"言，恐非是。

孟子三见宣王不言事。门人曰："曷为三遇齐王而不言事？"孟子曰："我先攻其邪心。"以正色攻去邪心，乃可与言也。

公行子之之燕，孟子曰"公行子有子之丧，右师往吊"，赵岐云："齐大夫也。"子之，盖其先也。遇曾元于涂，曰："燕君何如？"曾元曰："志卑。言不求远大也。曾元，曾参之子。志卑者轻物，物，事。轻物者不求助。不求贤以自辅。苟不求助，何能举？既无辅助，必不胜任矣。氐、羌之虏也。谓见俘掠。不忧其系垒也，而忧其不焚也。垒，读为累。氐、羌之俗，死则焚其尸。今不忧虏获而忧不焚，是愚也。吕氏春秋曰：忧其死而不焚。"利夫秋豪，害靡国家，然且为之，几为知计哉！"靡，披靡也。利夫秋豪之细，其害遂披靡而来，及于国家。言不恤其大而忧其小，与氐、羌之虏何异？几，辞也。或曰：几，读为岂。○陈奂曰：案靡，累也。言所利在秋豪，而其害累及国家也。诗周颂传曰"靡，累也"，是其义。王念孙曰：靡者，灭也。言利不过秋豪，而害乃至于灭国家也。方言"靡，灭也"，郭璞曰："或作'摩灭'字，音糜。"汉书贾山传："万钧之所压，无不糜灭者。"司马迁传："富贵而名摩灭。"摩与糜、靡，古同声而通用。（说见唐韵正。）

今夫亡箴者，终日求之而不得，其得之，非目益明也，眸而见之也。心之于虑亦然。眸，谓以眸子审视之也。言心于思虑，亦当反覆尽其精妙，如眸子之求箴也。○俞樾曰：杨说未安。以眸子审视，岂可但谓之"眸"乎？眸，当读为瞀。说文目部："瞀，低目视也，从目，冒声。"与牟声相近。释名释首饰曰："牟，冒也。"眸之与瞀，犹牟之与冒矣。说文又有"督"篆，曰："低目谨视也，从目，敄声。"亦与牟声相近。荀子成相篇"身让卞随举牟光"，即庄子大宗师篇之务光也，是其例矣。

义与利者，人之所两有也。虽尧、舜不能去民之欲利，然而能使其欲利不克其好义也。克，亦胜也。虽桀、纣亦不能去民之好义，然而能使其好义不胜其欲利也。故义胜利者为治世，利克义者为乱世。上重义则义克利，上重利则利克义。故天子不言多少，诸侯不言利害，大夫不言得丧，皆谓言货财也。士不通货财，士贱，虽得言之，亦不得贸迁如商贾也。有国之君不息牛羊，息，繁育也。错质之臣不息鸡豚，错，置也。质，读为贽。孟子曰："出疆必载质。"盖古字通耳。置贽，谓执贽而置于君。士相见礼曰："士大夫奠贽于君，再拜稽首。"礼书曰："畜乘马者，不察于鸡豚。"或曰：置质，犹言委质也。言凡委质为人臣，则不得与下争利。冢卿不修币，大夫不为场园，冢卿，上卿。不修币，谓不修财币贩息之也。治稼穑曰场，树菜蔬曰园。谓若公仪子不夺园夫、工女之利也。〇王念孙曰："场园"，当为"场圃"，字之误也。韩诗外传作"不为场圃"。玩杨注，亦是"圃"字。论语子路篇马注及射义郑注，并云"树菜蔬曰圃"，即杨注所本。俞樾曰：上云"士不通财货"，杨注"不得贸迁如商贾也"；此云"冢卿不修币"，注谓"不修财币贩息之也"；然则与士之不通货财何以异乎？据韩诗外传作"冢卿不修币施"，疑此文夺"施"字。"币"乃"敝"字之误。"施"当为"杝"，古同声假借字也。"杝"，即今"篱"字。一切经音义十四云"篱、杝同，力支反"，引通俗文云："柴垣曰杝，木垣曰栅。"说文木部："杝，落也。"冢卿不修敝杝，谓篱落敝坏，不修葺之也，与下文"大夫不为场园"正同一意，皆不与民争利之义。从士以上皆羞利而不与民争业，乐分施而耻积臧。然故民不困财，〇王念孙曰：群书治要"财"作"则"，则以"民不困"为句，"则"字下属为句。然故，犹是故也。尧问篇"然故士至"同，说见释词"然"字下。先谦案：群书治要作"然后民不困财"，上方注云："后作故，则作财。"是校者以作"则"者为非，当从今本。贫窭者有所窜其手。窜，容也。谓容集其手而力作也。〇先谦案：有所窜其手，犹言有所措手也。杨注失之泥。群书治要作“有所窜其中矣”，疑以意改之。

文王诛四，武王诛二，周公卒业，至成、康则案无诛已。并解在仲尼篇。言周公终王业，犹不得无诛伐，至成、康然后刑措也。重引此者，明不与民争利则刑罚省也。

多积财而羞无有，羞贫。重民任而诛不能，使民不能胜任而复诛之。○先谦案：重民任，谓虐使之。此邪行之所以起，刑罚之所以多也。

上好羞，则民暗饰矣；好羞贫而事奢侈，则民暗自修饰也。○王念孙曰：杨说迂曲而不可通。“羞”，当为“义”。“羞”字上半与“义”同，又涉上文两“羞”字而误也。上好义则民暗饰者，言上好义则民虽处隐暗之中，亦自修饰，不敢放于利而行也。（吕氏春秋具备篇载宓子贱治亶父，使民暗行，若有严刑于旁，即所谓“民暗饰”也。贾子大政篇曰：“圣明则士暗饰矣。”）“上好义”与“上好富”对文，故下文又云“欲富乎”、“与义分背矣”。上好义则民暗饰，上好富则民死利，即上文所云“上重义则义克利，上重利则利克义”也。（盐铁论错币篇“上好礼则民暗饰，上好货则下死利”，即用荀子而小变其文。）上好富，则民死利矣。二者，乱之衢也。衢，道。○刘台拱曰：“二者”二字，承上两句而言，则“乱”上当有“治”字。民语曰：“欲富乎？忍耻矣，倾绝矣，绝故旧矣，与义分背矣。”忍耻，不顾廉耻。倾绝，谓倾身绝命而求也。分背，如人分背而行。上好富，则人民之行如此，安得不乱？

汤旱而祷曰：“政不节与？○先谦案：节，犹适也。谓不调适。说见天论篇。使民疾与？何以不雨至斯极也！疾，苦。宫室荣与？妇谒盛与？何以不雨至斯极也！荣，盛。谒，请也。妇谒盛，谓妇言是用也。苞苴行与？谗夫兴与？何以不雨至斯极也！”货贿必以物苞裹，故总谓之苞苴。兴，起也。郑注礼记云“苞苴裹鱼肉者，或以苇，或以茅”也。

天之生民，非为君也。天之立君，以为民也。故古者列地建国，非以贵诸侯而已；列官职，差爵禄，非以尊大夫而已。差，谓制等级也。

主道知人，臣道知事。人谓贤良，事谓职守。故舜之治天下，不以事诏而万物成。不以事诏告，但委任而已。谓若使禹治水，不告治水之方略。农精于田而不可以为田师，工贾亦然。

以贤易不肖，不待卜而后知吉。以治伐乱，不待战而后知克。无人御敌。故知必克。

齐人欲伐鲁，忌卞庄子，不敢过卞。卞，鲁邑。庄子，卞邑大夫，有勇者。晋人欲伐卫，畏子路，不敢过蒲。蒲，卫邑。子路，蒲宰。杜元凯云："蒲邑在长垣县西南。"

不知而问尧、舜，好问则无不知，故可比圣人也。无有而求天府。知无而求之，是有天府之富。○俞樾曰：案杨读"不知而问"、"无有而求"绝句，故其解如此，实非荀子意也。不知而问之尧、舜，无有而求之天府，语意本连属。下文"先王之道则尧、舜已，六贰之博则天府已"，乃自解"尧、舜""天府"之义也。使谓不知而问即是尧、舜，无有而求即是天府，下文赘矣，故知杨注非也。"六贰"，当从卢说为"六艺"之误。何谓尧、舜？先王之道是也。问者，问此而已，非必真起尧、舜而问之也。何谓天府？六艺之博是也。求者，求此而已，非必真入天府而求之也。曰：先王之道，则尧、舜已；问先王之道，则可为尧、舜。六贰之博，则天府已。求财于六贰之博，得之不穷，故曰"天府"。天府，天之府藏。言六贰之博，可以得货财；先王之道，可以为尧、舜，故以喻焉。六贰之博，即六博也。王逸注楚辞云："投六箸，行六棋，故曰六博。"今之博局，亦二六相对也。○卢文弨曰："贰"，当作"艺"，声之误也。即六经也。

君子之学如蜕，幡然迁之。如蝉蜕也。幡与翻同。故其行效，其立效，其坐效，其置颜色、出辞气效。效，放也。置，措也。言造次皆学而不舍也。无留善，有善即行，无留滞。无宿问。当时即问，不俟经宿。

善学者尽其理，善行者究其难。非知之艰，行之惟艰，故善行之者，是究其难。

君子立志如穷，似不能通变。虽天子三公问，正以是非对。至尊至贵，对之唯一，故曰"如穷"也。○先谦案：君子不以穷达易心，故立志常如穷时，虽君相问，必以正对。杨说非。

君子隘穷而不失，不失道而陨获。○卢文弨曰："隘穷"，即"厄穷"。劳倦而不苟，不苟免也。临患难而不忘细席之言。尸子："子夏曰：'君子渐于饥寒而志不僻，侉于五兵而辞不慑，临大事不忘昔席之言。'"昔席，盖昔所践履之言。此"细"，亦当读为昔。或曰：细席，讲论之席。临难不忘素所讲习忠义之言。汉书王吉谏昌邑王曰："广厦之下，细旃之上。"○卢文弨曰：案广韵："侉，痛呼也，安贺切。"宋本作"銙"，字书无考。今从元刻。郝懿行曰："细席"，恐"茵席"之形讹。盖"茵"假借为"絪"，"絪"又讹为"细"耳。王念孙曰：郝说是也。汉书霍光传"加画绣絪冯"，如淳曰"絪亦茵"，是其证。茵席之言，谓昔日之言，即论语所谓"平生之言"也。故尸子云："临大事不忘昔席之言。"俞樾曰：郝、王之说塙矣。杨注引尸子"临大事不忘昔席之言"，"昔"亦"茵"之讹。荀子作"细席"者，其原文是"絪席"也；尸子作"昔席"者，其原文是"茵席"也：两文虽异而实同。岁不寒无以知松柏，事不难无以知君子无日不在是。无有一日不怀道，所谓"造次必于是"也。

雨小，汉故潜。未详。或曰：尔雅云"汉为潜"，李巡曰："汉水溢流为潜。"今云"雨小，汉故潜"，言汉者本因雨小，水滥觞而成，至其盛也，乃溢为潜矣。言自小至大者也。○郝懿行曰：此语讹误不可读。杨氏曲为之解，似违盖阙之义。俞樾曰："汉"字疑衍文。雨小故潜者，尔雅释言曰："潜，深也。"言雨小，故入地深也。下文云"夫尽小者大，积微者箸"，是其义矣。夫尽小者大，积微者著，德至者色泽洽，行尽而声问远。色泽洽，谓德润身。行，下孟反。○先谦案："而"，盖"者"之误，四句一例。小人不诚于内而求之于外。

言而不称师谓之畔，畔者，倍之半也。教而不称师谓之倍。教人不称师，其罪重，故谓之倍。倍者，反逆之名也。○郝懿行曰：倍者，反也。畔与叛同。叛者，反之半也。不称师同，而罪异者，言谓自言，教谓传授。夫民生于三，事之如一，师、儒得民，九两攸系，而乃居肰坐大，背弃师门，名教罪人，故以反叛坐之。檀弓记曾子怒子夏曰："使西河之民疑女于夫子，尔罪一也。"郑注："言其不称师也。"然则荀子斯言，盖有因于古矣。倍畔之人，明君不内，朝士大夫遇诸涂不与言。

不足于行者说过，言说大过，故行不能副也。不足于信者诚言。数欲诚实其言，故信不能副，君子所以贵行不贵言也。○郝懿行曰：说过者，大言不怍；诚言者，貌言若诚。故春秋善胥命，而诗非屡盟，其心一也。春秋鲁桓公三年"齐侯、卫侯胥命于蒲"，公羊传曰："相命也。何言乎相命？近正也。古者不盟，结言而退。"又诗曰："君子屡盟，乱是用长。"言其一心而相信，则不在盟誓也。善为诗者不说，善为易者不占，善为礼者不相，其心同也。皆言与理冥会者，至于无言说者也。相，谓为人赞相也。

曾子曰："孝子言为可闻，行为可见。发言使人可闻，不诈妄也；立行使人可见，不苟为：斯为孝子也。言为可闻，所以说远也；行为可见，所以说近也。近者说则亲，远者说则附。亲近而附远，孝子之道也。"说，皆读为悦。近亲远附，则毁辱无由及亲也。

曾子行，晏子从于郊，曰："婴闻之，君子赠人以言，庶人赠人以财。婴贫无财，请假于君子，赠吾子以言：假于君子，谦辞也。晏子先于孔子，曾子之父犹为孔子弟子，此云送曾子，岂好事者为之欤？乘舆之轮，太山之木也，示诸檃栝，三月五月，为帱菜敝而不反其常。此皆言车之材也。示，读为寘。檃栝，矫煣木之器也。言寘诸檃栝，或三月，或五月也。帱菜，未详。或曰：菜，读为菑。谓毂与辐也。言矫煣直木为牙，至于毂辐皆敝，而规曲不反其初，所谓三材不失职也。周礼考工记曰"望其毂，欲其眼也；进而眡之，欲其帱之廉也"，郑云："帱，冒毂之革也。革急则裹木廉隅见。"考工记又曰"察其菑蚤不齵，则轮虽敝不匡"，郑云："菑，谓辐入毂中者。蚤，读为爪，谓辐入牙中者也。匡，刺也。"晏子春秋曰："今夫车轮，山之直木，良匠煣之，其员中规，虽有槁暴，不复赢矣。"君子之檃栝不可不谨也。慎之！为移其性，故不可慢。兰茝、槀本，渐于蜜醴，一佩易之。虽皆香草，然以浸于甘醴，一玉佩方可易买之。言所渐者美而加贵也。"佩"或为“倍”，谓其一倍也。渐，浸也，子廉反。此语与晏子春秋不同也。○卢文弨曰：晏子作“今夫兰本，三年而成，湛之苦酒，则君子不近，庶人不佩，湛之麋醢而贾匹马矣”。说苑、家语略同，“麋醢”作“鹿醢”。案渐于蜜醴，与渐于酒、渐之滫中，皆谓其不可久，故一佩即易之。各书俱一意，注非。正君渐于香酒，可谗而得也。虽正直之君，其所渐染，如香之于酒，则谗邪可得而入。言甘醴变香草之性，甘言变正君之性，或为美，或为恶，皆在其所渐染也。○郝懿行曰：正君者，好是正直之君。谗言甘而易入，如饮醇醪，令人自醉，故以渐于香酒譬况之。君子之所渐不可不慎也。”

人之于文学也，犹玉之于琢磨也。诗曰：“如切如磋，如琢如磨。”谓学问也。和之璧，井里之厥也，玉人琢之，为天子宝。和之璧，楚人卞和所得之璧也。井里，里名。厥也，未详。或曰：厥，石也。晏子春秋作“井里之困”也。○卢文弨曰：案厥同橛。说文：“橛，门梱也。”“梱，门橛也。”荀子以“厥”为“橛”，晏子以“困”为“梱”，皆谓门限。意林不解，乃改为“璞”矣。郝懿行曰：晏子春秋杂上篇作“井里之困”。据卢说，则厥与困一物，皆谓得石如门限木耳。王念孙曰：卢本段说，见钟山札记。文选刘琨答卢谌诗序“天下之宝，当与天下共之”，注引此“和”下有“氏”字，（晏子春秋杂篇同。）“为天子宝”作“为天下宝”，（又引史记蔺相如传：“和氏璧，天下所共传宝也。”）于义为长。下文亦云子赣、季路，“为天下列士”。子赣、季路，故鄙人也，被文学，服礼义，为天下列士。

学问不厌，好士不倦，是天府也。言所得多。

君子疑则不言，未问则不立，道远日益矣。未曾学问，不敢立为论议，所谓“不知为不知”也。为道久远，自日有所益，不必道听涂说也。此语出曾子。○王念孙曰：“立”字义不可通。“立”，亦当为“言”。（下文“未问则不立”同。）疑则不言、未问则不言，皆谓君子之不易（以豉反。）其言也。大戴记曾子立事篇“君子疑则不言，未问则不言”，此篇之文，多与曾子同也。隶书“言”字或作“音”，（若“訾”作“砦”、“詹”作“𠩤”、“善”作“𦎧”之类皆是。）因脱其半而为“立”。秦策“秦王爱公孙衍，与之间，有所言”，今本“言”讹作“立”。杨曲为之说，非。

多知而无亲、博学而无方、好多而无定者，君子不与。无亲，不亲师也。方，法也。此皆谓虽广博而无师法也。

少不讽，壮不论议，虽可，未成也。讽，谓就学讽诗、书也。言不学，虽有善质，未为成人也。〇王念孙曰：“少不讽”，当从大戴记作“少不讽诵”。“讽诵”与“论议”对文，少一“诵”字，则文不足意矣。杨云“讽，谓就学讽诗、书”，则所见本已脱“诵”字。

君子壹教，弟子壹学，亟成。壹，专壹也。亟，急也，已力反。

君子进则能益上之誉而损下之忧。进，仕。损，减。不能而居之，诬也；无益而厚受之，窃也。诬君，窃位。学者非必为仕，而仕者必如学。如，往。〇郝懿行曰：如，肖似也。此言仕必不负所学。注云“如，往”，非也。

子贡问于孔子曰：“赐倦于学矣，愿息事君。”息，休息。孔子曰：“诗云：‘温恭朝夕，执事有恪。’事君难，事君焉可息哉！”诗，商颂那之篇。“然则赐愿息事亲。”孔子曰：“诗云：‘孝子不匮，永锡尔类。’事亲难，事亲焉可息哉！”诗，大雅既醉之篇。毛云：“匮，竭也。类，善也。”言孝子之养，无有匮竭之时，故天长赐以善也。“然则赐愿息于妻子。”孔子曰：“诗云：‘刑于寡妻，至于兄弟，以御于家邦。’妻子难，妻子焉可息哉！”诗，大雅思齐之篇。刑，法也。寡有之妻，言贤也。御，治也。言文王先立礼法于其妻，以至于兄弟，然后治于家邦。言自家刑国也。“然则赐愿息于朋友。”孔子曰：“诗云：‘朋友攸摄，摄以威仪。’朋友难，朋友焉可息哉！”亦既醉之篇。毛云：“言相摄佐者以威仪也。”“然则赐愿息耕。”孔子曰：“诗云：‘昼尔于茅，宵尔索绹，亟其乘屋，其始播百谷。’耕难，耕焉可息哉！”诗，豳风七月之篇。于茅，往取茅也。绹，绞也。亟，急也。乘屋，升屋，治其敝漏也。“然则赐无息者乎？”孔子曰：“望其圹，皋如也，嵮如也，鬲如也，此则知所息矣。”圹，丘垅。“皋”，当为“宰”。宰，家也。宰如，高貌。嵮与填同，谓土填塞也。鬲，谓隔绝于上。列子作“宰如”、“坟如”，张湛注云：“见其坟壤鬲异，则知息之有所也。”〇卢文弨曰：公羊僖卅三年传“宰上之木拱矣”，是宰训冢也。冢，大也。如大山也。嵮，读为颠，山顶也。鬲如，形如实五觳之器也。山有似甗者矣。列子“嵮如”作“坟如”，如大防也。郝懿行曰：皋，犹高也。言皋韬在上也。“嵮”，即“颠”字。“颠”，俗作“巅”，因又作“嵮”耳。鬲，鼎属也，圆而弇上。此皆言丘垅之形状，故以“如”字写貌之。皋如，盖若覆夏屋者。嵮如，盖若防者露标颠也。列子天瑞篇作“坟如”。坟，大防也。鬲如，盖若覆釜之形，上小下大，今所见亦多有之。注并非。刘台拱曰：今列子作“睪如也，宰如也”，“睪”即“皋”，岂杨氏所见本异邪？“睪如”“宰如”二句叠出，则不得破“皋”为“宰”矣。王念孙曰：家语困誓篇亦作“睪如也”，王肃曰：“睪，高貌。”子贡曰：“大哉死乎！君子息焉，小人休焉。”〇郝懿行曰：休、息一耳，此别之者，亦犹檀弓记言君子曰终、小人曰死之意。子贡始言愿得休息，孔子四言“焉可息哉”，必须死而后已。于是子贡悚然警悟，始知大块劳我以生，逸我以死，作而叹曰：“大哉死乎！君子息焉，小人休焉。”言人不可苟生，亦不可徒死也。

国风之好色也，传曰：“盈其欲而不愆其止。好色，谓关雎乐得淑女也。盈其欲，谓好仇，寤寐思服也。止，礼也。欲虽盈满而不敢过礼求之。此言好色人所不免，美其不过礼也。故诗序云：“关雎乐得淑女以配君子，忧在进贤，不淫其色，哀窈窕，思贤才，而无伤善之心焉。是关雎之义也。”其诚可比于金石，其声可内于宗庙。”其诚，以礼自防之诚也。比于金石，言不变也。其声可内于宗庙，谓以其乐章播八音，奏于宗庙。乡饮酒礼：“合乐，周南关雎、葛覃。”诗序云：“关雎，后妃之德，风之始也。所以风化天下，故用之乡人焉，用之邦国焉。”既云“用之邦国”，是其声可内于宗庙者也。小雅不以于污上，自引而居下，以，用也。污上，骄君也。言作小雅之人，不为骄君所用，自引而疏远也。疾今之政，以思往者，其言有文焉，其声有哀焉。小雅多刺幽、厉而思文、武。言有文，谓不鄙陋；声有哀，谓哀以思也。

国将兴，必贵师而重傅，贵师而重傅则法度存。○俞樾曰：下文云“贱师而轻傅则人有快，人有快则法度坏”。据此，则“贵师而重傅”下疑有阙文。国将衰，必贱师而轻傅，贱师而轻傅则人有快，人有肆意。人有快则法度坏。

古者匹夫五十而士。礼四十而士，五十而后爵，此云“五十而士”，恐误。或曰：为卿士。○郝懿行曰：士者，事也。五十曰艾，服官政，然后可以任事也。俞樾曰：二说皆非也。下文云“天子、诸侯子十九而冠”，注曰：“先于臣下一年也。”然则四十而士，犹二十而冠，皆是论其常；五十而士，犹十九而冠，皆是言其异也。礼所谓“四十始仕，五十命为大夫”者，盖指卿大夫、元士之適子而言。此明言“匹夫”，则殆谓卿之俊士、选士矣。礼记王制篇正义曰：“乡人既卑，节级升之，故为选士、俊士。至于造士，若王子与公卿之子，本位既尊，不须积渐，学业既成，即为造士。”以是言之，古人于世族子弟及民间秀士，自有区别，故其始仕有十年之差也。荀子不直曰“古者五十而士”，必加“匹夫”二字，明与下文“天子、诸侯子”相对。知十九而冠为天子、诸侯子之制，则知五十而士为匹夫之制，不必疑其与礼经不合矣。

天子、诸侯子十九而冠，冠而听治，其教至也。十九而冠，先于臣下一年也。虽人君之子，犹年长而冠，冠而后听其政治，以明教至然后治事，不敢轻易。○郝懿行曰：天子、诸侯子十九而冠者，异于常人，由其生质本异，其教又至，故能尔也。传谓“国君十五生子，冠而生子，礼也”。于时鲁侯年才十二，则太早矣。荀子所言，当是古法。

君子也者而好之，其人；有君子之质，而所好得其人，谓得贤师也。其人也而不教，不祥。祥，善。○王念孙曰：“其人也而不教”，“也”字当在上句“其人”下。（汪说同。）下文“非君子而好之，非其人也；非其人而教之，赍盗粮，借贼兵也”，上“非其人”下有“也”字，下“非其人”下无“也”字，是其证。先谦案：人有好善之诚，我不以善告之，是不祥也。非君子而好之，非其人也；既无君子之质，又所好非其人也。非其人而教之，赍盗粮，借贼兵也。若使不善人教非君子，是犹资借盗贼之兵粮，为害滋甚，不如不教也。赍与资同。兵，五兵也。〇卢文弨曰：此条言所好者君子，是为得其人；非君子而好之，则所好非其人也。人可与言而不教，是为不祥；不可与言而教之，则又资盗粮、借贼兵也。杨注不了。王念孙曰：此言能好君子则为可教之人，可教而不教之，是为不祥；若所好非君子，则为不可教之人，不可教而教之，则是赍盗粮、借贼兵也。卢说亦未了。

不自嗛其行者，言滥过。嗛，足也。谓行不足也。所以不足其行者，由于言辞泛滥过度也。〇郝懿行曰：嗛，不足也。言人不知自歉其行者，其言易于滥过而难副。杨注失之。"嗛"与"歉"，古字通，荀书多以"嗛"为"歉"，杨氏不了。此注支离妄说，亦由训嗛为足，遂不顾文义之难通耳。古之贤人，贱为布衣，贫为匹夫，食则饘粥不足，衣则竖褐不完，然而非礼不进，非义不受，安取此？竖褐，僮竖之褐，亦短褐也。言贤人虽贫穷，义不苟进，安取此言过而行不副之事乎？

子夏贫，衣若县鹑。人曰："子何不仕？"曰："诸侯之骄我者，吾不为臣；大夫之骄我者，吾不复见。柳下惠与后门者同衣而不见疑，非一日之闻也。柳下惠，鲁贤人公子展之后，名获，字禽，居于柳下，谥惠；季，其伯仲也。后门者，君之守后门，至贱者。子夏言"昔柳下惠衣之敝恶与后门者同，时人尚无疑怪者"，言安于贫贱，浑迹而人不知也。非一日之闻，言闻之久矣。〇卢文弨曰：案"柳下惠"一条，不当蒙上文。与后门同衣而不见疑，盖即毛诗巷伯篇故训传所云"妪不逮门之女，而国人不称其乱"也。非一日之闻，言素行为人所信。王念孙曰：案钟山札记又引吕氏春秋长利篇云"戎夷违齐如鲁，天大寒而后门"，高透注："后门，日夕，门已闭也。"韩非子外储说左下云："暮而后门。"争利如蚤甲而丧其掌。"蚤与爪同。言仕乱世骄君，纵得小利，终丧其身。〇卢文弨曰："蚤"者，"叉"字之假借。叉、甲同义，爪训覆手，不与蚤同。此亦当别为一条。郝懿行曰：此章言子夏贫无衣而不仕者，以时君、大夫皆骄慢，故衣虽县鹑而自甘。又引柳下惠与后门同衣，意可见矣。又言得利如叉甲而丧其手掌，言仕之利小而害大也。杨注甚明，卢氏欲分段，似失之。

君人者不可以不慎取臣，匹夫不可以不慎取友。○谢本从卢校，作“匹夫者”。王念孙曰：“匹夫”下不当有“者”字，此涉上“君人者”而衍。吕、钱本“匹夫”下皆无“者”字。先谦案：王说是。今从吕、钱本删。友者，所以相有也。友与有同义。相有，谓不使丧亡。○郝懿行曰：有者，相保有也。诗云：“亦莫我有。”友、有声义同，古亦通用。如云“有朋自远方来”，“有”即“友”矣。道不同，何以相有也？均薪施火，火就燥；平地注水，水流湿。夫类之相从也，如此之著也，以友观人，焉所疑？察其友，则可以知人之善恶不疑也。取友善人，不可不慎，是德之基也。取友求善人，不可不慎，是德之基本。言所以成德也。○卢文弨曰：俗本正文亦作“取友求善人”，宋本、元刻皆无“求”字。若有，注可不费辞矣。先谦案：善人，使人善也。杨注非。诗曰：“无将大车，维尘冥冥。”言无与小人处也。诗，小雅无将大车之篇。将，犹扶进也。将车，贱者之事。尘冥冥蔽人目明，令无所见，与小人处亦然也。

蓝苴路作，似知而非。未详其义。或曰：苴，读为姐，慢也。赵蕤注长短经知人篇曰：“姐者，类智而非智。”或读为狙，伺也。姐，子野反。偄弱易夺，似仁而非。仁者不争而与物，故偄弱易夺者似之。易夺，无执守之谓也。○卢文弨曰：便与懦同，从宋本。悍戆好斗，似勇而非。悍，凶戾也。戆，愚也，丁绛反。

仁义礼善之于人也，辟之若货财粟米之于家也，多有之者富，少有之者贫，至无有者穷。故大者不能，小者不为，是弃国捐身之道也。○卢文弨曰：“捐”，宋本作“损”。今从元刻。

凡物有乘而来，乘其出者，是其反者也。反，复也。出，去也。凡乘埶而来、乘埶而去者，皆是物之还反也。言善恶皆所自取也。○王念孙曰：下“乘”字，疑涉上“乘”字而衍。凡物有乘而来者，乘，因也，（文选谢朓始出尚书省诗注引如淳汉书注。）言凡物必有所因而来。反乎我者，即出乎我者也，故曰“其出者，是其反者也”。今本“来”下又有“乘”字，则义反晦矣。杨说失之。

流言灭之，货色远之。祸之所由生也，生自纤纤也，是故君子蚤绝之。流言，谓流转之言，不定者也。灭，亦绝也。凡祸之所由生，自纤纤微细，故君子早绝其萌。此语亦出曾子。○卢文弨曰：元刻作“祸之所由生，自纤纤也”，与大戴曾子立事篇同。王念孙曰：宋龚本同元刻，汪从之。

言之信者，在乎区盖之间。区，藏物处。盖，所以覆物者。凡言之可信者，如物在器皿之间。言有分限，不流溢也。器名区者，与丘同义。汉书儒林传“唐生、褚生应博士弟子选，试诵说，有法，疑者丘盖不言”，丘与区同也。疑则不言，未问则不立。重引此两句以明之。○郝懿行曰：此二句已见上。疑“立”皆当为“言”，形近之讹。杨注说“立”，非也。区盖者，古读区若丘，注引汉儒林传“疑者丘盖不言”，此说是也。论语记孔子言“盖”，皆疑而未定之词。如云“君子于其所不知，盖阙如也”；“盖有不知而作之者，我无是也”；“盖有之矣，我未之见也”。“盖”皆疑词，故谓疑者曰“丘盖”，以音同借为“区盖”耳。杨注非是。汉书注：“苏林曰：‘丘盖不言，不知之意也。’如淳曰：‘齐俗以不知为丘。’”二说皆得其意，但语未明晰耳。颜师古注以盖为发语之辞，亦非。

知者明于事，达于数，不可以不诚事也。诚，忠诚。言不可以虚妄事智者。○卢文弨曰：“事智者”，元刻作“了知也”。故曰：“君子难说，说之不以道，不说也。”说，并音悦。

语曰：“流丸止于瓯、臾，流言止于知者。”瓯、臾，皆瓦器也。扬子云方言云：“陈、魏、楚、宋之间，谓䓝为臾。”瓯臾，谓地之坳坎如瓯臾者也。或曰：瓯臾，窳下之地。史记曰“瓯窭满沟，污邪满车”，裴骃云：“瓯窭，倾侧之地。污邪，下地也。”邪与臾，声相近，盖同也。窭，力侯反。污，乌瓜反。此家言邪学之所以恶儒者也。家言，谓偏见，自成一家之言，若宋、墨者。是非疑则度之以远事，验之以近物，参之以平心，流言止焉，恶言死焉。参验之至，则流言息。死，犹尽也。郑康成曰：“死之言澌。”澌，犹消尽也。

曾仲游父壶（春秋战国）

曾子食鱼有余，曰：“泔之。”门人曰：“泔之伤人，不若奥之。”泔与奥，皆烹和之名，未详其说。〇卢文弨曰：案非烹和也，曾子以鱼多欲藏之耳。泔，米汁也。泔之，谓以米汁浸渍之。门人以易致腐烂，食之不宜于人，或致有腹疾之患，故以为伤人。说文：“奥，宛也。”“宛，奥也。”奥与宛，皆与“郁”音义同。今人藏鱼之法，醉鱼则用酒，腌鱼则用盐，置之瓻中以郁之，可以经久，且味美。奥，如“郁韭”、“郁麴”之“郁”，（“郁韭”见说文“蓞”字下，“郁麴”见释名。）皆谓治之，藏干幽隐之处。今鱼经盐酒者，于老者病者极相宜，正与伤人相反。（此条见龙城札记。）王念孙曰：米泔不可以渍鱼，卢谓“以米汁浸渍之”，非也。“泔”，当为“洎”。周官士师“洎镬水”，郑注曰：“洎，谓增其沃汁。”襄二十八年左传“去其肉而以其洎馈”，正义曰：“添水以为肉汁，遂名肉汁为洎。”然则添水以为鱼汁，亦得谓之洎。洎之，谓添水以渍之也。吕氏春秋应言篇“多洎之则淡而不可食，少洎之则焦而不熟”，高注曰：“肉汁为洎。”彼言“多洎之”、“少洎之”，即此所谓“洎之”矣。以洎渍鱼，则恐致腐烂而不宜于食，故曰“洎之伤人”也。隶书“甘”字或作“目”，与“自”字极相似，故“洎”误为“泔”耳。（汉西岳华山亭碑“甘澍弗布”，“甘”字作“目”，见汉隶字原。）奥，亦非烹和之名，卢训奥为郁，是也。释名曰：“腴，奥也。藏物于奥内，稍出用之也。”彼所谓“腴”，即此所谓“奥之”矣。然卢谓奥与宛、郁同音，则非也。奥与宛、郁同义而不同音，故诸书中“郁”字有通作“宛”者，而“宛”“郁”二字无通作“奥”者。以宛、郁释奥则可，读奥为宛、郁则不可。曾子泣涕曰：“有异心乎哉！”伤其闻之晚也。曾子自伤不知以食余之伤人，故泣涕，深自引过，谢门人曰：“吾岂有异心故欲伤人哉？乃所不知也。”言此者，以讥时人饰非自是，耻言不知，与曾子异也。〇先谦案：曾子养亲至孝，当时或进此鱼而未知其伤人，亲没后始闻此语，故触念自伤。杨注未得其义。

无用吾之所短遇人之所长，遇，当也。言己才艺有所短，宜自审其分，不可强欲当人所长而辨争也。故塞而避所短，移而从所仕。疏知而不法，察辨而操辟，勇果而亡礼，君子之所憎恶也。塞，掩也。移，就也。仕与事同，事所能也。言掩其不善，务其所能也。疏，通也。察辨而操辟，谓聪察其辨，所操之事邪僻也。操，七刀反。〇俞樾曰：“仕”，疑“任”字之误。庄子秋水篇“任士之所劳”，释文引李注曰：“任，能也。”然则移而从所任者，移而从所能也，于义较捷矣。

多言而类，圣人也。应万变，故多类。谓皆当其类而无乖越，此圣人也。少言而法，君子也。多言无法而流喆然，虽辩，小人也。“喆”，当为“湎”。非十二子篇有此语，此当同。或曰：当为“楛”也。〇先谦案：而，当训为如，通用字。

国法禁拾遗，恶民之串以无分得也。串，习也，工患反。有夫分义则容天下而治，〇先谦案：容，受也。无分义则一妻一妾而乱。

天下之人，唯各特意哉，然而有所共予也。特意，谓人人殊意。予，读为与。〇卢文弨曰：“唯”，元刻作“虽”。王念孙曰：“唯”，即“虽”字，说见经义述闻桓十四年穀梁传。言味者予易牙，言音者予师旷，言治者予三王。易牙，齐桓公宰夫，知味者。师旷，晋平公乐师，知音者。三王既已定法度、制礼乐而传之，有不用而改自作，何以异于变易牙之和、更师旷之律？无三王之法，天下不待亡，国不待死。言不暇有所待而死亡，速之甚也。更，工衡反。〇谢本从卢校，作“无三王之治”。王念孙曰：吕、钱本“治”皆作“法”，是也。此承上“三王既已定法度”而言。先谦案：王说是。今从吕、钱本改。饮而不食者，蝉也；不饮不食者，浮蝣也。浮蝣，渠略，朝生夕死虫也。言此者，以喻人既饮且食，必须求先王法略为治，不得苟且如浮蝣辈也。〇郝懿行曰：二句义似未足，文无所蒙，容有缺脱。汪中曰：此二语别是一义，与上文不相蒙，注非。

虞舜、孝己孝而亲不爱，比干、子胥忠而君不用，仲尼、颜渊知而穷于世。劫迫于暴国而无所辟之，辟，读为避。圣贤者不遇时，危行言逊。则崇其善，扬其美，言其所长而不称其所短也。惟惟而亡者，诽也；惟，读为唯，以癸反。唯唯，听从貌。常听从人而不免亡者，由于退后即诽谤也。博而穷者，訾也；清之而俞浊者，口也。已解于荣辱篇。

君子能为可贵，不能使人必贵己；能为可用，不能使人必用己。修德在己，所遇在命。

诰誓不及五帝，诰誓，以言辞相诫约也。礼记曰："约信曰誓。"又曰："殷人作誓而民始畔。"盟诅不及三王，涖牲曰盟。谓杀牲歃血，告神以盟约也。交质子不及五伯。此言后世德义不足，虽要约转深，犹不能固也。伯，读曰霸。穀梁传亦有此语。

荀子卷第二十

宥坐篇第二十八

此以下皆荀卿及弟子所引记传杂事，故总推之于末。

孔子观于鲁桓公之庙，有欹器焉。春秋哀公三年"桓宫、僖宫灾"，公羊传曰："此皆毁庙也。其言灾何？复立也。"或曰：三桓之祖庙欹器倾。欹，易覆之器。孔子问于守庙者曰："此为何器？"守庙者曰："此盖为宥坐之器。"宥与右同。言人君可置于坐右，以为戒也。说苑作"坐右"。或曰：宥与侑同，劝也。文子曰"三王、五帝有劝戒之器，名侑卮"，注云："欹器

人形青铜灯（春秋战国）

也。"〇卢文弨曰：今说苑作"右坐"，见敬慎篇。孔子曰："吾闻宥坐之器者，虚则欹，中则正，满则覆。"孔子顾谓弟子曰："注水焉！"弟子挹水而注之，挹，酌。中而正，满而覆，虚而欹。孔子喟然而叹曰："吁！恶有满而不覆者哉！"子路曰："敢问持满有道乎？"孔子曰："聪明圣知，守之以愚；功被天下，守之以让；勇力抚世，守之以怯；抚，掩也。犹言盖世矣。〇卢文弨曰：据注，则"抚"乃"怃"字之误。家语三恕篇作"振世"。富有四海，守之以谦。此所谓挹而损之之道也。"挹，亦退也。挹而损之，犹言损之又损。

孔子为鲁摄相，朝七日而诛少正卯。为司寇而摄相也。朝，谓听朝也。门人进问曰："夫少正卯，鲁之之闻人也，夫子为政而始诛之，得无失乎？"闻人，谓有名，为人所闻知者也。始诛，先诛之也。孔子曰："居！吾语女其故。人有恶者五，而盗窃不与焉：一曰心达而险，二曰行辟而坚，三曰言伪而辩，四曰记丑而博，五曰顺非而泽。心达而险，谓心通达于事而凶险也。辟，读曰僻。丑，谓怪异之事。泽，有润泽也。此五者有一于人，则不得免于君子之诛，而少正卯兼有之。故居处足以聚徒成群，言谈足以饰邪营众，强足以反是独立，此小人之桀雄也，不可不诛也。营，读为荧。荧众，惑众也。强，刚愎也。反是，以非为是也。独立，人不能倾之也。是以汤诛尹谐，文王诛潘止，周公诛管叔，太公诛华仕，管仲诛付里乙，子产诛邓析、史付，韩子曰："太公封于齐，东海上有居士狂矞、华仕昆弟二人立议曰：'吾不臣天子，不友诸侯，耕而食之，掘而饮之。吾无求于人，无上之名，无君之禄，不仕而事力。'太公使执而杀之，以为首诛。周公从鲁闻，急传而问之曰：'二子，贤者也，今日飨国杀之，何也？'太公曰：'是昆弟立议曰"不臣天子"，是望不得而臣也。"不友诸侯"，是望不得而使也。

"耕而食之，掘而饮之，无求于人"，是望不得以赏罚劝禁也。且先王之所以使其臣民者，非爵禄则刑罚也。今四者不足以使之，则望谁为君乎？是以诛之。'"尹谐、潘止、付里乙、史付，事迹并未闻也。○卢文弨曰：家语作"管仲诛付乙，子产诛史何"。注"先王"，宋本作"夫王"，无下"民"字，今据韩子外储说右上增正。此七子者，皆异世同心，不可不诛也。诗曰：'忧心悄悄，愠于群小。'小人成群，斯足忧矣。"诗，邶风柏舟之篇。悄悄，忧貌。愠，怒也。

孔子为鲁司寇，有父子讼者，孔子拘之，三月不别。别，犹决也。谓不辨别其子之罪。其父请止，孔子舍之。季孙闻之不说，曰："是老也欺予，老，大夫之尊称。春秋传曰"使围将不得为寡君老"也。语予曰：'为国家必以孝。'今杀一人以戮不孝，又舍之。"冉子以告。孔子慨然叹曰："呜呼！上失之，下杀之，其可乎！不教其民而听其狱，杀不辜也。三军大败，不可斩也；狱犴不治，不可刑也，罪不在民故也。狱犴不治，谓法令不当也。犴，亦狱也。诗曰："宜犴宜狱。""狱"字从二"犬"，象所以守者。犴，胡地野犬，亦善守，故狱谓之犴也。嫚令谨诛，贼也；嫚与慢同。谨，严也。贼，贼害人也。今生也有时，敛也无时，暴也；言生物有时，而赋敛无时，是陵暴也。○卢文弨曰："生也"二字，各本皆脱，今案注增。王念孙曰："今"字当在"嫚令谨诛"上，总下三事言之，文义方顺。家语始诛篇作"夫嫚令谨诛"，"夫"字亦总下之词。不教而责成功，虐也。已此三者，然后刑可即也。已，止。即，就。书曰：'义刑义杀，勿庸以即，予维曰未有顺事。'言先教也。"书，康诰。言周公命康叔，使以义刑义杀，勿用以就汝之心，不使任其喜怒也。维刑杀皆以义，犹自谓未有使人可顺守之事，故有抵犯者。自责其教之不至也。故先王既陈之以道，上先服之；服，行也。谓先自行之，然后教之。若不可，尚贤以綦之；若不可，废不能以单之；綦，极也，谓优宠也。单，尽也。尽，谓黜削。"单"，或为"殚"。○卢文弨曰：家语始诛篇作"尚贤以劝之，又不可，而后以威惮之"。此注"单，或为殚"，元刻作"或为惮"，与家语同。綦三年而百姓往矣。百姓从化，极不过三年也。〇卢文弨曰："往"乃"从"之误，下注同。王念孙曰：案"从"下当有"风"字。今本无"风"字者，"从"误为"往"，则"往风"二字义不可通，后人因删"风"字耳。据杨注云"百姓从化"，"化"字正释"风"字。太平御览治道部五引此正作"百姓从风"，韩诗外传及说苑政理篇并同。邪民不从，然后俟之以刑，则民知罪矣。百姓既往，然后诛其奸邪也。〇王念孙曰：案"邪民"本作"躬行"。上文云"上先服之"，"三年而百姓从风"，服者，行也，即此所谓"躬行"也，故云"躬行不从，然后俟之以刑"。隶书"躬"与"邪"相似，故"躬"误为"邪"。（见隶辨。案"躬行"作"邪行"，"邪"字误而"行"字不误。外传亦误作"邪行"，唯说苑不误。今本荀子"邪行"作"邪民"，乃后人所改，辩见下。）家语始诛篇作"其有邪民不从化者，然后待之以刑"。案荀子之"躬行不从"误作"邪行不从"，则义不可通。王肃不知"邪"为"躬"之误，故改"邪行不从"为"邪民不从化"，以曲通其义，而今本荀子亦作"邪民"，则又后人以家语改之也。杨注云"百姓既从，然后诛其奸邪"，则所见本已同今本。说苑正作"躬行不从，而后俟之以刑"。诗曰："尹氏大师，维周之氐，秉国之均，四方是维，天子是庳，卑民不迷。"诗，小雅节南山之篇。氐，本也。庳，读为毗，辅也。卑，读为俾。是以威厉而不试，刑错而不用，此之谓也。厉，抗也。试，亦用也。但抗其威而不用也。错，置也。如置物于地不动也。今之世则不然：乱其教，繁其刑，其民迷惑而堕焉，则从而制之，是以刑弥繁而邪不胜。三尺之岸而虚车不能登也，百仞之山任负车登焉，何则？陵迟故也。岸，崖也。负，重也。任负车，任重之车也。迟，慢也。陵迟，言丘陵之势渐慢也。王肃云："陵迟，陂池也。"〇卢文弨曰：案淮南子泰族篇："山以陵迟，故能高。"陵迟，犹迆逦、陂陀之谓。此注与匡谬正俗俱训陵为丘陵，似泥。王念孙曰：古无训负为重者。负，亦任也。鲁语注曰："任，负荷也。"楚辞九章注曰："任，负也。"连言"任负"者，古人自有复语耳。倒言之，则曰"负任"，齐语"负任担荷"是也。陵迟，卢说是也。说文："夌，夌徲也。"其字本作"夌"，则非谓丘陵明矣。详见汉书杂志末卷。数仞之墙而民不逾也，百仞之山而竖子冯而游焉，陵迟故也。○王念孙曰：冯者，登也。周官冯相氏注曰："冯，乘也。相，视也。世登高台以视天文之次序。"广雅曰："冯，登也。"故外传作"童子登而游焉"。(说苑作"童子升而游焉"。升，亦登也。)今夫世之陵迟亦久矣，而能使民勿逾乎！诗曰："周道如砥，其直如矢。君子所履，小人所视。眷焉顾之，潸焉出涕！"岂不哀哉！诗，小雅大东之篇。言失其砥矢之道，所以陵迟，哀其法度堕坏。

诗曰："瞻彼日月，悠悠我思。道之云远，曷云能来！"诗，邶风雄雉之篇。○卢文弨曰：旧本连上文，今案当分段。子曰："伊稽首，不其有来乎？"稽首，恭敬之至。有所不来者，为上失其道而人散也。若施德化，使下人稽首归向，虽道远，能无来乎？○俞樾曰：如杨注义，则"伊稽首"三字甚为不词，殆非也。首，当读为道。周书芮良夫篇"予小臣良夫稽道"，群书治要作"稽首"，是首、道古通用。彼文"稽道"当为"稽首"，此文"稽首"当为"稽道"，皆古文假借字也。尚书尧典曰"若稽古"，正义引郑注目："稽，同也。"礼记儒行篇"古人与稽"，郑注曰："稽，犹合也。"合，亦同也。稽道，犹同道也。伊者，语词，犹维也。诗言"道之云远，曷云能来"，孔子言道苟同，则虽远而亦来，故曰"伊稽道，不其有来乎"。盖借诗言而反之，若唐棣之诗矣。

孔子观于东流之水，子贡问于孔子曰："君子之所以见大水必观焉者是何？"孔子曰："夫水，大遍与诸生而无为也，似德。遍与诸生谓水能遍生万物。为其不有其功，似上德不德者。说苑作"遍予而无私"。○王念孙曰：案"遍与"上不当有"大"字，盖涉上文"大水"而衍。据杨注云"遍与诸生，谓水能遍生万物"，则无"大"字明矣。初学记地部中引此无"大"字，大戴记劝学篇、说苑杂言篇、家语三恕篇并同。其流也埤下，裾拘必循其理，似义。埤，读为卑。裾与倨同，方也。拘，读为钩，曲也。其流必就卑下，或方或曲，必循卑下之理，似义者无不循理也。说苑作"其流卑下，句倨皆循其理，似义"。○卢文弨曰：案宋本引说苑作"其流也卑下，句倨之也，情义分然者也”，文义舛讹，今案本书杂言篇订正。其洸洸乎不淈尽，似道。洸，读为滉。滉，水至之貌。淈，读为屈，竭也。似道之无穷也。家语作“浩浩无屈尽之期，似道”也。○王念孙曰：杨读洸为滉，滉滉，水至之貌，古无此训。“洸洸”，当从家语作“浩浩”，字之误也。（俗书“洸，”字作“洸”，与“浩”略相似。）王制曰：“有余曰浩。”故曰“浩浩乎不屈尽”。初学记引荀子正作“浩浩”，则所见本尚未误。太平御览地部二十三同。先谦案：说文：“洸，水涌光也。”作“洸洸”义通，似不必改作“浩浩”。若有决行之，其应佚若声响，其赴百仞之谷不惧，似勇。决行，决之使行也。佚与逸同，奔逸也。若声响，言若响之应声也。似勇者，果于赴难也。○王念孙曰：“奔逸”与“声响”义不相属，杨说非也。佚，读为呹。（音逸。）呹，疾貌也。言其相应之疾，若响之应声也。汉书杨雄传甘泉赋“芗呹肸以掍根兮，声駍隐而历钟”，师古曰：“言风之动树，声响振起，众根合同駍隐而盛，历入殿上之钟也。”芗，读与响同。呹，音丑乙反。文选李善注曰“呹，疾貌也，余日切”，正与“佚”字同音。古无“呹”字，故借“佚”为之耳。主量必平，似法。主，读为注。量，谓坑受水之处也。言所经坑坎，注必平之然后过，似有法度者均平也。盈不求概，似正。概，平斗斛之木也。考工记曰：“概而不税。”言水盈满则不待概而自平，如正者不假于刑法之禁也。淖约微达，似察。淖，当为绰。约，弱也。绰约，柔弱也。虽至柔弱，而侵淫通达于物，似察之见细微也。说苑作“绰弱微达”。以出以入，以就鲜絜，似善化。言万物出入于水，则必鲜絜，似善化者之使人去恶就美也。说苑作“不清以入，鲜絜以出”也。其万折也必东，似志。折，萦曲也。虽东西南北，千万萦折不常，然而必归于东，似有志不可夺者。说苑作“其折必东”也。是故君子见大水必观焉。”

孔子曰：“吾有耻也，吾有鄙也，吾有殆也：幼不能强学，老无以教之，吾耻之。无才艺以教人也。去其故乡，事君而达，卒遇故人，曾无旧言，吾鄙之。旧言，平生之言。卒，仓忽反。与小人处者，吾殆之也。”

孔子曰：“如垤而进，吾与之；如丘而止，吾已矣。”今学曾未如疣赘，则具然欲为人师。疣赘，结肉。庄子曰："以生为负赘悬疣。"疣音尤。具然，自满足之貌也。○卢文弨曰：此条旧不提行，今案当分段。下两条同。

孔子南适楚，厄于陈、蔡之间，七日不火食，藜羹不糂，糂与糁同，苏览反。弟子皆有饥色。子路进问之曰："由闻之：为善者天报之以福，为不善者天报之以祸。今夫子累德、积义、怀美，行之日久矣，奚居之隐也？"隐，谓穷约。孔子曰："由不识，○卢文弨曰：家语在厄篇作"由未之识也"。吾语女。女以知者为必用邪？王子比干不见剖心乎！女以忠者为必用邪？关龙逄不见刑乎！○卢文弨曰："逄"字从元刻，与家语同。宋本作"逢"，误。女以谏者为必用邪？吴子胥不磔姑苏东门外乎！磔，车裂也。姑苏，吴都名也。○俞樾曰：案子胥不被车裂之刑，杨注非是。汉书景帝纪"改磔曰弃市"，师古注曰："磔，谓张其尸也。"当从此训。夫遇不遇者，时也；贤不肖者，材也。君子博学深谋不遇时者多矣。由是观之，不遇世者众矣，○俞樾曰："由是观之"四字，当在"君子博学深谋"句上。何独丘也哉！"且夫芷兰生于深林，非以无人而不芳。君子之学，非为通也；不为求通。为穷而不困，忧而意不衰也，知祸福终始而心不惑也。皆为乐天知命。夫贤不肖者，材也；为不为者，人也；为善、不为善，在人也。遇不遇者，时也；死生者，命也。今有其人不遇其时，虽贤，其能行乎？苟遇其时，何难之有？故君子博学、深谋、修身、端行以俟其时。孔子曰："由，居！吾语女。昔晋公子重耳霸心生于曹，重耳，晋文公名，亡过曹，曹共公闻其骈胁，使其裸浴，薄而观之。公因此激怒，而霸心生也。越王句霸洮心生于会稽，谓以甲盾五千栖于会稽也。齐桓公小白霸心生于莒。小白，齐桓公名，齐乱奔莒，盖亦为所不礼。故居不隐者思不远，身不佚者志不广。佚与逸同，谓奔窜也。家语作"常逸者"。女庸安知吾不得之桑落之下！"桑落，九月时也。夫子当时盖暴露居此树之下。○卢文弨曰：正文"桑落之下"下，宋本有"乎哉"二字，今案可省。郝懿行曰：桑落，"索郎"反语也。索，言萧索；郎，言郎当：皆谓困穷之貌。时孔子当阨，子路愠恚，故作隐语发其志意。杨注说固可通，而与上言曹、莒、会稽等义差远。

子贡观于鲁庙之北堂，○卢文弨曰：旧本不提行，今案当分段。

郝懿行曰：诗云："焉得谖草，言树之背!"背，北堂也。北堂，人所居，庙有北堂，亦所以居主。出而问于孔子曰："乡者赐观于太庙之北堂，吾亦未辍，还复瞻被九盖皆继，被有说邪？匠过绝邪?"北堂，神主所在也。辍，止也。"九"，当为"北"，传写误耳。"被"，皆当为"彼"。盖音盍，户扇也。皆继，谓其材木断绝，相接继也。子贡问：北盍皆继续，彼有说邪？匠过误而遂绝之邪？家语作"北盖皆断"，王肃云："观北面之盖，皆断绝也。"○王念孙曰："继"与"辍""说""绝"，韵不相协，"继"当为"𢇍"，字之误也。说文"𢇍，古文绝"，正与"辍""说""绝"为韵。"𢇍"为古文"绝"，而此文以"𢇍""绝"并用者，古人之文不嫌于复。凡经传中同一字而上下异形者，不可枚举。即用韵之文亦有之。皋陶谟曰"天聪明自我民聪明，天明畏自我民明威"，释文："畏，马本作威。"周官乡大夫注引作"天明威自我民明威"。是"畏"即"威"也。小雅正月篇云"燎之方扬，宁或灭之，赫赫宗周，褒姒威之"，释文："威，本或作灭。"昭元年左传引作"褒姒灭之"。是"威"即"灭"也。越语云"死生因天地之刑，天地形之，圣人因而成之"，管子势篇作"死死生生，因天地之形"。是"刑"即"形"也。皆与此文之"𢇍""绝"并用同例。今本"𢇍"作"继"，则既失其韵，而又失其义矣。杨云"皆继，谓材木断绝，相接继"，非也。接继与断绝正相反。下文云"匠过绝邪"，则此文之不作"继"甚明。家语作"北盖皆断"，断亦绝也。孔子曰："太庙之堂，亦尝有说。言旧曾说，今则无也。○王念孙曰：尝，读为当。（"当""尝"，古字通。孟子万章篇"是时孔子当阸"，说苑至公篇"当"作"尝"。）言太庙之堂所以北盖皆断绝者，亦当有说也。下文"盖曰贵文也"，正申明亦当有说之意。杨训尝为曾，失之。官致良工，因丽节文，致，极也。官致良工，谓初造太庙之时，官极其良工，工则因随其木之美丽节文而裁制之，所以断绝。家语作"官致良工之匠，匠致良材，尽其功巧，盖贵文也"。○王念孙曰：丽，非美丽之谓，丽者，施也。（见广雅及多方、顾命、吕刑传，士丧礼注。）言因良材而施之以节文也。(良材，见下文。)家语作“匠致良材，尽其功巧”，正谓施之以节文也。非无良材也，盖日贵文也。”非无良材大木，不断绝者，盖所以贵文饰也。此盖明夫子之博识也。

子道篇第二十九

入孝出弟，人之小行也；弟与悌同。谓自卑如弟也。上顺下笃，人之中行也；上顺从于君父，下笃爱于卑幼。从道不从君，从义不从父，人之大行也。若夫志以礼安，言以类使，则儒道毕矣，志安于礼，不妄动也；言发以类，不怪说也。如此，则儒者之道毕矣。○卢文弨：“言以类使”，元刻作“言以类接”。虽舜，不能加毫末于是矣。孝子所以不从命有三：从命则亲危，不从命则亲安，孝子不从命乃衷；衷，善也。谓善发于衷心矣。○郝懿行曰：衷者，善也。从义不从命，乃为善也。俞樾曰：衷与忠通。言孝子之不从命，乃其忠也。下文“乃义”“乃敬”，“忠”与“义”“敬”正一律，作“衷”者，假字耳。国语楚语“又能齐肃衷正”，周礼春官序官郑注引作“中正”。孝经“中心藏之”，释文：“中，本亦作忠。”盖“衷”“中”“忠”三字同声而通用，杨注未得假借之旨。从命则亲辱，不从命则亲荣，孝子不从命乃义；从命则禽兽，不从命则修饰，孝子不从命乃敬。从命则陷身于禽兽之行，不从命则使亲为修饰，君子不从命，是乃敬亲。○先谦案：“乃衷”“乃义”“乃敬”下，群书治要皆有“也”字。故可以从而不从，是不子也；未可以从而从，是不衷也。明于从不从之义，而能致恭敬、忠信、端悫以慎行之，则可谓大孝矣。传曰：“从道不从君，从义不从父。”此之谓也。故劳苦雕萃而能无失其敬，雕，伤也。萃与悴同。虽劳苦雕萃，不敢解惰失敬也。灾祸患难而能无失其义，则不幸不顺见恶而能无失其爱，不幸以不顺于亲而见恶也。○王念孙曰：则与即同，说见释词。非仁人莫能行。诗曰：“孝子不匮。”此之谓也。

鲁哀公问于孔子曰：“子从父命，孝乎？臣从君命，贞乎？”三问，孔子不对。不敢违哀公之意，故不对。○卢文弨曰：旧本皆连上，今案当分段。篇内并同。孔子趋出，以语子贡曰："乡者君问丘也，曰：'子从父命，孝乎？臣从君命，贞乎？'三问而丘不对，赐以为何如？"子贡曰："子从父命，孝矣；臣从君命，贞矣。夫子有奚对焉？"○卢文弨曰：有，读为又。孔子曰："小人哉！赐不识也。昔万乘之国有争臣四人，则封疆不削；千乘之国有争臣三人，则社稷不危；百乘之家有争臣二人，则宗庙不毁。父有争子，不行无礼；士有争友，不为不义。故子从父，奚子孝？臣从君，奚臣贞？审其所以从之之谓孝、之谓贞也。"审其可从则从，不可从则不从也。○卢文弨曰：家语三恕篇"四人"作"七人"，"三人"作"五人"，"二人"作"三人"，末句作"夫能审其所从之谓孝、之谓贞"也。

子路问于孔子曰："有人于此，夙兴夜寐，耕耘树艺，手足胼胝，以养其亲，然而无孝之名，何也？"树，栽植。艺，播种。胼，谓手足劳。骈，并也。胝，皮厚也，丁皮反。孔子曰："意者身不敬与？辞不逊与？色不顺与？古之人有言曰：'衣与，缪与，不女聊。'缪，纰缪也。与，读为欤。聊，赖也。言虽与之衣而纰缪不精，则不聊赖于汝也。或曰：缪，绸缪也。言虽衣服我，绸缪我，而不敬不顺，则不赖汝也。韩诗外传作"衣予教予"，家语云"人与己不顺欺也"，王肃云"人与己事实相通，不相欺也"，皆与此不同。○卢文弨曰：案今外传九作"衣欤，食欤，曾不尔即"，"即"疑"聊"之讹。此云"教予"，疑是"饮予"之讹。今家语困誓篇作"人与，己与，不汝欺与"，此所引亦不同。今夙兴夜寐，耕耘树艺，手足胼胝，以养其亲，无此三者，则何以为而无孝之名也？"○王念孙曰："以"字衍。韩诗外传无"以"字，下文"何为而无孝之名也"亦无"以"字。又案：外传此句下有"意者所友非仁人邪"一句。玩本书亦似当有此句，下文"虽有国士之力"四句，正承此句而言。又下文"人而行不修，身之罪也"，承上"身不敬"三句而言；"出而名不章，友之过也"，则承此句而言，若无此句，则与下文不相应矣。孔子曰："由志之，吾语女。虽有国士之力，不能自举其身，非无力也，势不可也。国士，一国勇力之士。故入而行不修，身之罪也；出而名不章，友之过也。故君子入则笃行，出则友贤，何为而无孝之名也？"

子路问于孔子曰："鲁大夫练而床，礼邪？"孔子曰："吾不知也。"练，小祥也。礼记曰"期而小祥，居垩室，寝有席；又期而大祥，居复寝，中月而禫，禫而床"也。子路出，谓子贡曰："吾以夫子为无所不知，夫子徒有所不知。"○先谦案：华严经音义下引刘熙云："徒，犹独也。"子贡曰："女何问哉？"子路曰："由问鲁大夫练而床，礼邪？夫子曰：'吾不知也。'"子贡曰："吾将为女问之。"子贡问曰："练而床，礼邪？"孔子曰："非礼也。"子贡出，谓子路曰："女谓夫子为有所不知乎？夫子徒无所不知，女问非也。礼，居是邑，不非其大夫。"惧于讪上。

子路盛服见孔子，孔子曰："由，是裾裾何也？裾裾，衣服盛貌。说苑作"襜襜"也。○卢文弨曰：见说苑杂言篇。又案：韩诗外传三作"疏疏"，家语三恕篇作"倨倨"。郝懿行曰："裾裾"，说苑杂言篇作"襜襜"。裾与襜，皆衣服之名，因其盛服，即以其名呼之。韩诗外传三作"疏疏"，家语又作"倨倨"，则其义别。昔者江出于岷山，其始出也，其源可以滥觞，及其至江之津也，不放舟、不避风则不可涉也，放，读为方。国语曰"方舟设泭"，韦昭曰："方，并也。编木为泭。"说苑作"方舟，方泭"也。诗曰："方之舟之。"○卢文弨曰：注"设泭"，旧本作"投柎"，今据齐语改正。非维下流水多邪？维与唯同。言岂不以下流水多，故人畏之邪？言盛服色厉亦然也。说苑作"非下众水之多乎"。○卢文弨曰：今说苑作"非唯下流众川之多乎"。今女衣服既盛，颜色充盈，天下且孰肯谏女矣？充盈，猛厉。由！"告之毕，又呼其名，丁宁之也。○俞樾曰：杨注非是。下文"孔子曰'由志之，吾语女'"，此"由"字当在"孔子曰"之下，"由志之"三字连文。上文"孔子曰'由志之，吾语女，虽有国士之力，不能自举其身'"，亦以"由志之"三字连文，可证"孔子曰"下必当有"由"字也。韩诗外传正作"孔子曰'由志之，吾语汝'"。子路趋而出，改服而入，盖犹若也。犹若，舒和之貌。礼记曰"君子盖犹犹尔"也。○郝懿行曰：犹若，说见哀公篇“犹然”下。孔子曰：“志之，吾语女。奋于言者华，奋于行者伐，色知而有能者，小人也。奋，振矜也；色知，谓所知见于颜色；有能，自有其能：皆矜伐之意。〇俞樾曰：韩诗外传作“慎于言者不哗，慎于行者不伐”，当从之。“华”，即“哗”之省文。两“奋”字，皆“眘”字之误，乃古文“慎”字也。“吝”误为“奋”，则奋于言行，不能谓之不华不伐矣，于是又删去两“不”字耳。杨氏据误本作注，非也。故君子知之曰知之，不知曰不知，言之要也；能之曰能之，不能曰不能，行之至也。皆在不隐其情。言要则知，行至则仁。既知且仁，夫恶有不足矣哉！”

子路入，子曰：“由，知者若何？仁者若何？”子路对曰：“知者使人知己，仁者使人爱己。”子曰：“可谓士矣。”士者，修立之称。子贡入，子曰：“赐，知者若何？仁者若何？”子贡对曰：“知者知人，仁者爱人。”子曰：“可谓士君子矣。”颜渊入，子曰：“回，知者若何？仁者若何？”知者，皆读为智。颜渊对曰：“知者自知，仁者自爱。”子曰：“可谓明君子矣。”

子路问于孔子曰：“君子亦有忧乎？”孔子曰：“君子，其未得也，则乐其意，乐其为治之意。〇先谦案：得，谓得位也。乐其意，自有所乐也。杨注非。既已得之，又乐其治，〇先谦案：治，谓所事皆治。是以有终身之乐，无一日之忧。小人者，其未得也，则忧不得，既已得之，又恐失之，是以有终身之忧，无一日之乐也。”

法行篇第三十

礼义谓之法，所以行之谓之行。行，下孟反。〇卢文弨曰：此篇旧本皆不提行，今各案其文义分之。

公输不能加于绳，圣人莫能加于礼。公输，鲁巧人，名班。虽至巧，绳墨之外亦不能加也。〇顾千里曰：案正文“绳”字下，据注，疑亦当有“墨”字，宋本同。今本盖皆误。礼者，众人法而不知，圣人法而知之。众人皆知礼可以为法，而不知其义者也。

曾子曰："无内人之疏而外人之亲，无，禁辞也。内人之疏，外人之亲，谓以疏为内，以亲为外。家语曰："不比于亲而比于疏者，不亦远乎！"韩诗外传作"无内疏而无外亲"也。〇卢文弨曰：今家语贤君篇作"不比于数而比于疏，不亦远乎"。说苑亦作"数"字。无身不善而怨人，无刑已至而呼天。内人之疏而外人之亲，不亦远乎！谓失之远矣。身不善而怨人，不亦反乎！反，谓乖悖。〇王念孙曰："远"当为"反"，"反"当为"远"。内人亲而外人疏，今疏内而亲外，是反也，故曰"不亦反乎"。身不善而怨人，是舍近而求远也，故曰"不亦远乎"。下文曰"失之己而反诸人，岂不亦迂哉"，迂即远也。是其证。今本"反"与"远"互误，则非其旨矣。韩诗外传正作"内疏而外亲，不亦反乎！身不善而怨他人，不亦远乎"。杨说皆失之。刑已至而呼天，不亦晚乎！诗曰：'涓涓源水，不雝不塞。毂已破碎，乃大其辐。事已败矣，乃重大息。'其云益乎！"源水，水之泉源也。雝，读为壅。大其辐，谓壮大其辐也。重大息，嗟叹之甚也。三者皆言不慎其初，追悔无及也。〇卢文弨曰：此所引诗，逸诗也。先谦案：云益，有益也，说见儒效篇。

曾子病，曾元持足。曾子曰："元志之！吾语汝。曾元，曾子之子也。〇卢文弨曰：大戴礼作"曾元抑首，曾华抱足"。夫鱼鳖鼋鼍犹以渊为浅而堀其中，堀与窟同。〇俞樾曰："堀"下当有"穴"字。"堀穴其中"，"增巢其上"，相对为文。晏子春秋谏篇"古者尝有处橧巢窟穴"，亦以"窟穴"对"橧巢"，是其证也。大戴记曾子疾病篇作"鹰鶽以山为卑，而曾巢其上；鱼鳖鼋鼍以渊为浅，而蹶穴其中"。"蹶穴"，即"堀穴"也。春秋文十年"次于厥貉"，公羊作"屈貉"。然则以"蹶"为"堀"，犹以"厥"为"屈"也。荀子此文本于曾子，彼作"蹶穴"，此作"堀穴"，乃古书以声音假借之常例。若无"穴"字，则文为不备矣。鹰鸢犹以山为卑而增巢其上，及其得也，必以饵。故君子苟能无以利害义，则耻辱亦无由至矣。"

子贡问于孔子曰："君子之所以贵玉而贱珉者，何也？珉，石之似玉者。为夫玉之少而珉之多邪？"孔子曰："恶！赐，是何言也？恶音乌。犹言乌谓此义也。夫君子岂多而贱之、少而贵之哉！夫玉者，君子比德焉。温润而泽，仁也；郑康成云："色柔温润似仁。"栗而理，知也；郑云"栗，坚貌"也。理，有文理也。似智者处事坚固，又有文理。〇谢本从卢校，"栗"上有"缜"字。王引之曰：吕本作"栗而理，知也"，钱本及元刻依聘义于"栗"上增"缜"字，而卢本从之，误也。杨注但释"栗理"二字而不释"缜"字，则正文之无"缜"字甚明。说苑杂言篇说玉曰"望之温润，近之栗理；望之温润者，君子比德焉，近之栗理者，君子比智焉"，亦言"栗理"而不言"缜"。栗者，秩然有条理之谓，故有似于智。杨依聘义注，训栗为坚貌，亦非，说详经义述闻聘义。先谦案：王说是。今从吕本删。坚刚而不屈，义也；似义者刚直不回也。廉而不刿，行也；刿，伤也。虽有廉棱而不伤物，似有德行者不伤害人。折而不桡，勇也；虽摧折而不桡屈，似勇者。瑕适并见，情也；瑕，玉之病也。适，玉之美泽调适之处也。瑕适并见，似不匿其情者也。礼记曰："瑕不掩瑜，瑜不掩瑕，忠也。"〇郝懿行曰：瑕者，玉之病也。适者，善也。凡物调适谓之适，得意便安亦谓之适，皆善之意。故广韵云："适，善也。"管子水地篇说玉九德，大意与此略同，此句作"瑕适皆见，精也"，精亦情耳。古"精""情"二字多通用。王念孙曰：適，读为谪。（经传通以"適"为"谪"。）谪，亦瑕也。老子曰"善言无瑕谪"是也。管子水地篇"瑕適皆见，精也"，（精与情同，说见管子。）尹知章曰："瑕適，玉病也。"（吕氏春秋举难篇："寸之玉，必有瑕適。"）说苑曰："玉有瑕，必见之于外，故君子比情焉。"此言"瑕適"，而说苑但言"瑕"，是"適"即"瑕"也。情之言诚也。玉不自掩其瑕適，故曰情。春秋繁露仁义法篇云"自称其恶谓之情"，义与此同。杨读適为"调适"之适，失之。扣之，其声清扬而远闻，其止辍然，辞也。扣与叩同。似有辞辨，言发言则人乐听之，言毕更无繁辞也。礼记作"叩之，其声清越以长，其终屈然，乐也"。故虽有珉之雕雕，不若玉之章章。雕雕，谓雕饰文采也。章章，素质明著也。〇郝懿行曰：雕雕、章章，皆文采宣著之貌。语意犹云星之昭昭，不如月之明明也。诗曰：'言念君子，温其如玉。'此之谓也。"

诗，秦风小戎之篇。引之喻君子比德。

曾子曰："同游而不见爱者，吾必不仁也；仁者必能使人爱。交而不见敬者，吾必不长也；不长厚，故为人所轻。○郝懿行曰：长，谓敬长，非谓"不长厚"也，杨注失之。俞樾曰：不长者，无所长也。子道篇"色知而有能者，小人也"，韩诗外传"能"作"长"，是不长犹不能也。吾无所能，宜其不见敬矣。临财而不见信者，吾必不信也。廉洁不闻于人。○郝懿行曰：临财之信，如鲍叔之与管仲。三者在身，曷怨人？当反诸己。怨人者穷，怨天者无识。无识，不知天命也。失之己而反诸人，岂不亦迂哉！"

南郭惠子问于子贡曰："夫子之门，何其杂也？"南郭惠子，未详其姓名，盖居南郭，因以为号。庄子有南郭子綦。夫子，孔子也。杂，谓贤不肖相杂而至。○卢文弨曰：尚书大传略说作"东郭子思"，说苑杂言篇作"东郭子惠"。子贡曰："君子正身以俟，欲来者不距，欲去者不止。且夫良医之门多病人，檃栝之侧多枉木，是以杂也。"○郝懿行曰：尚书大传略说及说苑杂言篇并有"砥厉之旁多顽钝"句。

孔子曰："君子有三恕。○顾千里曰：卢文弨刻本无"孔子曰"三字，与世德堂刻本合，与宋本不合，疑非也。先谦案：谢本从卢校，无"孔子曰"三字。今依顾说从宋本增。有君不能事，有臣而求其使，非恕也；有亲不能报，有子而求其孝，非恕也；报，孝养也。诗曰："欲报之德。"有兄不能敬，有弟而求其听令，非恕也。士明于此三恕，则可以端身矣。"

孔子曰："君子有三思，而不可不思也。少而不学，长无能也；老而不教，死无思也；无门人思其德。有而不施，穷无与也。穷乏之时，无所往托。是故君子少思长则学，老思死则教，有思穷则施也。"

哀公篇第三十一

鲁哀公问于孔子曰："吾欲论吾国之士，与之治国，敢问何如取之邪？"○卢文弨曰：旧本脱"取"字，今据大戴礼哀公问五义、家语五仪解增。孔子对曰："生今之世，志古之道，居今之俗，服古之服，志，记识也。服古之服，犹若夫子服逢掖之衣、章甫之冠也。舍此而为非者，不亦鲜乎！"舍，去。此谓古也。哀公曰："然则夫章甫、絇屦、绅而搢笏者，此贤乎？"章甫，殷冠。王肃云："絇，谓屦头有拘饰也。"郑康成云："絇之言拘也。以为行戒，状如刀衣鼻，在屦头。"绅，大带也。搢笏于绅者也。○王念孙曰：大戴记哀公问五义篇、家语五仪篇"绅"下有"带"字，"贤"上有"皆"字，并于义为长。俞樾曰："此"，当作"比"。说文白部："皆，俱词也，从比，从白。"徐锴系传曰："比，皆也。"是比有皆义。比贤乎，犹言皆贤乎。大戴礼保傅篇"于是比选天下端士"，汉书贾谊传"比"作"皆"，是其证矣。此文亦见大戴记哀公问五义篇，作"此皆贤乎"，盖"比"误为"此"，后人又增"皆"字耳。孔子对曰："不必然。夫端衣、玄裳、絻而乘路者，志不在于食荤；端衣、玄裳，即朝玄端也。絻与冕同。郑云："端者，取其正也。"士之衣袂，皆二尺二寸而广幅，是广袤等也。其袪尺二寸，大夫以上侈之。侈之者，盖半而益一焉，则袂三尺三寸，袪尺八寸。路，王者之车，亦车之通名。舍人注尔雅云："辂，车之大者。"荤，葱、薤之属也。○先谦案：端衣、玄裳、絻而乘路，所以祭也，故志不在于食荤。此下文"黼衣、黻裳者不茹荤，资衰、苴杖者不听乐"，二喻正同。斩衰、菅屦、杖而啜粥者，志不在于酒肉。仪礼丧服曰："斩者何？不缉也。"衰长六尺，博四寸，三升布为之。郑注丧服云："上曰衰，下曰裳。"当心前有衰，后有负板，左右有辟领，孝子哀戚，无不在也。菅，菲也。此言服被于外，亦所以制其心也。生今之世，志古之道，居今之俗，服古之服，舍此而为非者，虽有，不亦鲜乎！"哀公曰："善！"孔子曰："人有五仪：言人之贤愚，观其仪法有五也。○郝懿行曰：仪者，匹也。匹者，犹俦类也。大戴记哀公问五义即"五仪"也，古"仪"字正作"义"。杨注"仪法"，非是。先谦案：仪，犹等也，说见王制篇。有庸人，有士，有君子，有贤人，有大圣。"哀公曰："敢问何如斯可谓庸人矣？"孔子对曰："所谓庸人者，口不能道善言，必不知色色；色色，谓以己色观彼之色，知其好恶也。论语曰："色斯举矣。”〇卢文弨曰：大戴礼作“志不邑邑”。郝懿行曰：“色”，当为“邑”，字形之误。大戴记作“志不邑邑”。杨注甚谬。邑邑与悒悒同。悒悒，忧逆短气貌也。曾子立事篇云：“终身守此悒悒。”不知选贤人善士托其身焉以为己忧，不知托贤，但自忧而已。〇俞樾曰：此十五字为一句。广雅释诂：“为，瘉也。”为有瘉义，故左传有“疾不可为”之文。为己忧者，瘉己忧也。得贤人善士以托其身，则可瘉己之忧，而庸人不知也，故曰“不知选贤人善士托其身焉以为己忧”。杨注失其义。勤行不知所务，止交不知所定；交，谓接待于物。皆言不能辨是非，依依失据也。〇卢文弨曰：“止交”，大戴礼、韩诗外传四皆作“止立”。郝懿行曰：大戴记“勤”作“动”，“交”作“立”，韩诗外传四同。“动行”与“止立”对，疑此皆形误。王引之曰：作“止立”者是。“止交”二字文不成义，杨注非也。“勤行”亦当依大戴作“动行”，皆字之误也。外传作“动作”。日选择于物，不知所贵；不知可贵重者。从物如流，不知所归；为外物所诱荡而不返也。〇郝懿行曰：“如”，大戴记、韩诗外传俱作“而”，而、如古通用。五凿为正，心从而坏：如此，则可谓庸人矣。”凿，窍也。五凿，谓耳目鼻口及心之窍也。言五凿虽似于正，而其心已从外物所诱而坏矣，是庸愚之人也。一曰：五凿，五情也。庄子曰“六凿相攘”，司马彪曰：“六情相攘夺。”韩诗外传作“五藏为正”也。〇卢文弨曰：大戴礼作“五凿为政”，此“正”字义当与“政”同，古通用，注似非。郝懿行曰：杨注“五凿，五情”是也。庄子“六凿相攘”，谓六情，可证。王念孙曰：杨后说以五凿为五情，颇胜前说。哀公曰：“善！敢问何如斯可谓士矣？”孔子对曰：“所谓士者，虽不能尽道术，必有率也；虽不能遍美善，必有处也。率，循也。虽不能尽遍，必循处其一隅。言有所执守也。〇郝懿行曰：美、善义同，而有浅深。大戴记作“虽不能尽善尽美”，韩诗外传一作“虽不能尽乎美著”，家语五仪解作“备百善之美”，三书皆本此而各异。韩诗外传此下多有缺略。是故知不务多，务审其所知；论语曰：“子路有闻，未之能行，唯恐有闻。”言不务多，务审其所谓；止于辨明事而已矣。〇郝懿行曰：谓，犹言也。审其所当言，则言不谬妄。注非。行不务多，务审其所由。由，从也。谓不从不正之道。○郝懿行曰：由，道也。道，行也。谓务审其所常由，行不差忒也。注亦非。故知既已知之矣，言既已谓之矣，行既已由之矣，则若性命肌肤之不可易也。言固守所见，如爱其性命肌肤之不可以他物移易者也。故富贵不足以益也，卑贱不足以损也，皆谓志不可夺。如此，则可谓士矣。”士者，修立之称。一曰：士，事也。言其善于任事，可以入官也。哀公曰：“善！敢问何如斯可谓之君子矣？”孔子对曰：“所谓君子者，言忠信而心不德，不自以为有德。仁义在身而色不伐，思虑明通而辞不争，故犹然如将可及者，君子也。”犹然，舒迟之貌。所谓“瞻之在前，忽然在后”。家语作“油然”，王肃曰：“不进貌也。”○郝懿行曰：犹然，即油然。家语作“油”，是也。孟子：“油油然与之偕。”言无以异于凡人也。注失之。哀公曰：“善！敢问何如斯可谓贤人矣？”孔子对曰：“所谓贤人者，行中规绳而不伤于本，言足法于天下而不伤于身，本，亦身也。言虽广大而不伤其身也。所谓“言满天下无口过，行满天下无怨恶”。○郝懿行曰：杨注非是。本，犹质也。谓性之本质如木之有根干。此言行中规矩准绳，然皆暗与理会，不假斫削而丧失其本真，所谓“渐近自然”也。富有天下而无怨财，富有天下，谓王者之佐也。怨，读为蕴。言虽富有天下，而无蕴畜私财也。家语作“无宛”。礼记曰：“事大积焉而不苑。”古蕴、苑通，此因误为“怨”字耳。布施天下而不病贫，言广施德泽，子惠困穷，使家给人足而上不忧贫乏。所谓“百姓与足，君孰不足”。○卢文弨曰：注末二句，与富国篇同。宋本乃从今论语本，当出后人所改。郝懿行曰：杨注得之，而义犹未尽。怨、宛皆从夗声，此同声假借也。音转而为菀，又转而为蕴，此双声假借也。不知假借之义，故谓为

界格四瓣花纹镜（春秋战国）

字误耳。考工记云“眡其钻空，欲其惌也”，（音于阮反。）郑司农注：“惌，读为‘宛彼北林’之‘宛’。”（音郁。）此即“怨”“宛”相借之例也。韩诗外传二“子路与巫马期薪于韫丘之下”，“韫丘”即“宛丘”。此即“苑”“蕴”相借之例也。蕴与韫，音义同。大戴记作“躬为匹夫而愿富，（句。）贵为诸侯而无财”，义与此别。如此，则可谓贤人矣。”贤者，亚圣之名。说文云：“贤，多才。”哀公曰：“善！敢问何如斯可谓大圣矣？”孔子对曰：“所谓大圣者，知通乎大道，应变而不穷，辨乎万物之情性者也。辨别万物之情性也。大道者，所以变化遂成万物也；情性者，所以理然不、取舍也。辨情性，乃能理是非之取舍而不惑。〇先谦案：然不，犹然否，与“取舍”对文。注中“之”字衍。是故其事大辨乎天地，其事，谓圣人所理化之事。言辨别万事，如天地之别万物，各使区分。〇郝懿行曰：辨与辩同。辩者，治辩也。“辩”与“平”，古字通，荀书多假“辨”为“辩”耳。此上言“辨乎万物之情性”，义亦同，似不宜训辨别。王念孙曰：辨，读为遍。言其事大则遍乎天地，明则察乎日月也，与上“辨乎万物之情性”不同。杨以辨为辨别，则与“大”字义不相属矣。“遍”、“辨”，古字通，说见日知录。俞樾曰：“大”字绝句，“是故其事大”与上文“大道者”相应。下“明”字衍文。“辨乎天地，察乎日月”，二语相对。说详群经平议大戴记。明察乎日月，圣人之明察如日月。总要万物于风雨，总要，犹统领也。风以动之，雨以润之。言统领万物，如风雨之生成也。缪缪肫肫，其事不可循，“缪”，当为“胶”，相加之貌。庄子云：“胶胶扰扰。”肫与訰同，杂乱之貌。尔雅云：“訰訰，乱也。”言圣人治万物错杂，胶胶訰訰，然而众人不能循其事。訰，之旬反。〇郝懿行曰：大戴记作“穆穆纯纯，其莫之能循”。穆穆，和而美也。纯纯，精而密也。“穆”“缪”，古字通；“纯”“肫”，声相借耳。注并失之。若天之嗣，其事不可识，嗣，继也。言圣人如天之继嗣，众人不能识其意。〇郝懿行曰：嗣者，续也。言如天之纯穆气化，绵绵相续而不可测识也。大戴记作“若天之司，莫之能识”。“司”与“嗣”，“职”与“识”，盖亦声借字耳，其义则司、职皆训主也。至念孙曰：嗣，读为司。郑风羔裘传曰："司，主也。"言若天之主司万化，其事不可得而知也。"司""嗣"，古字通。大戴记正作"若天之司"。（高宗肜日"王司敬民"，史记殷本纪"司"作"嗣"。）杨注失之。百姓浅然不识其邻，邻，近也。百姓浅见，不能识其所近，况能识其深乎！所谓"日用而不知"者也。○卢文弨曰："浅然"，大戴作"淡然"。郝懿行曰："浅然"，当依大戴记作"淡然"。此言百姓不识、不知，谓帝力于我何有耳。若此，则可谓大圣矣。"哀公曰："善！"

鲁哀公问舜冠于孔子，孔子不对。哀公不问舜德，徒问其冠，故不对也。三问，不对。哀公曰："寡人问舜冠于子，何以不言也？"孔子对曰："古之王者，有务而拘领者矣，其政好生而恶杀焉，务，读为冒。拘与句同，曲领也。言虽冠衣拙朴，而行仁政也。尚书大传曰"古之人，衣上有冒而句领者"，郑康成注云："言在德不在服也。古之人，三皇时也。冒，覆项也。句领，绕颈也。"礼，正服方领也。○郝懿行曰：尚书大传作"冒而句领"。古读冒、务音同，拘读若句，（音钩。）若其字通。郑注："冒，覆项也。句领，绕颈也。"按句者，曲也。韩诗外传三云"舜麑衣而盏领"，盏之训为曲，即此"句领"矣。是以凤在列树，麟在郊野，乌鹊之巢可附而窥也。君不此问而问舜冠，所以不对也。"

鲁哀公问于孔子曰："寡人生于深宫之中，长于妇人之手，寡人未尝知哀也，未尝知忧也，未尝知劳也，未尝知惧也，未尝知危也。"孔子曰："君之所问，圣君之问也。丘，小人也，何足以知之？"美大其问，故谦不敢对也。曰："非吾子无所闻之也。"孔子曰："君入庙门而右，登自胙阶，仰视榱栋，俛见几筵，其器存，其人亡，君以此思哀，则哀将焉而不至矣！谓祭祀时也。胙与阼同。榱，亦椽也。哀将焉不至，言必至也。○卢文弨曰：正文"将焉"下，元刻有"而"字，下四句并同。而，当训为能，若以为衍，不应五句皆误。杨注王霸篇云："而、为，皆语助也。"又齐策："管燕谓其左右曰：'子孰而与我赴诸侯乎？'"鲍彪注："而，辞也。"以"而"字作语辞亦可，然训能，语更顺。高诱注吕氏春秋去私篇"南阳无令，其谁可而为之”，又注士容篇“柔而坚，虚而实”，皆训而为能。其注淮南也亦然。易屯象“宜建侯而不宁”，释文：“而，辞也。郑读而为能。”然则此“焉而”正当读为焉能，不可易矣。王念孙曰：卢说是也。文选王文宪集序注引此有“而”字；其引此无“而”字者，皆后人不知古训而删之也。古书多以“而”为“能”，详见淮南人间篇。君昧爽而栉冠，昧，暗。爽，明也。谓初晓尚暗之时。平明而听朝，一物不应，乱之端也，君以此思忧，则忧将焉而不至矣！君平明而听朝，日昃而退，诸侯之子孙必有在君之末庭者，君以思劳，则劳将焉而不至矣！诸侯之子孙，谓奔亡至鲁而仕者。自平明至日昃，在末庭而修臣礼，君若思其劳，则劳可知也。以喻哀公亦诸侯之子孙，不戒慎修德，亦将有此奔亡之劳也。君出鲁之四门以望鲁四郊，亡国之虚则必有数盖焉，虚，读为墟。有数盖焉，犹言盖有数焉，倒言之耳。新序作“亡国之虚列必有数矣”。〇卢文弨曰：数盖，犹言数区也。鲁有少皞氏之虚、大庭氏之库也。郝懿行曰：“虚”“墟”，古今字。新序四作“虚列”，此“虚则”即“虚列”之讹。盖者，苫也。言故虚罗列其间，必有聚庐而居者焉。观此易兴亡国之感。君以此思惧，则惧将焉而不至矣！且丘闻之：君者舟也，庶人者水也。水则载舟，水则覆舟；君以此思危，则危将焉而不至矣！”

鲁哀公问于孔子曰：“绅、委、章甫，有益于仁乎？”绅，大带也。委，委貌，周之冠也。章甫，殷冠也。郑注仪礼云：“委，安也。所以安正容貌。章，表明也。殷质，言所以表明丈夫也。”孔子蹴然曰：“君号然也！庄子音义：“崔撰云：‘蹴然，变色貌。’”号，读为胡，声相近，字遂误耳。家语作“君胡然也”。资衰、苴杖者不听乐，非耳不能闻也，服使然也。资与齐同。苴杖，竹也。苴，谓苍白色自死之竹也。黼衣、黻裳者不茹荤，非口不能味也，服使然也。黼衣、黻裳，祭服也。白与黑为黼，黑与青为黻。礼，祭致齐，不茹荤。非不能味，谓非不能知味也。郑注周礼司服云：“玄冕者，衣无文，裳刺黻而已。”且丘闻之：好肆不守折，长者不为市。窃其有益与其无益，君其知之矣。”好，喜也。言喜于市肆之人，不使所守货财折耗，而长者亦不能为此市井盗窃之事，长者不为市，而贩者不为非。家语王肃注云：“言市肆弗能为廉，好肆则不折也。人为市估之行则不守折，人为长者之行则亦不为市买之事。窃，宜为察。”察其有益与其无益，以“窃”字属下句。

鲁哀公问于孔子曰：“请问取人?”问取人之术也。孔子对曰：“无取健，健羡之人。无取詌，未详。家语作“无取钳”，王肃云：“谓妄对不谨诚者。”或曰：捷给钳人之口者。○卢文弨曰：案家语五仪解作“无取钳”，“钳”下作“无取哼哼”。无取口啍。啍与谆同。方言云：“齐、鲁凡相疾恶谓之谆憎。”谆，之闰反。王肃云：“哼哼，多言。”或曰：诗云：“诲尔谆谆。”口谆，谓口教诲、心无诚实者。谆，之伦反。○卢文弨曰：注末旧作“谆谆，伦也”，讹，今订正。郝懿行曰：“詌”盖讹字，说苑尊贤篇作“拑”，是也。拑训胁持。家语五仪解作“钳”，亦假借字耳。“口啍”，家语作“哼哼”，王肃注：“多言也。”韩诗外传四“詌”作“佞”，“口啍”作“口谗”，恐亦讹字，当作“口鑱”。鑱者，锐也。今说苑正作“锐”，是矣。杨注引作“口睿”，睿、锐，盖以音近，故讹耳。其引说苑，“无取拑”下脱去数字，遂不可读。健，贪也；谢，乱也；口啍，诞也。健羡之人多贪欲，谐忌之人多悖乱，谗疾之人多妄诞。说苑曰：“哀公问于孔子曰：‘人何若为可取也?’孔子曰：‘无取柑，捷者必兼人，不可为法也。口睿者多诞而寡信，后恐不验也。’”韩诗外传云：“无取健，无取佞，无取口谗。健，骄也；佞，諂也；口谗，诞也。”皆大同小异也。○卢文弨曰：“口睿”，今说苑尊贤篇作“口锐”。郝懿行曰：健无贪义，不知何字之讹。杨注甚谬。韩诗外传作“健，骄也”，说苑“健者必欲兼人，不可以为法”，以此参证，可知作“贪”必讹字矣。拑者利口捷给，变乱是非，故云“乱也”。诞者夸大，故说苑云“口锐者多诞而寡信，后恐不验也”。故弓调而后求劲焉，马服而后求良焉，士信悫而后求知能焉。士不信悫而有多知能，譬之其豺狼也，不可以身尒也。有，读为又。尒与迩同。语曰：‘桓公用其贼，文公用其盗。’谓管仲、寺人勃鞮也。盗亦贼也。以喻士信悫则仇雠可用，不信悫则亲戚可疏。故明主任计不信怒，暗主信怒不任计。信，亦任也。○郝懿行曰：此蒙“桓公用贼，文公用盗”而言。贼谓管仲，盗谓里凫须，故云“任计不信怒”也。“信”，古以为“伸”字，不读本音。新序杂事五“信”作“任”。计胜怒则强，怒胜计则亡。”定公问于颜渊曰：“东却子之善驭乎？”东野，氏也。驭与御同。○卢文弨曰：案家语颜回篇作“子亦闻东野毕之善御乎”，此脱“子亦闻”三字。又“子之”当作“之子”。

王念孙曰：“东野子”亦当作“东野毕”，下文皆作“东野毕”是其证。韩诗外传作“善哉东野毕之御也”，新序杂事篇同。先谦案：“善驭”当为“驭善”，倒文。注“氏”，各本误“民”，从虞、王本改正。颜渊对曰：“善则善矣。虽然，其马将失。”失，读为逸，奔也，下同。家语作“马将佚”也。定公不悦，入谓左右曰：“君子固谗人乎！”三日而校来谒，曰：“东野毕之马失。校人，掌养马之官也。两骖列，两服入厩。”两服马在中。两骖，两服之外马。列与裂同。谓外马擘裂，中马牵引而入厩。○俞樾曰：杨注以七字作一句，非也。两骖裂者，两骖断鞅而去也。两骖在外，故得自绝而去，于是止存两服马还入厩中矣。故曰“两骖列，（句。）两服入厩”。定公越席而起曰：“趋驾召颜渊！”颜渊至，趋，读为促，速也。定公曰：“前日寡人问吾子，吾子曰：‘东野毕之驭，善则善矣。虽然，其马将失。’不识吾子何以知之？”颜渊对曰：“臣以政知之。昔舜巧于使民而造父巧于使马。舜不穷其民，造父不穷其马，是舜无失民、造父无失马也。○卢文弨曰：新序、家语“是”下皆有“以”字。王念孙曰：案太平御览工艺部三引此亦有“以”字，韩诗外传同，当据补。今东野毕之驭，上车执辔，衔体正矣；步骤驰骋，朝礼毕矣；衔体，衔与马体也。步骤驰骋，朝礼毕矣，谓调习其马，或步骤驰骋，尽朝廷之礼也。○郝懿行曰：杨注非。此读宜断“体正”“礼毕”相属，上句言驭之习，下句言马之习也。“朝”与“调”，古字通。毛诗言“调饥”，即“朝饥”。此言马之驰骤皆调习也。历险致远，马力尽矣。然犹求马不已，是以知之也。”定公曰：“善！可得少进乎？”定公更请少进其说。颜渊对曰：“臣闻之：鸟穷则啄，兽穷则攫，人穷则诈。自古及今，未有穷其下而能无危者也。”

尧问篇第三十二

〇卢文弨曰：旧本唯末一段提行，今各案其文义分之。

尧问于舜曰：“我欲致天下，为之奈何？”恐天下未归，故欲致而取之也。对曰：“执一无失，行微无怠，忠信无勌，而天下自来。执一，专意也。行微，行细微之事也。言精专不怠而天下自归，不必致也。〇郝懿行曰：微者，隐也。劝学篇云：“行无隐而不形。”隐微，人所不见，而行之无怠心。下云：“行微如日月。”盖日月之行，人之所不见也。执一如天地，如天地无变易时也。行微如日月，日月之行，人所不见，似于细微安徐，然而无怠止之时也。〇卢文弨曰：元刻作“安徐而出”，无“然”字。忠诚盛于内，贲于外，形于四海。贲，饰也。形，见也。礼记曰“富润屋，德润身，心广体胖，故君子必诚其意”也。〇郝懿行曰：贲，当音符分切，义与坟同。坟者，大也。盛于内则大于外，而形箸于四海矣。天下其在一隅邪！夫有何足致也？”夫物在一隅者，则可举而致之，今有道，天下尽归，不在于一隅，焉用致也？有读为又。

魏武侯谋事而当，群臣莫能逮，退朝而有喜色。武侯，晋大夫毕万之后、文侯之子也。吴起进曰：“亦尝有以楚庄王之语闻于左右者乎？”武侯曰：“楚庄王之语何如？”吴起对曰：“楚庄王谋事而当，群臣莫逮，退朝而有忧色。申公巫臣进问曰：‘王朝而有忧色，何也？’巫臣，楚申邑大夫也。庄王曰：‘不穀谋事而当，群臣莫能逮，是以忧也。其在归之言也，中归，与仲虺同，汤左相也。〇郝懿行曰：归，音丘追切。此读诩鬼切，即仲虺也，如“螝”字，从鬼声而音为溃。韩非说林下篇“虫有螝者”，颜氏家训勉学篇据古今字诂，谓“螝”亦古之“虺”字，即其例也。曰：“诸侯自为得师者王，得友者霸，得疑者存，自为谋而莫己若者亡。”疑，谓博闻达识、可决疑惑者。〇郝懿行曰：韩诗外传六作“能自取师者王，能自取友者霸，而与居不若其身者亡”，新序一作“足己而群臣莫之若者亡”，“取师”“取友”，“取”皆作“择”，而俱无“得疑者存”一句。疑，即“师保疑丞”之“疑”，疑谓可以决疑者也。今书仲虺之诰亦缺此句，可知梅氏无识，不知此句不可缺也。今以不穀之不肖而群臣莫吾逮，吾国几于亡乎！是以忧也。’楚庄王以忧，而君以憙。”武侯逡巡再拜曰：“天使夫子振寡人之过也。”振，举。〇王念孙曰：振，救也。（说文：“振，举救也。”月令、哀公问注，昭十四年左传注，周语鲁语、吴语注，吕氏春秋季春篇注，淮南时则篇注，并云：“振，救也。”）史记蒙恬传曰：“过可振而谏可觉。”故曰“振寡人之过”。杨注于义未该。

伯禽将归于鲁，伯禽，周公子，成王封为鲁侯。将归，谓初之国也。周公谓伯禽之傅曰：“汝将行，盍志而子美德乎？”将行，何不志记汝所傅之子美德以言我？对曰：“其为人宽，好自用，以慎。宽，宽弘也。自用，好自务其用也。慎，谨密也。〇先谦案：好自用者，盖遇事以身先人，故其傅以为美德，而周公以为争。杨云“好自务其用”，语未晰。此三者，其美德已。”周公曰：“呜呼！以人恶为美德乎！君子好以道德，故其民归道。君子好以道德教人，故其民归道者众，非谓宽弘也。彼其宽也，出无辨矣，女又美之。彼伯禽既无道德，但务宽容，此乃出于善恶无别，汝何以为美也？孔子曰“宽则得众”，亦谓人爱悦归之也。彼其好自用也，是所以窭小也。窭，无礼也。彼伯禽好自用而不谘询，是乃无礼骄人而器局小也。书曰：“自用则小。”尚书大传曰：“是其好自用也，以敛益之也。”〇郝懿行曰：窭者，贫也，窭之为言局也。释名云：“窭数，犹局缩，皆小意也。”杨恽传谓“窭数”不容鼠穴，其为局小可知。滑稽传云“瓯窭满篝”，瓯窭，亦狭小之言耳。王念孙曰：杨分窭小为二义，非也。窭，亦小也。言其好自用也，是其器局之所以窭小也。韩子诡使篇“惇悫纯信、用心一者，则谓之窭”，言世人皆尚诈伪，故见惇悫纯信、用心专一者，则谓之窭小也。释名曰：“窭数，犹局缩，皆小意也。”（汉书东方朔传：“乃覆树上寄生，令朔射之。朔曰：‘是窭数也。’”师古曰：“窭数，戴器也。以盆盛物，戴于头者，则以窭数

荐之。寄生者，芝菌之类，淋潦之日，著树而生，形有周圜象窭数者。故朔云‘著树为寄生，盆下为窭数’。”案物在盆下谓之窭数，亦局缩之意也。）蔡邕短人赋“劣厥偻窭”，亦是短小之意。诗传以窭为无礼，谓贫者不能备礼，非谓“无礼骄人”也。君子力如牛，不与牛争力；走如马，不与马争走；知如士，不与士争知。士，谓臣下掌事者。不争，言委任。彼争者，均者之气也，女又美之。好自用，则必不委任而与之争事；争事乃均敌者尚气之事，非大君之量也。彼其慎也，是其所以浅也。彼伯禽之慎密，不广接士，适所以自使知识浅近也。闻之曰：无越逾不见士。周公闻之古也。越逾，谓过一日也。〇卢文弨曰：“曰”，宋本作“日”。注“过一日”，语疑有误。观下所云，则士皆有等，勿因下士与己逾等而不见也。周公于下士厚为之貌，故人人皆以为越逾，则越逾者，过士所应得之分云耳。俞樾曰：杨注“周公闻之古也。越逾，谓过一日也”，然则荀子原文当作“闻之，无越日不见士”，杨注原文当作“越日，谓过一日也”。今衍“逾”字者，涉下文杨注有“越逾”字而误衍也。既衍“逾”字，则“越逾日”之文甚为不辞，乃以“日”字为“曰”字之误，而移置“闻之”二字之下，遂成今本之误。卢校云宋本“曰”作“日”，此则其旧迹之犹未尽泯者也。见士问曰：‘无乃不察乎？’惧其壅蔽，故问无乃有不察之事乎。不闻，即物少至，少至则浅。物，事也。不见士则无所闻，无所闻则所知之事亦少，少则意自浅矣。“闻”，或为“问”也。〇王念孙曰：“闻”，即“问”字也。（说见经义述离旅象传及王风。）言不问则所知之事少也。“问”字正承上文“见士问曰”而言。彼浅者，贱人之道也，女又美之。吾语女：我，文王之为子，为文王之子也。武王之为弟，成王之为叔父。周公先成三薨，未宜知成王之谥，此云成王，乃后人所加耳。吾于天下不贱矣，然而吾所执贽而见者十人，周公自执贽而见者十人。礼，见其所尊敬者，虽君亦执贽，故哀公执贽请见周丰。郑注尚书大传云：“十人，公卿之中也。三十人，群大夫之中也。百人，群士之中也。”〇卢文弨曰：“群大夫”、“群士”，旧本互易，误。今大传本亦讹。还贽而相见者三十人，礼，臣见君则不还贽，敌者不敢当则还之，礼尚往来也。士相见礼曰：“主人复见之以其贽，曰：‘曏者吾子辱使某见，请还贽于将命者。’”郑康成云：“贽者，所执以至也。君子见于所尊敬，必执贽以将其厚意也。”貌执之士者百有余人，执，犹待也。以礼貌接待之士百余人也。○先谦案：文义不当有“者”字，此缘上下文“者”字而误衍。欲言而请毕事者千有余人，谓卑贱之士，恐其言之不尽，周公先请其毕辞也。说苑曰“周公践天子之位七年，布衣之士，所执贽而师见者十人，所见者十二人。穷巷白屋，所先见者四十九人，时进善者百人，教士千人，朝者万人”也。○卢文弨曰：注衍“十人所见者”五字，说苑敬慎篇无。于是吾仅得三士焉，以正吾身，以定天下。于是千百人之中，仅乃得三士，正身治国。吾所以得三士者，亡于十人与三十人中，乃在百人与千人之中。十人与三十人，虽尊敬，犹未得贤，至百人千人，然后乃得三人。以明接士不广，无由得贤也。故上士吾薄为之貌，下士吾厚为之貌。上士，中诚重之，故可薄为之貌；下士既无执贽之礼，惧失贤士之心，故厚为之貌，尤加谨敬也。人人皆以我为越逾好士，然故士至，人不知则以为越逾，然士亦以礼貌之故而至也。○俞樾曰：“逾”字亦衍文也。人人皆以我为越好士者，越之言过也，人人皆以我为过于好士也。然故士至者，“然故”即“是故”也，说见王氏经传释词。大略篇曰“然故民不困财”，亦以“然故”连文，是其证也。杨不达然故之义，故为抑扬其辞。至“越逾”连文，则以“逾”字释“越”字，注家往往有此例，非以正文有“逾”字也。而正文“逾”字之衍，即因此矣。士至而后见物，物，事也。见物然后知其是非之所在。戒之哉！女以鲁国骄人，几矣！几，危也。周公言我以天下之贵，犹不敢骄士，汝今以鲁国之小而遂骄人，危矣！夫仰禄之士犹可骄也，仰，鱼亮反。正身之士不可骄也。彼正身之士，舍贵而为贱，舍富而为贫，舍佚而为劳，颜色黎黑而不失其所，黎，读为梨。谓面如冻梨之色也。是以天下之纪不息，文章不废也。”赖守道之士不苟徇人，故得纲纪文章常存也。○卢文弨曰：尚书大传作“是以文不灭而章不败也”。

语曰：“缯丘之封人缯与鄫同。鄫丘，故国。封人，掌疆界者。汉书地理志缯县属东海也。○郝懿行曰：缯，即鄫国，姒姓，在东海，汉志缯县属东海郡是也。“缯丘封人”，列子说符篇作“狐丘丈人”，韩诗外传七及淮南道应训并与说符同。孙叔敖曰“吾爵益高，吾志益下，吾官益大，吾心益小，吾禄益厚，吾施益博，以是免于三怨，可乎”，与此大意虽同而文字异，此当别有依据。（发首偁“语曰”，知必述成文。）见楚相孙叔敖曰：‘吾闻之也：处官久者士妒之，禄厚者民怨之，位尊者君恨之。今相国有此三者而不得罪楚之士民，何也？’孙叔敖曰：‘吾三相楚而心瘉卑，每益禄而施瘉博，位滋尊而礼瘉恭，○卢文弨曰：瘉与愈同，元刻即作“愈”。是以不得罪于楚之士民也。”’

子贡问于孔子曰：“赐为人下而未知也。”下，谦下也。王重问欲为人下，未知其益也。孔子曰：“为人下者乎？其犹土也？深抇之而得甘泉焉，抇，掘也，故没反。树之而五谷蕃焉，草木殖焉，禽兽育焉，生则立焉，死则入焉，多其功而不息。○刘台拱曰：“不息”，韩诗外传、春秋繁露山川颂、说苑臣术篇并作“不言”。至引之曰：言与息，形声皆不相近，若本是“言”字，无缘误为“息”。“息”，当为“悳”。“悳”，古“德”字。系辞传曰“有功而不德”是也。韩诗外传、春秋繁露、说苑作“不言”，意与“不德”同。俗书“悳”字作“悳”，形与“息”相似而误。大戴礼公冠篇“靡不蒙悳”，今本误作“靡不息”，是其证也。家语困誓篇作“多其功而不意”，王肃曰“功虽多而无所意也”，两“意”字，亦“悳”字之误。家语本于荀子，则荀子之本作“悳”明矣。太平御览地部二正引作“多其功而不德”。为人下者，其犹土也。”

昔虞不用宫之奇而晋并之，莱不用子马而齐并之，宫之奇，虞贤臣，谏不从，以其族行。子马，未详其姓名。左氏传曰：“襄二年，齐侯伐莱，莱人使正舆子赂夙沙卫，以索马牛，皆百匹。”又六年：“齐侯伐莱，莱人使王湫帅师及正舆子军齐师，齐师大败之，遂灭莱。”或曰：正舆子字子马，其不用未闻。说苑诸御己谏楚庄王曰：“曹不用僖负羁而宋并之，莱不用子猛而齐并之。”据年代，齐灭莱在楚庄王后，未详诸御己之谏也。○卢文弨曰：

"诸御已"，旧本讹作"诸卿已"，今据说苑正谏篇改正。郝懿行曰：说苑正谏篇"子马"作"子猛"，猛、马双声，疑即一人。而据说苑，此人年代在前，杨注云云是也。或说以左传闵子马，据世族谱，闵子马即闵马父，系鲁杂人，岂莱不用而去之鲁邪？然此子马见昭十八年传，上距襄六年齐人灭莱之岁四十余年矣，世代在后差远，又非莱人，无庸牵合。纣刳王子比干而武王得之。不亲贤用知，故身死国亡也。

为说者曰："孙卿不及孔子。"是不然。孙卿迫于乱世，鳝于严刑，上无贤主，下遇暴秦，礼义不行，教化不成，仁者绌约，天下冥冥，行全刺之，诸侯大倾。当是时也，知者不得虑，能者不得治，贤者不得使，故君上蔽而无睹，贤人距而不受。然则孙卿怀将圣之心，○卢文弨曰："怀将圣"，宋本作"将怀圣"，误。今订正。蒙佯狂之色，视天下以愚。诗曰："既明且哲，以保其身。"此之谓也。是其所以名声不白、徒与不众、光辉不博也。今之学者，得孙卿之遗言余教，足以为天下法式表仪，所存者神，所过者化。○卢文弨曰："所过"，宋本作"所遇"，误。古音"存""神"一韵，"过""化"一韵，此句中之韵也。观其善行，孔子弗过，世不详察，云非圣人，奈何！天下不治，孙卿不遇时也。德若尧、禹，世少知之。方术不用，为人所疑。其知至明，循道正行，足以为纪纲。○卢文弨曰："纪纲"，旧本误倒，与上下韵不协。呜呼，贤哉！宜为帝王。天地不知，善桀、纣，杀贤良。比干剖心，孔子拘匡；接舆避世，箕子佯狂；田常为乱，阖闾擅强。为恶得福，善者有殃。今为说者又不察其实，乃信其名。时世不同，誉何由生？不得为政，功安能成？志修德厚，孰谓不贤乎！自"为说者"已下，荀卿弟子之辞。

荀卿新书三十二篇

○卢文弨曰：案宋本"新书"下有"十二卷"三字，或疑是"二十卷"，皆非也，但作"三十二篇"为是。今本汉书艺文志作"三十三篇"，误也。

护左都水使者、光禄大夫臣向言：所校雠中孙卿书凡三百二十二篇，以相校除复重二百九十篇，定著三十二篇，皆以定杀青简，书可缮写。孙卿，赵人，名况。方齐宣王、威王之时，○卢弨曰：案史记，威王在宣王之前，风俗通穷篇作“齐威、宣之时”是也。聚天下贤士于稷下，尊宠之。若邹衍、田骈、淳于髡之属甚众，号曰列大夫，皆世所称，咸作书刺世。是时，孙卿有秀才，年五十，始来游学。○卢文弨曰：案史记亦作“年五十”，误。当从风俗通作“年十五”。晁公武读书志所引亦同。诸子之事，皆以为非先王之法也。孙卿善为诗、礼、易、春秋。至齐襄王时，孙卿最为老师，齐尚修列大夫之缺，而孙卿三为祭酒焉。齐人或谗孙卿，孙卿。○卢文弨曰：宋本不重，今据史记补。乃适楚，楚相春申君以为兰陵令。人或谓春申君曰：“汤以七十里，文王以百里。孙卿，贤者也，今与之百里地，楚其危乎！”春申君谢之，孙卿去之赵。后客或谓查申君曰：“伊尹去夏入殷，殷王而夏亡；管仲去鲁入齐，鲁弱而齐强。故贤者所在，君尊国安。今孙卿，天下贤人，所去之国，其不安乎！”春申君使人聘孙卿，○卢文弨曰：案楚策四、韩诗外传四，“聘”俱作“请”。孙卿遗春申君书，刺楚国，因为歌、赋，以遗春申君。春申君恨，复固谢孙卿，孙卿乃行，复为兰陵令。春申君死而孙卿废，因家兰陵。李斯尝为弟子，已而相秦。○卢文弨曰：宋本脱“已”字，今据史记补。及韩非号韩子，又浮丘伯，皆受业，为名儒。孙卿之应聘于诸侯，见秦

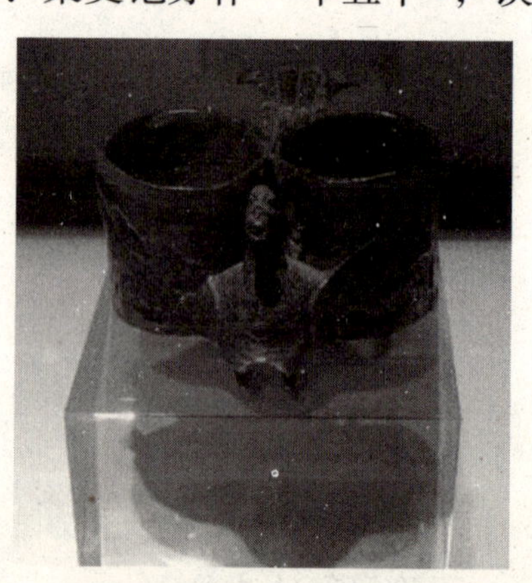

彩绘凤鸟双连杯（春秋战国）

昭王，昭王方喜战伐，而孙卿以三王之法说之，及秦相应侯，皆不能用也。至赵，与孙膑议兵赵孝成王前。孙膑为变诈之兵，孙卿以王兵难之，不能对也。卒不能用。孙卿道守礼义，行应绳墨，安贫贱。孟子者，亦大儒，以人之性善，孙卿后孟子百余年。孙卿以为人性恶，故作性恶一篇，以非孟子。苏秦、张仪以邪道说诸侯，以大贵显。孙卿退而笑之曰："夫不以其道进者，必不以其道亡。"至汉兴，江都相董仲舒亦大儒，作书美孙卿。○卢文弨曰："至汉兴"以下十七字，似不当在此，应在下文"盖以法孙卿也"句下。孙卿卒不用于世，老于兰陵。疾浊世之政，亡国乱君相属，不遂大道而营乎巫祝，信禨祥，鄙儒小拘如庄周等又滑稽乱俗，○卢文弨曰：宋本无"乱俗"二字，从史记增。于是推儒、墨、道德之行事，兴坏序列，著数万言而卒，葬兰陵。而赵亦有公孙龙为"坚白""同异"之辞、处子之言；○卢文弨曰：案史记作"剧子之言"，徐广曰："应劭氏姓注直云'处子'。"魏有李悝，尽地力之教；楚有尸子、长卢子、芋子，皆著书，○卢文弨曰：案宋本"卢"作"庐"，古可通用。今从史记，取易晓耳。史记"芋子"作"吁子"，索隐曰："吁，音芋。别录作'芋子'，今吁亦如字也。"又案：汉书艺文志有芋子十八篇，云"名婴，齐人"，师古云"芋音弭"，与此又不同。然非先王之法也，皆不循孔氏之术，惟孟轲、孙卿为能尊仲尼。兰陵多善为学，盖以孙卿也。长老至今称之曰："兰陵人喜字为卿，盖以法孙卿也。"孟子、孙卿、董先生皆小五伯，以为仲尼之门，五尺童子皆羞称五伯。如人君能用孙卿，庶几于王，然世终莫能用，而六国之君残灭，秦国大乱，卒以亡。观孙卿之书，其陈王道甚易行，疾世莫能用。其言凄怆，甚可痛也！呜呼！使斯人卒终于闾巷，而功业不得见于世，哀哉！可为賈涕。其书比于记传，可以为法。谨第录。臣向昧死上言。

护左都水使者、光禄大夫臣向言，所校雠中孙卿书录。

将仕郎、守秘书省著作佐郎、充御史台主簿臣王子韶同校。

朝奉郎、尚书兵部员外郎、知制诰、上骑都尉、赐紫、金鱼袋臣吕夏卿重校。

第八章 《荀子》名言

一、名言释义

劝学篇第一

【原文】

君子曰：学不可以已。

【译文】

君子说：学习不可以故步自封。

【原文】

青，取之于蓝，而青于蓝；冰，水为之，而寒于水。

【译文】

靛青，是从蓼蓝中提取出来的，但比蓼蓝更青；冰，是水变成的，但比水寒冷。

【原文】

故木受绳则直，金就砺则利，君子博学而曰参省乎己，则知明而行无过矣。

【译文】

所以木料受到墨线的弹划校正才能取直，金属制成的刀剑在磨刀石上磨过才能锋利，君子广泛地学习而又能每天检查省察自己，那就会见识高明而行为没有过错了。

【原文】

故不登高山，不知天之高也；不临深溪，不知地之厚也；不闻先王之遗言，不知学问之大也。

【译文】

所以不登上高高的山峰，就不知道天空的高远；不俯视深深的山谷，就不知道大地的深厚；没有听到前代圣明帝王的遗言，就不知道学问的渊博。

【原文】

干、越、夷、貉之子，生而同声，长而异俗，教使之然也。

【译文】

吴同、越国、夷族、貉族的孩子，生下来啼哭的声音都相同，长大了习俗却不同，这是教化使他们这样的啊。

【原文】

神莫大于化道，福莫长于无祸。

【译文】

精神修养没有比融化于圣贤的道德更高的了，幸福没有比无灾无难更大的了。

【原文】

登高而招，臂非加长也，而见者远；顺风而呼，声非加疾也，而闻者彰。

【译文】

登上高处招手，手臂并没有加长，但远处的人能看得见；顺着风向呼喊，声音并没有加强，但听见的人觉得很清楚。

【原文】

假舆马者，非利足也，而致千里；假舟楫者，非能水也，而绝江河。假圣智者，非神明也，而成霸业。

【译文】

凭借车马的人，并不是善于走路，却能到达千里之外；凭借船、桨的人，并不是善于游泳，但能渡过江河。凭借圣贤的智慧，并不是善于治理，但能成就霸业。

【原文】

君子生非异也，善假于物也。

【译文】

君子生性并非与人不同，只是善于凭借外物罢了。

【原文】

故君子居必择乡，游必就士，所以防邪辟而近中正也。

【译文】

所以君子居住时必须选择乡里，外出交游时必须接近贤士，这是防止自己误入邪途而接近正道的方法。

【原文】

物类之起，必有所始。荣辱之来，必象其德。

【译文】

各种事物的发生，一定有它的起因；荣誉或耻辱的来临，必定与他的德行相应。

【原文】

肉腐出虫，鱼枯生蠹。怠慢忘身，祸灾乃作。

【译文】

肉腐烂了就生蛆，鱼枯死了就生虫。懈怠疏忽而忘记了自身，灾祸就会发生。

【原文】

强自取柱，柔自取束。邪秽在身，怨之所构。

【译文】

刚强的东西自己招致折断，柔弱的东西自己招致约束。邪恶污秽的东西存在于自身，是怨恨集结的原因。

【原文】

施薪若一，火就燥也，平地若一，水就湿也。草木畴生，禽兽群焉，物各从其类也。

【译文】

铺开的柴草好像一样，但火总是向干燥的柴草烧去；平整的土地好像一样，但水总是向低湿的地方流去。草木按类生长，禽兽合群活动，万物都各自依附它们的同类。

【原文】

是故质的张，而弓矢至焉；林木茂，而斧斤至焉；树成荫，而众鸟息焉。醯酸，而蜹聚焉。故言有召祸也，行有招辱也，君子慎其所立乎！

【译文】

所以箭靶一张设，弓箭就向这里射来了；森林的树木一茂盛，斧头就来这里砍伐了；树木一成荫，群鸟就来这里栖息了；醋一变酸，蚊子就汇集到这里了。所以说话有时会招来灾祸，做事有时会招致耻辱，君子要小心自己的立身行事啊！

【原文】

积土成山，风雨兴焉；积水成渊，蛟龙生焉；积善成德，而神明自得，圣心备焉。

【译文】

积聚泥土成了高山，风雨就会在那里兴起；积蓄水流成了深潭，蛟龙就会在那里生长；积累善行成了有道德的人，自会心智澄明，而圣人的思想境界也就具备了。

【原文】

故不积跬步，无以至千里；不积小流，无以成江海。

【译文】

所以不积累起一步两步，就无法到达千里之外；不汇积细小的溪流，就不能成为江海。

【原文】

骐骥一跃，不能十步；驽马十驾，功在不舍。锲而舍之，朽木不折；锲而不舍，金石可镂。

【译文】

骏马一跃，不会满六丈；劣马跑十天也能跑完千里的路程，它的成功在于不停脚。雕刻东西，如果刻一下就把它放在一边，那就是腐烂的木头也不能刻断；如果不停地刻下去，那么金属和石头都能雕空。

【原文】

螾无爪牙之利，筋骨之强，上食埃土，下饮黄泉，用心一也。蟹八跪而二螯，非蛇、蟺之穴，无可寄托者，用心躁也。

【译文】

蚯蚓没有锋利的爪子和牙齿，也没有强壮的筋骨，但它能吃到地上的尘土，喝到地下的泉水，这是因为它用心专一；螃蟹有八只脚两只螯，但如果没有蛇、鳝的洞穴就无处栖身，这是因为它用心浮躁。

【原文】

是故无冥冥之志者，无昭昭之明；无惛惛之事者，无赫赫之功。

【译文】

所以没有潜心钻研的精神，就不会有洞察一切的聪明；没有默默无闻的工作，就不会有显赫卓著的功绩。

【原文】

行衢道者不至，事两君者不容。目不能两视而明，耳不能两听而聪。

【译文】

徘徊于歧路的人到不了目的地，同时侍奉两个君主的人不能被双方所接受。眼睛不能同时看两个东西而全都看清楚，耳朵不能同时听两种声音而全都听明白。

【原文】

故君子结于一也。

【译文】

所以君子学习时总是把精神集中在一点上。

【原文】

昔者瓠巴鼓瑟，而流鱼出听；伯牙鼓琴，而六马仰秣。故声无小而不闻，行无隐而不形。

【译文】

从前瓠巴一弹瑟而沉没在水底的鱼都浮出水面来听，伯牙一弹琴而拉车的六匹马都抬起头来咧着嘴听。所以声音没有小得听不见的，行动没有隐蔽得不显露的。

【原文】

玉在山而草木润，渊生珠而崖不枯。

【译文】

宝玉蕴藏在山中，山上的草木都会滋润；深潭里生了珍珠，潭岸就不显得干枯。

【原文】

为善不积邪，安有不闻者乎！

【译文】

是不能坚持做好事因而善行没有积累起来吧！否则，哪有不被人知道的呢？

【原文】

其数则始乎诵经，终乎读礼；其义则始乎为士，终乎为圣人。

【译文】

从学习的科目来说，是从诵读《书》《诗》等经典开始，到阅读《礼》为止；从学习的意义来说，是从做一个读书人开始，到成为圣人为止。

【原文】

真积力久则入，学至乎没而后止也。故学数有终，若其义则不可须臾舍也。

【译文】

诚心积累，长期努力，就能深入，学到老死然后才停止。所以从学习的科目来说，是有尽头的；但如果从学习的意义来说，那么学习是片刻也不能丢的。

【原文】

为之，人也；舍之，禽兽也。

【译文】

致力于学习，就成为人；放弃学习，就成了禽兽。

【原文】

故书者，政事之纪也；诗者，中声之所止也；礼者，法之大兮，类之纲纪也。故学至乎礼而止矣，夫是之谓道德之极。礼之敬文也，乐之中和也，诗书之博也，春秋之微也，在天地之间者毕矣。

【译文】

《尚书》，是政事的记载；《诗》，是和谐的音乐所附丽的篇章；《礼》，是行为规范的要领、具体准则的总纲。所以学到《礼》就到头了，这可以叫做达到了道德的顶点。《礼》的肃敬而有文饰，《乐》的中正而又和谐，《诗》、《书》的内容渊博，《春秋》的词意隐微，存在于天地之间的道理都包括在这些典籍中了。

【原文】

古之学者为己，今之学者为人。

【译文】

古代的学者学习是为了提高自己，现在的学者学习是为了给别人看。

【原文】

君子之学也，以美其身；小人之学也，以为禽犊。

【译文】

君子的学习，是用它来完美自己的身心；小人的学习，只是把学问当作家禽、小牛之类的礼物去讨人好评。

【原文】

《礼》、《乐》法而不说，《诗》、《书》故而不切，《春秋》约而不速。

【译文】

《礼》、《乐》记载法度而未加详细解说，《诗》、《书》记载旧事而不切近现实，《春秋》文简辞约而不易迅速理解。

【原文】

方其人之习君子之说，则尊以遍矣，周于世矣。故曰：学莫便乎近其人。

【译文】

仿效贤师而学习君子的学说，那就能养成崇高的品德并获得广博的知识，也能通晓世事了。所以说：学习没有比接近那理想的良师益友更便利的了。

【原文】

学之经莫速乎好其人，隆礼次之。

【译文】

学习的途径没有比心悦诚服地受教于贤师更迅速有效的了，尊崇礼仪就比它差一等。

【原文】

上不能好其人，下不能隆礼，安特将学杂识志，顺《诗》、《书》而已耳。则末世穷年，不免为陋儒而已。

【译文】

如果上不能对贤师中心悦服，下不能尊崇礼仪，而只学些杂乱的知识、读通《诗》、《书》，那么直到老死，也不过是个学识浅陋的书生罢了。

【原文】

将原先王，本仁义，则礼正其经纬蹊径也。

【译文】

至于想要追溯先王的道德，寻求仁义的根本，那么遵行礼法正是那四通八达的途径。

【原文】

不道礼宪，以《诗》、《书》为之，譬之犹以指测河也，以戈舂黍也，以锥餐壶也，不可以得之矣。

【译文】

不遵行礼法，而只是依《诗》、《书》来立身行事，将它打个比方来说，就像用手指去测量河流的深浅，用长戈去舂捣黍子，用锥子代替筷子到饭壶中吃饭一样，是不可能达到目的的。

【原文】

故隆礼，虽未明，法士也；不隆礼，虽察辩，散儒也。

【译文】

所以尊崇礼仪，即使对其精义领会得还不够透彻，不失为一个崇尚礼法的士人；不尊崇礼仪，即使明察善辩，也不过是一个思想涣散的文人。

【原文】

问楛者，勿告也；告楛者，勿问也；说楛者，勿听也。有争气者，勿与辩也。

【译文】

问粗野恶劣之事的人，就不要告诉他；告诉你粗野恶劣之事的人，就不要去问他；谈论粗野恶劣之事的人，就不要去听他；有争强好胜脾气的人，就不要和他争辩。

【原文】

故礼恭，而后可与言道之方；辞顺，而后可与言道之理；色从，而后可与言道之致。

【译文】

所以请教的人礼貌恭敬，然后才可以和他谈论有关道的学习方法；他说话和顺，然后才可以和他谈论有关道的具体内容；他的面色流露出谦虚顺从，然后才可以和他谈论有关道的最精深的义蕴。

【原文】

故未可与言而言，谓之傲；可与言而不言，谓之隐；不观气色而言，谓瞽。故君子不傲、不隐、不瞽，谨顺其身。

【译文】

还不可以跟他说却说了，叫做急躁；可以跟他说却不说，叫做隐瞒；不观察对方的气色就和他说了，叫做盲目。所以君子不急躁、不隐瞒、不盲目，谨慎地顺着那说话的对象来发言。

【原文】

百发失一，不足谓善射；千里跬步不至，不足谓善御；伦类不通，仁义不一，不足谓善学。

【译文】

射出一百支箭，只要有一支没有射中，就不能称之为善于射箭；赶一千里路程，即使还有一两步没能走完，就不能称之为善于驾车；伦理规范不能贯通，仁义之道不能一心一意地奉行，就不能称之为善于学习。

【原文】

学也者，固学一之也。

【译文】

学习嘛，本来就要一心一意地坚持下去。

【原文】

君子知夫不全不粹之不足以为美也，故诵数以贯之，思索以通之，为其人以处之，除其害者以持养之。使目非是无欲见也，使耳非是无欲闻也，使口非是无欲言也，使心非是无欲虑也。

【译文】

君子知道那学习礼义不全面不纯粹是不能够称之为完美的，所以诵读群书以求融会贯通，思考探索以求领会通晓，效法良师益友来实践它，去掉自己有害的作风来保养它；使自己的眼睛不是正确的东西就不想看，使自己的耳朵不是正确的东西就不想听，使自己的嘴巴不是正确的东西就不想说，使自己的脑子不是正确的东西就不想考虑。

【原文】

及至其致好之也，目好之五色，耳好之五声，口好之五味，心利之有天下。

【译文】

等到了那极其爱好礼义的时候，就好像眼睛喜爱青、黄、赤、白、黑五种颜色，耳朵喜欢宫、商、角、徵、羽五种音调，嘴巴喜欢甜、咸、酸、苦、辣五种味道，心里贪图拥有天下一样。

【原文】

是故权利不能倾也，群众不能移也，天下不能荡也。生乎由是，死乎由是，夫是之谓德操。

【译文】

因此权势利禄不能够使他倾倒，人多势众不能够使他变心，整个天下不能够使他动摇。活着遵循这礼义，就是死也是为了遵循这礼义，这就叫做道德操守。

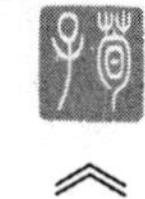

【原文】

天见其明，地见其光，君子贵其全也。

【译文】

天显现出它的明亮，地显现出它的广阔，君子的可贵则在于他德行的完美无缺。

修身篇第二

【原文】

见善，修然必以自存也；见不善，愀然必以自省也。善在身，介然必以自好也；不善在身，菑然必以自恶也。

【译文】

看到善良的行为，一定一丝不苟地拿它来对照自己；看到不好的行为，一定心怀恐惧地拿它来反省自己。善良的品行在自己身上，一定因此而坚定不移地爱好自己；不良的品行在自己身上，一定因此而被害似地痛恨自己。

【原文】

故非我而当者，吾师也；是我而当者，吾友也；谄谀我者，吾贼也。

【译文】

所以指责我而指责得恰当的人，就是我的老师；赞同我而赞同得恰当的人，就是我的朋友；阿谀奉承我的人，就是害我的贼人。

【原文】

故君子隆师而亲友，以致恶其贼；好善无厌，受谏而能诫，虽欲无进，得乎哉？小人反是，致乱，而恶人之非己也；致不肖，而欲人之贤己也；心如虎狼，行如禽兽，而又恶人之贼己也；谄谀者亲，谏诤者疏，修正为笑，至忠为贼，虽欲无灭亡，得乎哉？

【译文】

君子尊崇老师、亲近朋友，而极端憎恨那些贼人；爱好善良的品行永不满足，受到劝告就能警惕，那么即使不想进步，可能么？小人则与此相反，自己极其昏乱，却还憎恨别人对自己的责备；自己极其无能，却要别人说自己贤能；自己的心地像虎、狼，行为像禽兽，却又恨别人指出其罪恶；对阿谀奉承自己的就亲近，对规劝自己改正错误的就疏远，把善良正直的话当作对自己的讥笑，把极端忠诚的行为看成是对自己的戕害，这样的人即使想不灭亡，可能么？

【原文】

扁善之度，以治气养生，则身后彭祖；以修身自强，则名配尧、禹。

【译文】

使人无往而不善的是以礼为法度，用以调气养生，就能使自己的寿命仅次于彭祖；用以修身自强，就能使自己的名声和尧、禹相媲美。

【原文】

宜于时通，利以处穷，礼信是也。

【译文】

礼义才真正是既适宜于显达时立身处世，又有利于穷困中立身处世。

【原文】

故人无礼则不生，事无礼则不成，国家无礼则不宁。

【译文】

所以人没有礼义就不能生存，事情没有礼义就不能办成，国家没有礼义就不得安宁。

【原文】

治气、养心之术：血气刚强，则柔之以调和；知虑渐深，则一之以易良；勇胆猛戾，则辅之以道顺；齐给便利，则节之以动止；狭隘褊小，则廓之以广大；卑湿重迟贪利，则抗之以高志；庸众驽散，则劫之以师友；怠慢僄弃，则炤之以祸灾；愚款端悫，则合之以礼乐，通之以思索。

【译文】

理气养心的方法是：对血气刚强的，就用心平气和来柔化他；对思虑过于深沉的，就用坦率善良来同化他；对勇敢大胆凶猛暴戾的，就用不可越轨的道理来帮助他；对行动轻易急速的，就用举止安静来节制他；对胸怀狭隘气量很小的，就用宽宏大量来扩展他；对卑下迟钝贪图利益的，就用高尚的志向来提高他；对庸俗平凡低能散漫的，就用良师益友来管教他；对怠慢轻浮自暴自弃的，就用将会招致的灾祸来提醒他；对愚钝朴实端庄拘谨的，就用礼制音乐来协调他，用思考探索来开通他。

【原文】

志意修则骄富贵，道义重则轻王公；内省而外物轻矣。

【译文】

志向美好就能傲视富贵，把道义看得重就能藐视天子、诸侯；内心反省注重了，那么身外之物就微不足道了。

【原文】

体恭敬而心忠信，术礼义而情爱人；横行天下，虽困四夷，人莫不贵。

【译文】

外貌恭敬而内心忠诚，遵循礼义而又有爱人的情感，这样的人走遍天下，即使困厄在四方的少数民族地区，人们也没有不尊重他们的。

【原文】

体倨固而心执诈，术顺墨而精杂污；横行天下，虽达四方，人莫不贱。劳苦之事则偷儒转脱，饶乐之事则佞兑而不曲，辟违而不悫，程役而不录：横行天下，虽达四方，人莫不弃。

【译文】

外貌骄傲固执而内心狡猾诡诈，遵循慎到、墨翟的一套而精神驳杂污秽，这样的人走遍天下，即使不论到什么地方都飞黄腾达，人们也没有不卑视他们的；劳累辛苦的事就偷懒怕事，转身逃脱，有利享乐的事就施展快嘴利舌去争抢而不退缩，邪僻恶劣而不拘谨，放纵自己的欲望而不检束，这样的人走遍天下，即使不论到什么地方都飞黄腾达，人们也没有不厌弃他们的。

【原文】

故跬步而不休，跛鳖千里；累土而不辍，丘山崇成；厌其源，开其渎，江河可竭；一进一退，一左一右，六骥不致。

【译文】

所以一步二步地走个不停，瘸了腿的甲鱼也能走到千里之外；堆积泥土不中断，土山终究能堆成；塞住那水源，开通那沟渠，那么长江黄河也可以被弄干；一会儿前进一会儿后退，一会儿向左一会儿向右，就是六匹骏马拉车也不能到达目的地。

【原文】

道虽迩，不行不至；事虽小，不为不成。

【译文】

路程即使很近，但不走就不能到达；事情即使很小，但不做就不能成功。

【原文】

好法而行，士也；笃志而体，君子也；齐明而不竭，圣人也。

【译文】

爱好礼法而尽力遵行的，是学士；意志坚定而身体力行的，是君子；无所不明而其思虑又永不枯竭的，是圣人。

【原文】

礼者，所以正身也；师者，所以正礼也。

【译文】

礼法，是用来端正身心的；老师，是用来正确阐明礼法的。

【原文】

礼然而然，则是情安礼也；师云而云，则是知若师也。

【译文】

礼法是这样规定的就这样做，这是他的性情安于礼法；老师是这样说的他就这样说，这是他的理智顺从老师。

【原文】

老老而壮者归焉，不穷穷而通者积焉，行乎冥冥而施乎无报，而贤不肖一焉。

【译文】

尊敬老年人，那么壮年人也就来归附了；不使固陋无知的人困窘，那么通达事理的人也就汇聚来了；在暗中做好事而施舍给无力报答的人，那么贤能的人和无能的人都会聚拢来了。

【原文】

人有此三行，虽有大过，天其不遂乎！

【译文】

人有了这三种德行，即使有大的过失，老天恐怕也不会毁灭他的吧！

【原文】

君子之求利也略，其远害也早，其避辱也惧，其行道理也勇。

【译文】

君子对于求取利益是漫不经心的，他对于避开祸害是早做准备的，他对于避免耻辱是诚惶诚恐的，他对于奉行道义是勇往直前的。

【原文】

君子贫穷而志广，富贵而体恭，安燕而血气不惰，劳倦而容貌不枯，怒不过夺，喜不过予。是法胜私也。

【译文】

君子即使贫穷困窘，但志向还是远大的；即使富裕高贵，但体貌还是恭敬的；即使安逸，但精神并不懈怠懒散；即使疲倦，但容貌并不无精打采；即使发怒，也不过分地处罚别人；即使高兴，也不过分地奖赏别人。这是因为他奉行礼法的观念胜过了他的私情。

不苟篇第三

【原文】

君子行不贵苟难，说不贵苟察，名不贵苟传，唯其当之为贵。

【译文】

君子对于行为，不以不正当的难能为可贵；对于学说，不以不正当的明察为宝贵；对于名声，不以不正当的流传为珍贵；只有行为、学说、名声符合了礼义才是宝贵的。

【原文】

君子易知而难狎，易惧而难胁，畏患而不避义死，欲利而不为所非，交亲而不比，言辩而不辞。荡荡乎！其有以殊于世也。

【译文】

君子容易结交，但难以勾搭；容易恐惧，但难以胁迫；害怕祸患，但不逃避为正义而牺牲；希望得利，但不做自己认为是错误的事；与人结交很亲密，但不勾结；言谈雄辩，但不玩弄辞藻。胸怀是多么宽广啊！他是和世俗有所不同的。

【原文】

君子能亦好，不能亦好；小人能亦丑，不能亦丑。

【译文】

君子有才能也是美好的，没有才能也是美好的；小人有才能也是丑恶的，没有才能也是丑恶的。

【原文】

君子宽而不僈，廉而不刿，辩而不争，察而不激。寡立而不胜，坚强而不暴，柔从而不流，恭敬谨慎而容。夫是之谓至文。

【译文】

君子宽宏大量，但不懈怠马虎；方正守节，但不尖刻伤人；能言善辩，但不去争吵；洞察一切，但不过于激切；卓尔不群，但不盛气凌人；坚定刚强，但不粗鲁凶暴；宽柔和顺，但不随波逐流；恭敬谨慎，但待人宽容。这可以称为最文雅最合乎礼义的了。

【原文】

君子崇人之德，扬人之美，非谄谀也；正义直指，举人之过，非毁疵也；言己之光美，拟于舜禹，参于天地，非夸诞也；与时屈伸，柔从若蒲苇，非慑怯也；刚强猛毅，靡所不信，非骄暴也；以义变应，知当曲直故也。

【译文】

君子推崇别人的德行，赞扬别人的优点，并不是出于谄媚阿谀；公正地议论、直接地指出别人的过错，并不是出于诋毁挑剔；说自己十分美好，可以和舜、禹相比拟，和天地相并列，并不是出于浮夸欺骗；随着时势或退缩或进取，柔顺得就像香蒲和芦苇一样，并不是出于懦弱胆怯；刚强坚毅，没有什么地方不挺直，并不是出于骄傲横暴。这些都是根据道义来随机应变、知道该屈曲就屈曲该伸直就伸直的缘故啊。

【原文】

君子，小人之反也。君子大心则敬天而道，小心则畏义而节；知则明通而类，愚则端悫而法；见由则恭而止，见闭则敬而齐；喜则和而治，忧则静而理；通则文而明，穷则约而详。

【译文】

君子，是小人的反面。如果君子心往大的方面用，就会敬奉自然而遵循规律；如果心往小的方面用，就会敬畏礼义而有所节制；如果聪明，就会明智通达而触类旁通；如果愚钝，就会端正诚笃而遵守法度；如果被起用，就会恭敬而不放纵；如果不见用，就会戒慎而整治自己；如果高兴了，就会平和地去治理；如果忧愁了，就会冷静地去处理；如果显贵，就会文雅而明智；如果困窘，就会自我约束而明察事理。

【原文】

小人则不然，大心则慢而暴，小心则淫而倾；知则攫盗而渐，愚则毒贼而乱；见由则兑而倨，见闭则怨而险；喜则轻而翾，忧则挫而慑；通则骄而偏，穷则弃而儑。

【译文】

小人就不是这样，如果心往大的方面用，就会傲慢而粗暴；如果心往小的方面用，就会邪恶而倾轧别人；如果聪明，就会巧取豪夺而用尽心机；如果愚钝，就会狠毒残忍而作乱；如果被起用，就会高兴而傲慢；如果不见用，就会怨恨而险恶；如果高兴了，就会轻浮而急躁；如果忧愁了，就会垂头丧气而心惊胆战；如果显贵，就会骄横而不公正；如果困窘，就会自暴自弃而志趣卑下。

【原文】

国乱而治之者，非案乱而治之之谓也，去乱而被之以治。人污而修之者，非案污而修之之谓也，去污而易之以修。

【译文】

国家混乱而去整治它，并不是说在那混乱的基础上去整治它，而是要除去混乱，再给它加上有秩序。就像人的外表或思想肮脏了而去整治他一样，并不是说在那肮脏的基础上去整治他，而是要除去肮脏而换上美好的外表或思想。

【原文】

君子洁其身而同焉者合矣，善其言而类焉者应矣。

【译文】

君子整洁自己的身心，因而和他志同道合的人就聚拢来了；完善自己的学说，因而和他观点相同的人就来响应了。

【原文】

君子养心莫善于诚，致诚，则无它事矣。

【译文】

君子保养身心没有比真诚更好的了，做到了真诚，那就没有其他的事情了。

【原文】

天不言而人推高焉，地不言而人推厚焉，四时不言而百姓期焉：夫此有常以至其诚者也。

【译文】

上天不说话而人们都推崇它高远，大地不说话而人们都推崇它深厚，四季不说话而百姓都知道春、夏、秋、冬变换的时期：这些都是有了常规因而达到真诚的。

【原文】

君子位尊而志恭，心小而道大；所听视者近，而所闻见者远。

【译文】

君子地位尊贵了，而内心仍很恭敬；心只有方寸之地，但心怀的理想却很远大；能听到、能看到的很近，而听见、看见的东西却很远。

【原文】

公生明，偏生暗；端悫生通，诈伪生塞；诚信生神，夸诞生惑。

【译文】

公正会产生聪明，偏私会产生愚昧；端正谨慎会产生通达，欺诈虚伪会产生闭塞；真诚老实会产生神明，大言自夸会产生糊涂。

【原文】

欲恶取舍之权：见其可欲也，则必前后虑其可恶也者；见其可利也，则必前后虑其可害也者；而兼权之，孰计之，然后定其欲恶取舍。如是则常不失陷矣。

【译文】

是追求还是厌恶、是摄取还是舍弃的权衡标准是：看见那可以追求的东西，就必须前前后后考虑一下它可厌的一面；看到那可以得利的东西，就必须前前后后考虑一下它可能造成的危害；两方面权衡一下，仔细考虑一下，然后决定是追求还是厌恶、是摄取还是舍弃。像这样就往往不会失误了。

荣辱篇第四

【原文】

与人善言，暖于布帛；伤人之言，深于矛戟。

【译文】

和别人说善意的话，比给他穿件衣服还温暖；用恶语伤人，就比矛戟刺得还深。

【原文】

快快而亡者，怒也；察察而残者，忮也；博而穷者，訾也；清之而俞浊者，口也；豢之而俞瘠者，交也；辩而不说者，争也；直立而不见知者，胜也；廉而不见贵者，刿也；勇而不见惮者，贪也；信而不见敬者，好刬行也。此小人之所务，而君子之所不为也。

【译文】

痛快一时却导致死亡的，是由于忿怒；明察一切而遭到残害的，是由于嫉妒；知识渊博而处境困厄的，是由于毁谤；想要澄清而愈来愈混沌，是由

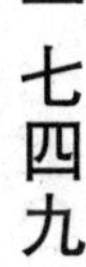

于口舌；供养款待别人而交情越来越淡薄，是由于待人接物不当；能言善辩而不被人喜欢，是由于好争执；立身正直而不被人理解，是由于盛气凌人；方正守节而不受人尊重，是由于尖刻伤人；勇猛无比而不受人敬畏，是由于贪婪；恪守信用而不受人尊敬，是由于喜欢独断专行。这些都是小人所干的，是君子所不干的。

【原文】

凡斗者，必自以为是而以人为非也。

【译文】

凡是斗殴的人，一定认为自己是对的而认为别人是错的。

【原文】

义之所在，不倾于权，不顾其利，举国而与之不为改视，重死、持义而不桡，是士君子之勇也。

【译文】

合乎道义的地方，就不屈服于权势，不顾自己的利益，把整个国家都给他他也不改变观点，虽然看重生命，但坚持正义而不屈不挠，这是士君子的勇敢。

【原文】

挂于患而欲谨，则无益矣。自知者不怨人，知命者不怨天；怨人者穷，怨天者无志。

【译文】

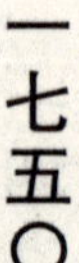

困在灾祸之中再想小心谨慎，就毫无裨益了。有自知之明的人不怪怨别

人，懂得命运的人不埋怨老天；怪怨别人的人就会走投无路，埋怨老天的人是没有见识。

【原文】

荣辱之大分、安危利害之常体：先义而后利者荣，先利而后义者辱；荣者常通，辱者常穷；通者常制人，穷者常制于人：是荣辱之大分也。

【译文】

光荣和耻辱的主要区别、安危利害的一般情况是：先考虑道义而后考虑利益的就会得到光荣，先考虑利益而后考虑道义的就会受到耻辱；光荣的人常常通达，耻辱的人常常穷困；通达的人常常统治人，穷困的人常常被人统治：这就是光荣和耻辱的主要区别。

【原文】

夫天生蒸民，有所以取之。志意致修，德行致厚，智虑致明，是天子之所以取天下也。

【译文】

自然界造就了众人，都有取得各自生存条件的缘由。思想极其美好，德行极其宽厚，谋虑极其英明，这是天子取得天下的缘由。

【原文】

故君子者，信矣，而亦欲人之信己也；忠矣，而亦欲人之亲己也；修正治辨矣，而亦欲人之善己也。虑之易知也，行之易安也，持之易立也，成则必得其所好，必不遇其所恶焉。

【译文】

至于君子，对别人说真话，也希望别人相信自己；对别人忠诚，也希望别人亲近自己；善良正直而处理事务合宜，也希望别人赞美自己。他们考虑问题容易明智，做起事来容易稳妥，坚持的主张容易成立，结果就一定能得到他们所喜欢的光荣和利益，一定不会遭受他们所厌恶的耻辱和祸害。

【原文】

仁义德行，常安之术也，然而未必不危也；污僈突盗，常危之术也，然而未必不安也。

【译文】

奉行仁义道德，是常常能得到安全的办法，然而不一定就不发生危险；污秽卑鄙强取豪夺，是常常会遭受危险的办法，但是不一定就得不到安全。

【原文】

尧、禹者，非生而具者也，夫起于变故，成乎修，修之为，待尽而后备者也。

【译文】

尧、禹这种人，并不是生下来就具备了当圣贤的条件，而是从改变他原有的本性开始，由于整治身心才成功的，而整治身心的所作所为，是等到原有的恶劣本性都除去了而后才具备的啊。

【原文】

君子非得势以临之，则无由得开内焉。人无师、无法，则其心正其口腹也。

【译文】

君子如果不能得到权势来统治他们，那就没有办法打开他们的心窍来向他们灌输好思想。人没有老师教导、没有法度约束，那么他们的心灵也就完全和他们的嘴巴肠胃一样只知吃喝了。

【原文】

人之情：食，欲有刍豢；衣，欲有文绣；行，欲有舆马；又欲夫余财蓄积之富也；然而穷年累世不知不足，是人之情也。

【译文】

人之常情：吃东西，希望有美味佳肴；穿衣服，希望有绣着彩色花纹的绸缎；出行，希望有车马；又希望富裕得拥有绰绰有余的财产积蓄；然而他们一年到头、世世代代都知道财物不足，这就是人之常情。

【原文】

短绠不可以汲深井之泉，知不几者不可与及圣人之言。

【译文】

短绳不可以用来汲取深井中的泉水，知识不到家的人就不能和他论及圣人的言论。

【原文】

以治情则利，以为名则荣，以群则和，以独则足，乐意者其是邪！

【译文】

用它们来调理情欲，就能得到好处；用它们来成就名声，就会荣耀；用它们来和众人相处，就能和睦融洽；用它们来独善其身，那就能心情快乐；想来大概就是这样的吧！

【原文】

夫贵为天子，富有天下，是人情之所同欲也；然则从人之欲，则势不能容，物不能赡也。故先王案为之制礼义以分之，使有贵贱之等，长幼之差，知愚、能不能之分，皆使人载其事而各得其宜，然后使悫禄多少厚薄之称，是夫群居和一之道也。

【译文】

高贵得做天子，富裕得拥有天下，这是人心所共同追求的；但如果顺从人们的欲望，那么从权势上来说是不能容许的，从物质上来说是不能满足的。所以古代圣明的帝王给人们制定了礼义来区别他们，使他们有高贵与低贱的等级，有年长与年幼的差别，有聪明与愚蠢、贤能与无能的分别，使他们每人都承担自己的工作而各得其所，然后使俸禄的多少厚薄与他们的地位和工作相称，这就是使人们群居在一起而能协调一致的办法啊。

【原文】

故仁人在上，则农以力尽田，贾以察尽财，百工以巧尽械器，士大夫以上至于公侯莫不以仁厚知能尽官职，夫是之谓至平。

【译文】

所以仁人处在君位上，那么农民就把自己的力量全部用在种地上，商人就把自己的精明全都用在理财上，各种工匠就把自己的技巧全都用在制造器械上，士大夫以上直到公侯没有不将自己的仁慈宽厚聪明才能都用在履行公职上，这种情况叫做大治。

非相篇第五

【原文】

故相形不如论心，论心不如择术。形不胜心，心不胜术。术正而心顺之，则形相虽恶而心术善，无害为君子也；形相虽善而心术恶，无害为小人也。

【译文】

观察人的相貌不如考察他的思想，考察他的思想不如鉴别他立身处世的方法。相貌不如思想重要，思想不如立身处世方法重要。立身处世方法正确而思想又顺应了它，那么形体相貌即使丑陋而思想和立身处世方法是好的，不会妨碍他成为君子；形体相貌即使好看而思想与立身处世方法丑恶，不能掩盖他成为小人。

【原文】

君子之谓吉，小人之谓凶。故长短、小大、善恶形相，非吉凶也。

【译文】

君子可以说是吉，小人可以说是凶。所以高矮、大小、美丑等形体相貌上的特点，并不是吉凶的标志。

【原文】

人有三不祥：幼而不肯事长，贱而不肯事贵，不肖而不肯事贤，是人之三不祥也。

【译文】

人有三种不吉利的事：年幼的不肯侍奉年长的，卑贱的不肯侍奉尊贵的，没有德才的不肯侍奉贤能的，这是人的三种祸害啊。

【原文】

人之所以为人者何已也？曰：以其有辨也。

【译文】

人之所以成为人，是因为什么呢？我要说：因为人对各种事物的界限都有所区别。

【原文】

以近知远，以一知万，以微知明。

【译文】

根据近世来了解远古；从一件事物来了解上万件事物，由隐微的东西来了解明显的东西。

【原文】

圣人何以不可欺？曰：圣人者，以己度者也。故以人度人，以情度情，以类度类，以说度功，以道观尽，古今一也。类不悖，虽久同理，故乡乎邪曲而不迷，观乎杂物而不惑，以此度之。

【译文】

圣人为什么不能被欺骗呢？这是因为：圣人，是根据自己的切身体验来推断事物的人。所以，他根据现代人的情况去推断古代的人，根据现代的人情去推断古代的人情，根据现代的某一类事物去推断古代同类的事物，根据流传至今的学说去推断古人的功业，根据事物的普遍规律去观察古代的一切，因为古今的情况是一样的。只要是同类而不互相违背的事物，那么即使相隔很久，它们的基本性质还是相同的，所以圣人面对着邪说歪理也不会被迷惑，观察复杂的事物也不会被搞昏，这是因为他能按照这种道理去衡量它们。

【原文】

故君子之于言也，志好之，行安之，乐言之。故君子必辩。

【译文】

君子对于正确的学说，心里喜欢它，行动上一心遵循它，乐意宣传它。所以君子一定是能言善辩的。

【原文】

凡人莫不好言其所善，而君子为甚。故赠人以言，重于金石珠玉；观人以言，美于黼黻文章；听人以言，乐于钟鼓琴瑟。故君子之于言无厌。

【译文】

凡是人没有不喜欢谈论自己认为是好的东西，而君子更是这样。所以君子把善言赠送给别人，觉得比赠送金石珠玉还要贵重；把善言拿给别人看，

觉得比让人观看礼服上的彩色花纹还要华美；把善言讲给别人听，觉得比让人听钟鼓琴瑟还要快乐。所以君子对于善言的宣传永不厌倦。

【原文】

度己以绳，故足以为天下法则矣；接人用抴，故能宽容，因众以成天下之大事矣。

【译文】

用墨线似的准则律己，所以能够使自己成为天下人效法的榜样；用舟船似的胸怀待人，所以能够对他人宽容，也就能依靠他人来成就治理天下的大业了。

【原文】

凡人莫不好言其所善，而君子为甚焉。是以小人辩，言险；而君子辩，言仁也。

【译文】

凡是人没有不喜欢谈论自己认为是好的东西，而君子更胜过一般人。小人能说会道，是宣扬险恶之术；而君子能说会道，是宣扬仁爱之道。

【原文】

故君子之行仁也无厌，志好之，行安之，乐言之，故言君子必辩。

【译文】

所以君子奉行仁爱之道从不厌倦，心里喜欢它，行动上一心遵循它，乐意谈论它，所以说君子一定是能说会道的。

【原文】

不先虑，不早谋，发之而当，成文而类，居错、迁徙，应变不穷，是圣人之辩者也。

【译文】

不预先考虑，不早作谋划，一发言就很得当，既富有文采，又合乎礼法，措辞和改换话题，都能随机应变而不会穷于应答，这是圣人式的辩说。

【原文】

先虑之，早谋之，斯须之言而足听，文而致实。博而党正，是士君子之辩者也。

【译文】

预先考虑好，及早谋划好，片刻的发言也值得一听，既有文采又细密实在，既渊博又公正，这是士君子式的辩说。

非十二子篇第六

【原文】

不知壹天下、建国家之权称，上功用，大俭约而僈差等，曾不足以容辨异、县君臣；然而其持之有故，其言之成理，足以欺惑愚众。是墨翟、宋钘也。

【译文】

不懂得统一天下、建立国家的法度，崇尚功利实用，重视节俭而轻慢等

级差别，甚至不容许人与人间有分别和差异的存在，也不让君臣间有上下的悬殊；但是他们立论时却有根有据，他们解说论点时又有条有理，足够用来欺骗蒙蔽愚昧的民众。墨翟、宋钘就是这种人。

【原文】

尚法而无法，下修而好作，上则取听于上，下则取从于俗，终日言成文典，反紃察之，则倜然无所归宿，不可以经国定分；然而其持之有故，其言之成理，足以欺惑愚众。是慎到、田骈也。

【译文】

推崇法治但又没有个法度，卑视贤能的人而喜欢另搞一套，上则听从君主，下则依从世俗，整天谈论制定礼义法典，但反复考察这些典制，就会发现它们迂远得没有一个最终的着落点，不可以用来治理国家、确定名分；但是他们立论时却有根有据，他们解说论点时又有条有理，足够用来欺骗蒙蔽愚昧的民众。慎到、田骈就是这种人。

【原文】

不法先王，不是礼义，而好治怪说，玩琦辞，甚察而不惠，辩而无用，多事而寡功，不可以为治纲纪；然而其持之有故，其言之成理，足以欺惑愚众。是惠施、邓析也。

【译文】

不效法古代圣明的帝王，不赞成礼义，而喜欢钻研奇谈怪论，玩弄奇异的词语，非常明察但毫无用处，雄辩动听但不切实际，做了很多事但功效却很少，不可以作为治国的纲领；但是他们立论时却有根有据，他们解说论点时又有条有理，足够用来欺骗蒙蔽愚昧的民众。惠施、邓析就是这种人。

【原文】

无置锥之地，而王公不能与之争名；在一大夫之位，则一君不能独畜，一国不能独容，成名况乎诸侯，莫不愿以为臣，是圣人之不得势者也，仲尼、子弓是也。

【译文】

他们虽然没有立锥之地，但天子诸侯不能与之竞争名望；他们虽然只是处在一个大夫的职位上，但不是一个诸侯国的国君所能单独任用，不是一个诸侯国所能单独容纳，他们的盛名比同于诸侯，各国诸侯无不愿意让他们来当自己的臣子。这是圣人中没有得到权势的人啊，孔子、子弓就是这种人。

【原文】

一天下，财万物，长养人民，兼利天下；通达之属，莫不从服，六说者立息，十二子者迁化。则圣人之得势者，舜、禹是也。

【译文】

统一天下，管理万物，养育人民，使天下人都得到好处；凡能到达的地方，没有人不服从，上述六种学说立刻销声匿迹，十二个人也弃邪从正。这是圣人中得到了权势的人啊，舜、禹就是这种人。

【原文】

信信，信也；疑疑，亦信也。贵贤，仁也；贱不肖，亦仁也。言而当，知也；默而当，亦知也。故知默犹知言也。

【译文】

相信可信的东西，是确信；怀疑可疑的东西，也是确信。尊重贤能的人，是仁爱；卑视不贤的人，也是仁爱。说得恰当，是明智；沉默得恰当，也是明智。所以懂得在什么场合下沉默不言等于懂得如何来说话。

【原文】

兼服天下之心：高上尊贵不以骄人，聪明圣知不以穷人，齐给速通不争先人，刚毅勇敢不以伤人。不知则问，不能则学；虽能必让，然后为德。

【译文】

使天下人对自己心悦诚服的办法是：高高在上、职位尊贵，但不因此而傲视别人；聪明睿智、通达事理，但不因此而使人难堪；才思敏捷、迅速领悟，但不在别人面前抢先逞能；刚强坚毅、勇敢大胆，但不因此而伤害别人。不懂就请教，不会就学习；即使能干也一定谦让，这样才算有道德。

仲尼篇第七

【原文】

仲尼之门，五尺之竖子，言羞称乎五伯。

【译文】

孔子的门下，五尺高的童子，说起话来都以称道五霸为羞耻。

【原文】

致贤而能以救不肖，致强而能以宽弱，战必能殆之而羞与之斗。

【译文】

他们自己极其贤能，能够去救助不贤的国君；自己极其强大，能够宽容弱国；打起仗来一定能够使对方危亡，而耻于和他们进行战斗。

【原文】

持宠、处位、终身不厌之术：主尊贵之，则恭敬而僔；主信爱之，则谨慎而嗛；主专任之，则拘守而详；主安近之，则慎比而不邪；主疏远之，则全一而不倍；主损绌之，则恐惧而不怨；贵而不为夸；信而不忘处谦；任重而不敢专；财利至，则言善而不及也，必将尽辞让之义然后受；福事至则和而理，祸事至则静而理；富则施广，贫则用节；可贵、可贱也，可富、可贫也，可杀而不可使为奸也；是持宠、处位、终身不厌之术也。虽在贫穷徒处之势，亦取象于是矣，夫是之谓吉人。

【译文】

保持尊宠、守住官位、终身不被人厌弃的方法是：君主尊敬重视你，你就恭敬而谦退；君主信任喜爱你，你就谨慎而谦虚；君主一心一意任用你，你就谨慎守职而详明法度；君主喜欢亲近你，你就依顺亲附而不邪恶；君主疏远你，你就全心全意专一于君主而不背叛；君主贬损罢免你，你就恐惧而不埋怨；地位高贵时，不奢侈过度；得到君主信任时，不忘记避嫌疑；担负重任时，不敢独断专行；财物利益来临时，而自己的善行还够不上得到它，就一定要尽到了推让的礼节后再接受；幸福之事来临时就安和地去对待它，灾祸之事来临时就冷静地去处理它；富裕了就广泛施舍，贫穷了就节约费用；能上、能下，可富、可贫，可以杀身成仁却不可以被驱使去做奸邪的事；这些就是保持尊宠、守住官位、终身不被人厌弃的方法。即使处在贫穷孤立的境况下，也能按照这种方法来立身处世，那就可称为吉祥之人。

【原文】

故知者之举事也，满则虑嗛，平则虑险，安则虑危，曲重其豫，犹恐及其祸，是以百举而不陷也。

【译文】

所以明智的人办事的时候，圆满时考虑不足，顺利时考虑艰难，安全时考虑危险，周到地从多方面加以防范，仍然怕遭到祸害，所以办了上百件事也不会失误。

【原文】

孔子曰："巧而好度，必节；勇而好同，必胜；知而好谦，必贤。"

【译文】

孔子说："灵巧而又爱好法度，就一定能做得恰到好处；勇敢而又喜欢和别人同心协力，就一定能胜利；聪明而又喜欢谦虚，就一定会有德才。"

【原文】

以事君则必通，以为仁则必圣，夫是之谓天下之行术。

【译文】

用它来侍奉君主就一定会通达，用它来做人就一定会圣明，这就叫做天下处处行得通的办法。

【原文】

少事长，贱事贵，不肖事贤，是天下之通义也。

【译文】

年轻的侍奉年长的，卑贱的侍奉高贵的，不贤的侍奉贤能的，这是天下的普遍原则。

【原文】

故君子时诎则诎，时伸则伸也。

【译文】

所以君子在时势需要自己屈从忍耐时就屈从忍耐、在时势容许自己施展抱负时就施展抱负。

儒效篇第八

【原文】

儒者，法先王、隆礼义、谨乎臣子而致贵其上者也。

【译文】

儒者，是效法古代的圣明帝王、崇尚礼义、要使臣子谨慎守职而极其敬重他们君主的人。

【原文】

儒者在本朝则美政，在下位则美俗。

【译文】

儒者在朝廷上当官，就能使朝政完美；在下面做个老百姓，就能使风俗

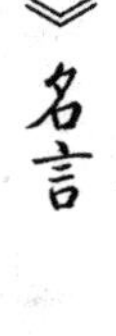
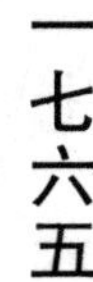

完美。

【原文】

先王之道，仁之隆也，比中而行之。

【译文】

古代圣明帝王的政治原则，是仁德的最高体现，因为他们是顺着中正之道来实行它的。

【原文】

相高下，视肥，序五种，君子不如农人；通财货，相美恶，辨贵贱，君子不如贾人，设规矩，陈绳墨，便备用，君子不如工人。不恤是非、然不然之情，以相荐撙，以相耻怍，君子不若惠施、邓析。

【译文】

观察地势的高低，识别土质的贫瘠与肥沃，安排各种庄稼的种植季节，君子不如农民；使财物流通，鉴别货物的好坏，区别货物的贵贱，君子不如商人；使用圆规和矩尺，弹划墨线，完善各种器具，君子不如工人。不顾是与非、对与不对的实际情况，互相贬抑，互相污辱，君子不如惠施、邓析。

【原文】

事行失中，谓之奸事；知说失中，谓之奸道。

【译文】

事情和行为不得当，就叫做奸邪的事情；知识和学说不得当，就叫做奸邪的学说。

【原文】

我欲贱而贵，愚而智，贫而富，可乎？曰：其唯学乎。

【译文】

我想由下贱变成高贵，由愚昧变成明智，由贫穷变成富裕，可以吗？回答说：那就只有学习了。

【原文】

故君子无爵而贵，无禄而富，不言而信，不怒而威，穷处而荣，独居而乐，岂不至尊、至富、至重、至严之情举积此哉？

【译文】

所以君子没有爵位也尊贵，没有俸禄也富裕，不辩说也被信任，不发怒也威严，处境穷困也荣耀，孤独地住着也快乐，难道不是因为那最尊贵、最富裕、最庄重、最威严的实质都聚集在这种学习之中了吗？

【原文】

争之则失，让之则至；遵道则积，夸诞则虚。

【译文】

争夺名誉就会丧失名誉，让掉名誉就会得到名誉；遵循正确的原则就能积累名誉，夸耀吹牛就会落个一场空。

【原文】

故曰：君子隐而显，微而明，辞让而胜。

【译文】

所以说：君子即使隐居也显赫，即使卑微也荣耀，即使退让也会胜过别人。

【原文】

分不乱于上，能不穷于下，治辩之极也。

【译文】

在君主一方，职分的安排不乱来；在臣下一方，有能力胜任而不致于陷入困境：这是政治的最高境界了。

【原文】

圣人也者，道之管也。天下之道管是矣，百王之道一是矣，故《诗》、《书》、《礼》、《乐》之道归是矣。

【译文】

圣人，是思想原则的枢纽。天下的思想原则都集中在他这里了，历代圣王的思想原则也统一在他这里了，所以《诗》、《书》、《礼》、《乐》也都归属到他这里了。

【原文】

造父者，天下之善御者也，无舆马则无所见其能。羿者，天下之善射者也，无弓矢则无所见其巧。大儒者，善调一天下者也，无百里之地则无所见其功。

【译文】

造父，是天下善于驾驭车马的人，但没有车马就没法表现他的才能。后羿，是天下善于射箭的人，但没有弓箭就没法表现他的技巧。伟大的儒者，是善于整治统一天下的人，但没有百里见方的国土就没有办法显示他的功用。

【原文】

通则一天下，穷则独立贵名。天不能死，地不能埋，桀跖之世不能污，非大儒莫之能立，仲尼、子弓是也。

【译文】

他得志了就统一天下，不得志就独自树立高贵的名声。上天不能使他死亡，大地不能把他埋葬，桀、跖的时代不能污染他，不是伟大的儒者就没有谁能这样立身处世，仲尼、子弓就是这样的人。

【原文】

不闻不若闻之，闻之不若见之，见之不若知之，知之不若行之。学至于行之而止矣。行之，明也，明之为圣人。圣人也者，本仁义，当是非，齐言行，不失毫厘，无它道焉，已乎行之矣。

【译文】

没有听到不如听到，听到不如见到，见到不如理解，理解不如实行。学习到了实行也就到头了。实行，才能明白事理，明白了事理就是圣人。圣人这种人，以仁义为根本，能恰当地判断是非，能使言行保持一致，不差丝毫，这并没有其他的窍门，就在于他能把学到的东西付诸行动罢了。

【原文】

故人无师无法而知，则必为盗；勇，则必为贼；云能，则必为乱；察，则必为怪；辩，则必为诞。人有师有法而知，则速通；勇，则速威；云能，则速成；察，则速尽；辩，则速论。故有师法者，人之大宝也；无师法者，人之大殃也。

【译文】

所以，人要是没有老师、不懂法度，如果有智慧，就一定会偷窃；如果勇敢，就一定会抢劫；如果有才能，就一定会作乱；如果明察，就一定会搞奇谈怪论；如果善辩，就一定会大言欺诈。人要是有了老师、懂了法度，如果有智慧，就会很快通达事理；如果勇敢，就会很快变得威武；如果有才能，就会很快成功；如果明察，就能很快理解一切；如果善辩，就能很快论断是非。所以有老师、懂法度，是人们的一大宝物；没有老师、不懂法度，是人们的一大祸害。

【原文】

性也者，吾所不能为也，然而可化也；情也者，非吾所有也，然而可为也。

【译文】

本性这种东西，是我们所不能造就的，却可以通过教育来改变；学习的积累，不是我们固有的，却可以造就。

【原文】

故积土而为山，积水而为海，旦暮积谓之岁，至高谓之天。至下谓之地，宇中六指谓之极，涂之人百姓积善而全尽谓之圣人。

【译文】

所以，堆积泥土就成为山，积聚水流就形成海，一朝一夕积累起来就叫做年，最高的叫做天，最低的叫做地，空间之中朝六个方向延伸出去叫做极，路上的普通老百姓积累善行而达到了尽善尽美就叫做圣人。

【原文】

积之而后高，尽之而后圣，故圣人也者，人之所积也。

【译文】

不断积累以后才高超的，尽善尽美以后才圣明的。所以圣人这种人，实是普通人德行的积累。

【原文】

志忍私，然后能公；行忍情性，然后能修；知而好问，然后能才：公、修而才，可谓小儒矣。志安公，行安修，知通统类：如是则可谓大儒矣。

【译文】

思想上克制了私心，然后才能出于公心；行动上抑制了本性，然后才能善良美好；聪明而又喜欢请教，然后才能多才多艺：去私为公、行为美好又有才干，可以称为小儒了。思想上习惯于公正无私，行动上习惯于善良美好，智慧能够精通纲纪法度；像这样就可以称为大儒了。

【原文】

君子言有坛宇，行有防表，道有一隆。言政治之求，不下于安存；言志意之求，不下于士；言道德之求，不二后王。

【译文】

君子说话有界限，行动有标准，主张有专重。说到政治的要求，不低于使国家安定和生存；说到思想的要求，不低于做一个有德才的学士；说到道德的要求，是不背离当代的帝王。

王制篇第九

【原文】

贤能不待次而举，罢不能不待须而废，元恶不待教而诛，中庸民不待政而化。

【译文】

对于有德才的人，不依级别次序而破格提拔；对于无德无能的人，不等片刻而立即罢免；对于元凶首恶，不需教育而马上杀掉；对于普通民众，不靠行政手段而进行教育感化。

【原文】

故法而议，职而通，无隐谋，无遗善，而百事无过，非君子莫能。

【译文】

所以制定了法律而又依靠臣下的讨论研究，规定了各级官吏的职权范围而又彼此沟通，那就不会有隐藏的图谋，不会有没发现的善行，而各种工作也就不会有失误了，不是君子是不能做到这样的。

【原文】

公平者，听之衡也；中和者，听之绳也。

【译文】

公正，是处理政事的准则；宽严适中，是处理政事的准绳。

【原文】

治生乎君子，乱生乎小人。

【译文】

国家的安定产生于君子，国家的动乱来源于小人。

【原文】

夫两贵之不能相事，两贱之不能相使，是天数也。

【译文】

两个同样高贵的人不能互相侍奉，两个同样卑贱的人不能互相役使，这是合乎自然的道理。

【原文】

马骇舆，则君子不安舆；庶人骇政，则君子不安位。马骇舆，则莫若静之；庶人骇政，则莫若惠之。

【译文】

马在拉车时受惊了狂奔，那么君子就不能稳坐车中；老百姓在政治上受惊了乱干，那么君子就不能稳坐江山。马在拉车时受惊了，那就没有比使它安静下来更好的了；老百姓在政治上受惊了，那就没有比给他们恩惠更好的了。

【原文】

故修礼者王，为政者强，取民者安，聚敛者亡。故王者富民，霸者富士，仅存之国富大夫，亡国富筐箧，实府库。

【译文】

遵循礼义的能成就帝王大业，善于处理政事的能强大，取得民心的能安定，搜刮民财的会灭亡。称王天下的君主使民众富足，称霸诸侯的君主使战士富足，勉强能存在的国家使大夫富足，亡国的君主只是富了自己的箱子、塞满了自己的仓库。

【原文】

王夺之人，霸夺之与，强夺之地。夺之人者臣诸侯，夺之与者友诸侯，夺之地者敌诸侯。

【译文】

要称王天下的和别国争夺民众，要称霸诸侯的和别国争夺同盟国，只图逞强的和别国争夺土地。和别国争夺民众的可以使诸侯成为自己的臣子，和别国争夺同盟国的可以使诸侯成为自己的朋友，和别国争夺土地的就会使诸侯成为自己的敌人。

【原文】

臣诸侯者王，友诸侯者霸，敌诸侯者危。

【译文】

使诸侯臣服的能称王天下，同诸侯友好的能称霸诸侯，和诸侯为敌的就危险了。

【原文】

知强大者不务强也，虑以王命，全其力，凝其德。力全则诸侯不能弱也，德凝则诸侯不能削也，天下无王霸主，则常胜矣：是知强道者也。

【译文】

懂得强大之道的君主不致力于逞强黩武，而是考虑用天子的命令来保全自己的实力、积聚自己的德望。实力保全了，那么各同诸侯就不能使他衰弱了；德望积聚了，那么各国诸侯就不能削弱他了；天下如果没有能成就王业、霸业的君主，那么他就能常常取胜了。这是懂得强大之道的君主。

【原文】

故明其不并之行，信其友敌之道，天下无王，霸主则常胜矣。是知霸道者也。

【译文】

所以，表明自己不会有吞并别国的行为，信守自己和匹敌的国家相友好的原则，天下如果没有成就王业的君主，这奉行霸道的君主就能常常取胜了。这是懂得称霸之道的君主。

【原文】

仁眇天下，故天下莫不亲也。义眇天下，故天下莫不贵也。威眇天下，

故天下莫敢敌也。以不敌之威辅服人之道，故不战而胜，不攻而得，甲兵不劳而天下服，是知王道者也。

【译文】

仁爱高于天下各国，所以天下没有谁不亲近他。道义高于天下各国，所以天下没有谁不尊重他。威势高于天下各国，所以天下没有谁敢与他为敌。拿不可抵挡的威势去辅助使人心悦诚服的仁义之道，所以不战而胜，不攻而得，不费一兵一甲天下就归服了，这是懂得称王之道的君主。

【原文】

王者之人：饰动以礼义，听断以类，明振毫末，举措应变而不穷，夫是之谓有原。是王者之人也。

【译文】

奉行王道而成就王业的君主所拥有的辅佐大臣：能用礼义来端正自己的行动，按照法度来处理决断政事，明察得能揭发出毫毛末端般的细微小事，能随各种变化而采取相应的措施，不会穷于应付。这叫做掌握了根本。这就是奉行王道的君主所拥有的辅佐大臣。

【原文】

百姓晓然皆知夫为善于家而取赏于朝也，为不善于幽而蒙刑于显也。夫是之谓定论。是王者之论也。

【译文】

老百姓都明明白白地知道：即使在家里行善修德，也能在朝廷上取得奖赏；即使在暗地里为非作歹，也会在光天化日之下受到惩处。这叫做确定不变的审处。这就是奉行王道的君主对臣民的审察处理。

【原文】

王者之法：等赋、政事、财万物，所以养万民也。

【译文】

奉行王道的君主的法度：规定好赋税等级，管理好民众事务，管理好万物，这是用来养育亿万民众的。

【原文】

故天之所覆，地之所载，莫不尽其美，致其用，上以饰贤良，下以养百姓而安乐之。夫是之谓大神。

【译文】

所以苍天所覆盖的，大地所承载的，没有什么东西不充分发挥它们的优点、竭尽它们的效用，上用来装饰贤良的人、下用来养活老百姓使他们都安乐。这叫做大治。

【原文】

天地者，生之始也；礼义者，治之始也；君子者，礼义之始也；为之，贯之，积重之，致好之者，君子之始也。

【译文】

天地，是生命的本源；礼义，是天下大治的本源；君子，是礼义的本源。学习研究礼义，熟悉贯通礼义，积累增多礼义方面的知识，极其爱好礼义，这是做君子的开始。

【原文】

故天地生君子，君子理天地；君子者，天地之参也，万物之总也，民之父母也。

【译文】

所以天地生养君子，君子治理天地。君子，是天地的参赞，万物的总管，人民的父母。

【原文】

水火有气而无生，草木有生而无知，禽兽有知而无义，人有气、有生、有知，亦且有义，故最为天下贵也。

【译文】

水、火有气却没有生命，草木有生命却没有知觉，禽兽有知觉却不讲道义；人有气、有生命、有知觉，而且讲究道义，所以人最为天下所贵重。

【原文】

故养长时，则六畜育；杀生时，则草木殖；政令时，则百姓一，贤良服。

【译文】

所以饲养适时，六畜就生育兴旺；砍伐种植适时，草木就繁殖茂盛；政策法令适时，老百姓就能被统一起来，有德才的人就能被使用。

【原文】

具具而王，具具而霸，具具而存，具具而亡。

【译文】

具备了一定的条件就能够称王，具备了一定的条件就可以称霸，具备了一定的条件就能存在，具备了一定的条件就会灭亡。

【原文】

案修仁义，伉隆高，正法则，选贤良，养百姓，为是之日，而名声剸天下之美矣。

【译文】

奉行仁义之道，达到崇高的政治境界，整治法律条令，选拔贤良的人，使百姓休养生息，当做到了这一点的时候，那么他的名声就是天下最美好的了。

【原文】

权者重之，兵者劲之，名声者美之。夫尧舜者一天下也，不能加毫末于是矣。

【译文】

权势，使其举足轻重，军队，使其强劲有力；名声，使其美好无比。就是尧、舜那样统一了天下的人，也不能在这三个方面再增加丝毫了。

【原文】

善择者制人，不善择者人制之；善择之者王，不善择之者亡。

【译文】

善于选择的，就能制服别人；不善于选择的，别人就要制服他；善于选择的，就能称王天下；不善于选择的，就会灭亡。

富国篇第十

【原文】

万物同宇而异体，无宜而有用为人，数也。人伦并处，同求而异道，同欲而异知，生也。

【译文】

万物并存于宇宙之中而形体各不相同，它们不能主动地迎合人们的需要却对人都有用，这是一条客观规律。人类群居在一起，同样有追求而思想原则却不同，同样有欲望而智慧却不同，这是人的本性。

【原文】

欲恶同物，欲多而物寡，寡则必争矣。

【译文】

人们需要和厌弃同样的东西，可是需要的多而东西少，东西少就一定会发生争夺了。

【原文】

故知节用裕民，则必有仁义圣良之名，而且有富厚丘山之积矣。此无它故焉，生于节用裕民也。

【译文】

所以，懂得节约费用、使民众富裕，就一定会享有仁爱、正义、圣明、善良的名声，而且还会拥有丰富得像山陵一样的积蓄。这没有其他的缘故，而是由于贯彻了节约费用、使民众富裕的方针。

【原文】

德必称位，位必称禄，禄必称用

【译文】

德行必须和职位相称，职位必须与俸禄相称，俸禄必须与费用相称。

【原文】

人之生，不能无群，群而无分则争，争则乱，乱则穷矣。故无分者，人之大害也；有分者，天下之本利也；而人君者，所以管分之枢要也。

【译文】

人生活着，不能没有社会群体，但结合成了社会群体而没有等级名分的限制就会发生争夺，一发生争夺就会产生动乱，一产生动乱就会陷入困境。所以没有等级名分，是人类的大灾难；有等级名分，是天下的根本利益；而君主，是掌管等级名分的枢纽。

【原文】

故美之者，是美天下之本也；安之者，是安天下之本也；贵之者，是贵天下之本也。

【译文】

所以赞美君主，这就是赞美天下的根本；维护君主，这就是维护天下的根本；尊重君主，这就是尊重天下的根本。

【原文】

故其知虑足以治之，其仁厚足以安之，其德音足以化之，得之则治，失之则乱。

【译文】

那仁人君子的智慧足够用来治理民众，他的仁爱厚道足够用来安抚民众，他的道德声望足够用来感化民众。得到了这样的人，天下就安定；失去了这样的人，天下就混乱。

【原文】

君子以德，小人以力；力者，德之役也。

【译文】

君子靠德行，小人靠力气。干力气活的小人，是为有德行的君子所役使的。

【原文】

天下之公患，乱伤之也。

【译文】

天下共同的祸患，是惑乱人心损害社会。

【原文】

瘠则不足欲；不足欲则赏不行。

【译文】

生活菲薄，就不值得追求；不值得追求，那么奖赏就不能实行。

【原文】

赏不行，则贤者不可得而进也；罚不行，则不肖者不可得而退也。贤者不可得而进也，不肖者不可得而退也，则能不能不可得而官也。

【译文】

奖赏不能实行，那么有德才的人就不可能得到提拔任用；处罚不能实行，那么没有德才的人就不可能遭到罢免贬斥。有德才的人不能得到提拔任用，无德才的人不会遭到罢免贬斥，那么有能力的人和没有能力的人就不可能得到与其才能相称的职事。

【原文】

利而不利也，爱而不用也者，取天下矣。

【译文】

使民众得利而不从民众身上取利，爱护民众而不使用民众的国君，就能得到天下了。

【原文】

利而后利之，爱而后用之者，保社稷者也。不利而利之，不爱而用之者，危国家者也。

【译文】

使民众得利以后再从民众身上取利，爱护民众以后再使用民众的国君，能够保住国家。不使民众得利而从民众身上取利，不爱护民众而使用民众的国君，只能使国家危险。

【原文】

下贫则上贫，下富则上富。

【译文】

民众贫穷，那君主就贫穷；民众富裕，那君主就富裕。

【原文】

仁人之用国，将修志意，正身行，伉隆高，致忠信，期文理。布衣紃屦之士诚是，则虽在穷阎漏屋，而王公不能与之争名；以国载之，则天下莫之能隐匿也。若是，则为名者不攻也。

【译文】

讲究仁德的人在国内当权，将提高志向思想，端正立身行事，达到崇高的政治境界，做到忠厚有信用，使礼仪制度极其完善。身穿布衣、脚穿麻鞋的读书人如果真能做到这样，那么虽然住在偏僻的里巷与狭小简陋的房屋之中，而天子诸侯也没有能力和他竞争名望；如果把国家委任给他，那么天下就没有谁能遮掩他的崇高德行。像这样，那么追求美名的就不会来攻打了。

【原文】

故明君不道也。必将修礼以齐朝，正法以齐官，平政以齐民，然后节奏齐于朝，百事齐于官，众庶齐于下。

【译文】

所以英明的君主不这样做，而一定要修订礼制来整治朝廷，端正法制来整治官吏，公正地处理政事来整治民众，从而使礼仪制度在朝廷上得到严格执行，各种事情在官府中治理得有条不紊，群众在下面齐心合力。

王霸篇第十一

【原文】

国者，天下之利用也；人主者，天下之利势也。

【译文】

国家，是天下最有利的工具；君主，处于天下最有利的地位。

【原文】

故人主天下之利势也，然而不能自安也，安之者必将道也。故用国者，义立而王，信立而霸，权谋立而亡。

【译文】

所以，君主处于天下最有利的地位，但是他并不能自行安定，要安定就一定要依靠正确的政治原则。治理国家的人，把道义确立了就能称王天下，把信用确立了就能称霸诸侯，把权术谋略搞起来了就会灭亡。

【原文】

綦定而国定，国定而天下定。

【译文】

政治的基础稳固了，国家就安定；国家安定了，天下就能平定。

【原文】

善择者制人，不善择者人制之。

【译文】

善于选择的，就能制服别人；不善于选择的，别人就会制服他。

【原文】

彼国错者，非封焉之谓也，何法之道，谁子之与也。

【译文】

那国家的安置问题，并不是指给它立好疆界，而是指遵行什么办法、与什么人一起来治国。

【原文】

故与积礼义之君子为之则王，与端诚信全之士为之则霸，与权谋倾覆之人为之则亡。

【译文】

所以，和不断地奉行礼义的君子搞政治，就能称王天下；和正直忠诚守信完美的人士搞政治，就能称霸诸侯；和搞权术阴谋倾轧颠覆的人搞政治，就会灭亡。

【原文】

身能相能，如是者王，身不能，知恐惧而求能者，如是者强。

【译文】

自己有才能，宰相也有才能，像这样的国君就能称王天下。自己没有才能，但知道恐惧而去寻觅有才能的人，像这样的国君就能强大。

【原文】

诗云："如霜雪之将将，如日月之光明；为之则存，不为则亡。"

【译文】

诗云："像霜雪那样无情，像日月那样光明；实行它就能生存，不实行就会丧命。”

【原文】

国危则无乐君，国安则无忧民。

【译文】

国家危险就没有快乐的君主，国家安定就没有忧愁的人民。

【原文】

故明君者，必将先治其国，然后百乐得其中。

【译文】

所以英明的君主，一定要先治理好自己的国家，然后各种快乐也就从中得到了。

【原文】

人主者，以官人为能者也；匹夫者，以自能为能者也。

【译文】

君主，以能够用人为有本事；平民百姓，以自己能干为有本事。

【原文】

贤士一焉，能士官焉，好利之人服焉，三者具而天下尽，无有是其外矣。

【译文】

贤德之士和我团结一致了，能干的人被我任用了，贪图财利的人顺服了，这三种情况具备，那么天下就全都归我了，在此之外就没有什么了。

【原文】

故人主欲得善射，射远中微，则莫若羿、蜂门矣；欲得善驭，及速致远，则莫若王良、造父矣。欲得调壹天下，制秦楚，则莫若聪明君子矣。

【译文】

君主想要得到善于射箭的人，既射得远，又能命中微小的目标，那就没有比羿、逢蒙更好的了；想要得到善于驾车的人，既能追上快速奔驰的车子，又能到达远方的目的地，那就没有比王良、造父更好的了；想要得到治理天下、统一天下的人，制服秦国、楚国，那就没有比聪明的君子更好的了。

【原文】

故其法治，其佐贤，其民愿，其俗美，而四者齐，夫是之谓上一。如是，则不战而胜，不攻而得，甲兵不劳而天下服。

【译文】

所以那国家的法令制度能使社会安定，它的辅佐大臣贤能，它的人民朴实善良，它的习俗美好，这四者齐备，那就叫做全属于上一种情况。像这样，那么不打仗就能战胜敌人，不进攻就能取得战果，军队不用费力而天下就服从了。

【原文】

故百王之法不同，若是所归者一也。

【译文】

各代君主的治国方法就像这样的不同，但归结起来的道理只有这么一个。

【原文】

故能当一人而天下取，失当一人而社稷危。

【译文】

所以，能恰当地任用一个人，那么天下就能取得；不能恰当地任用一个人，那么国家就会危险。

【原文】

主道：治近不治远，治明不治幽，治一不治二。主能治近，则远者理；主能治明，则幽者化；主能当一，则百事正：夫兼听天下，日有余而治不足者如此也，是治之极也。

【译文】

君主的统治原则：治理近处的事而不治理远方的事，治理明处的事而不治理暗处的事，治理根本性的一件大事而不治理各种各样的小事。君主能够治理好近处的事，那么远方的事就会因此而得到治理；君主能够治理好明处的事，那么暗处的事就会因此而变化；君主能恰当地治理好根本性的一件大事，那么各种各样的小事就会因此而得到正确处理：同时治理整个天下，时间绰绰有余而要治理的事少得不够做就像这样，这就是政治的最高境界了。

【原文】

故明主好要，而暗主好详。主好要，则百事详；主好详，则百事荒。

【译文】

所以英明的君主喜欢抓住要领，而愚昧的君主喜欢管得周详。君主喜欢抓住要领，那么各种事情就能办得周详；君主喜欢管得周详，那么各种事情就会荒废。

【原文】

生民则致宽，使民则綦理。

【译文】

养育人民极其宽厚，使用人民则极其合理。

君道篇第十二

【原文】

有乱君，无乱国；有治人，无治法。

【译文】

有搞乱国家的君主，没有自行混乱的国家；有治理国家的人才，没有自行治理的法制。

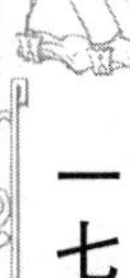

象纹铜铙（春秋战国）

【原文】

法者，治之端也；君子者，法之原也。

【译文】

法制，是政治的开头；君子，是法制的本原。

【原文】

故君人者，劳于索之，而休于使之。

【译文】

所以统治人民的君主，在寻觅人才时劳累，而在使用他以后就安逸了。

【原文】

官人守数，君子养原；原清则流清，原浊则流浊。

【译文】

官吏拘守具体的方法条例，君主则保养源头。源头清澈，那么下边的流水也清澈；源头混浊，那么下边的流水也混浊。

【原文】

请问为人君？曰：以礼分施，均遍而不偏。

【译文】

请问怎样做君主？回答说：要按照礼义去施舍，公平而不偏私。

【原文】

故君子恭而不难，敬而不巩，贫穷而不约，富贵而不骄，并遇变态而不穷，审之礼也。

【译文】

所以君子谦恭但不胆怯，肃敬但不恐惧，贫穷却不卑屈，富贵却不骄纵，同时遇到各种事变、也能应付自如而不会束手无策，这都是因为弄明白了礼义的缘故。

【原文】

君者，仪也；民者，影也；仪正而景正。君者，槃也；民者，水也；槃圆而水圆。君者，盂也；盂方而水方。君射则臣决。楚庄王好细腰，故朝有饿人。故曰：闻修身，未尝闻为国也。

【译文】

君主，就像测定时刻的标杆；民众，就像这标杆的影子；标杆正直，那么影子也正直。君主，就像盘子；民众，就像盘里的水；盘子是圆形的，那么盘里的水也成圆形。君主，就像盂；民众就像盂中的水；盂是方形的，那么盂中的水也成方形。君主射箭，那么臣子就会套上板指。楚灵王喜欢细腰的人，所以朝廷上有饿得面黄肌瘦的臣子。所以说：我只听说君主要修养身心，不曾听说过怎样治理国家。

【原文】

道者，何也？曰：君之所道也。

【译文】

道这个词，是什么意思？回答说：是君主所遵行的原则。

【原文】

故天子诸侯无靡费之用，士大夫无流淫之行，百吏官人无怠慢之事，众庶百姓无奸怪之俗、无盗贼之罪，其能以称义遍矣。

【译文】

所以天子诸侯没有浪费的用度，士大夫没有放荡的行为，群臣百官没有怠慢的政事，群众百姓没有奸诈怪僻的习俗、没有偷盗抢劫的罪行，这就能够称为道义普及了。

【原文】

无其人而幸有其功，愚莫大焉。

【译文】

没有那德才兼备的相而希望取得那王霸之功，愚蠢没有比这个更大的了。

【原文】

好女之色，恶者之孽也；公正之士，众人之痤也；修道之人，污邪之贼也。

【译文】

美女的姿色，是丑陋者的灾祸；公正的贤士，是众人的疖子。遵循道义

的人，是肮脏邪恶者的祸害。

【原文】

其取人有道，其用人有法。

【译文】

他挑选人有一定的原则，他任用人有一定的法度。

【原文】

故校之以礼，而观其能安敬也；与之举措迁移，而观其能应变也；与之安燕，而观其能无流慆也；接之以声色、权利、忿怒、患险，而观其能无离守也。彼诚有之者与诚无之者，若白黑然，可诎邪哉？

【译文】

所以用礼制来考核他，看他是否能安泰恭敬；给他上下调动来回迁移，看他是否能应付各种变化；让他安逸舒适，看他是否能不放荡地享乐；让他接触音乐美色、权势财利、怨恨愤怒、祸患艰险，看他是否能不背离节操。这样，那些真正有德才的人与的确没德才的人就像白与黑一样判然分明，还能进行歪曲吗？

【原文】

治则制人，人不能制也；乱则危辱灭亡，可立而待也。

【译文】

因为国家治理好了，就能制服别人，而别人不能制服自己；国家混乱，那么危险、屈辱、灭亡的局面就能立刻等得到。

臣道篇第十三

【原文】

用圣臣者王，用功臣者强，用篡臣者危，用态臣者亡。

【译文】

任用圣明的臣子就能称王天下，任用立功的臣子就会强盛，任用篡权的臣子就会危险，任用阿谀奉承的臣子就会灭亡。

【原文】

故明君之所赏，暗君之所罚也；暗君之所赏，明君之所杀也。

【译文】

君子说：所以英明的君主所奖赏的人，却是愚昧的君主所惩罚的对象；愚昧的君主所奖赏的人，却是英明的君主所杀戮的对象。

【原文】

若驭朴马，若养赤子，若食馁人，故因其惧也而改其过，因其忧也而辨其故，因其喜也而入其道，因其怒也而除其怨，曲得所谓焉。

【译文】

侍奉暴君就像驾驭未训练过的马，就像抚养初生的婴儿，就像喂饥饿的人吃东西一样，所以要趁他畏惧的时候使他改正错误，趁他忧虑的时候使他改变过去的行为，趁他高兴的时候使他走入正道，趁他发怒的时候使他除去仇人，这样就能处处达到目的。

【原文】

事人而不顺者，不疾者也；疾而不顺者，不敬者也；敬而不顺者，不忠者也；忠而不顺者，无功者也；有功而不顺者，无德者也。

【译文】

侍奉君主却不合君主的心意，是因为不积极；积极了却不合君主的心意，是因为不恭敬；恭敬了却不合君主的心意，是因为不忠诚；忠诚了却不合君主的心意，是因为没有功绩；有了功绩却不合君主的心意，是因为没有品德。

【原文】

以德覆君而化之，大忠也。

【译文】

用正确的原则熏陶君主而感化他，是头等的忠诚。

【原文】

仁者必敬人。

【译文】

仁德之人必定尊敬别人。

【原文】

凡人非贤，则案不肖也。

【译文】

一般说来，一个人不贤能，那就是没有德才的人。

【原文】

忠信以为质，端悫以为统，礼义以为文，伦类以为理，喘而言，臑而动，而一可以为法则。

【译文】

以忠诚守信为本体，以正直老实为纲纪，以礼义为规范，以伦理法律为原则，稍微说一句话，稍微动一动，都可以成为别人效法的榜样。

致士篇第十四

【原文】

夫是之谓衡听、显幽、重明、退奸、进良之术。

【译文】

以上这些就是广泛地听取意见、使隐居的贤士显扬、使显扬的贤士进一步显扬、使奸邪退却、使忠良进用的方法。

【原文】

川渊深而鱼鳖归之，山林茂而禽兽归之，刑政平而百姓归之，礼义备而君子归之。故礼及身而行修，义及国而政明，能以礼挟而贵名白，天下愿，令行禁止，王者之事毕矣。

【译文】

江河湖泊深了，鱼鳖就归聚到它那里；山上树林茂盛了，禽兽就归聚到它那里；刑罚政令公正不阿，老百姓就归聚到他那里；礼制道义完善周备，有道德的君子就归聚到他那里。所以礼制贯彻到自身，品行就美好；道义贯彻到国家，政治就清明；能够把礼制贯彻到所有方面的，那么高贵的名声就会显著，天下的人就会仰慕，发布了命令就能实行，颁布了禁约就能制止，这样，称王天下的大业也就完成了。

【原文】

故土之与人也，道之与法也者，国家之本作也。君子也者，道法之总要也，不可少顷旷也。

【译文】

所以土地和人民、正确的原则和法制这些东西，是国家的本源；君子，是正确的原则与法制的总管，不可以片刻空缺。

【原文】

得众动天，美意延年。诚信如神，夸诞逐魂。

【译文】

得到了民众，就能感动上天；快乐的心境，可以益寿延年。真诚老实，就能精明如神；浮夸欺诈，就会落魄丧魂。

【原文】

临事接民，而以义变应，宽裕而多容，恭敬以先之，政之始也；然后中和察断以辅之，政之隆也；然后进退诛赏之，政之终也。

【译文】

面临政事、接触民众时，根据道义变通地来对付，宽大而广泛地容纳民众，用恭敬的态度去引导他们，这是政治的第一步；然后中正和谐地观察决断去辅助他们，这是政治的中间阶段；然后进用、黜退，惩罚、奖赏他们，这是政治的最后一步。

【原文】

凡节奏欲陵，而生民欲宽。节奏陵而文，生民宽而安；上文下安，功名之极也，不可以加矣。

【译文】

凡是礼节礼仪等制度要严格，而抚养人民要宽容。礼节礼仪制度严格，就文明；抚养人民宽容，就安定。上面文雅下面安定，这是立功成名的最高境界，不可能再有所增加了。

【原文】

水深而回，树落则粪本，弟子通利则思师。

【译文】

水深了就会打旋，树叶落下就给树根施了肥，学生显达得利了就会想到老师。

【原文】

若不幸而过，宁僭勿滥；与其害善，不若利淫。

【译文】

如果不幸发生失误，那就宁可过分地奖赏也不要滥用刑罚；与其伤害好人，不如让邪恶的人得利。

议兵篇第十五

【原文】

臣所闻古之道，凡用兵攻战之本，在乎壹民。

【译文】

我所听说的古代的方法，大凡用兵打仗的根本在于使民众和自己团结一致。

【原文】

故善附民者，是乃善用兵者也。

【译文】

所以善于使民众归附的人，这才是善于用兵的人。

【原文】

臣之所道，仁者之兵，王者之志也。

【译文】

我所说的，是仁德之人的军队，是称王天下者的意志。

【原文】

所以不受命于主有三：可杀而不可使处不完，可杀而不可使击不胜，可杀而不可使欺百姓，夫是之谓三至。

【译文】

不从君主那里接受命令的原因有三种：宁可被杀而不可使自己的军队驻扎在守备不完善的地方，宁可被杀而不可使自己的军队打不能取胜的仗，宁可被杀而不可使自己的军队去欺负老百姓，这叫做三条最高的原则。

【原文】

战如守，行如战，有功如幸。

【译文】

攻战要像防守一样不轻率追击，行军要像作战一样毫不松懈，有了战功要像侥幸取得的一样不骄傲自满。

【原文】

不杀老弱，不猎禾稼，服者不禽，格者不舍，奔命者不获。

【译文】

不杀害年老体弱的，不践踏庄稼，对不战而退的敌人不追擒，对抵抗的敌人不放过，对前来投顺的不抓起来当俘虏。

【原文】

彼仁者爱人，爱人，故恶人之害之也；义者循理，循理，故恶人之乱之也。

【译文】

那仁者爱人，正因为爱人，所以就憎恶别人危害他们；义者遵循道理，正因为遵循道理，所以就憎恶别人搞乱它。

【原文】

故坚甲利兵不足以为胜，高城深池不足以为固，严令繁刑不足以为威。由其道则行，不由其道则废。

【译文】

所以，坚固的铠甲、锋利的兵器不足以用来取胜，高耸的城墙、深深的护城河不足以用来固守，严格的命令、繁多的刑罚不足以用来造成威势，遵行礼义之道才能成功，不遵行礼义之道就会失败。

【原文】

故刑一人而天下服，罪人不邮其上，知罪之在己也。

【译文】

有不遵从命令的，然后再用刑罚来惩处他，所以惩罚了一个人而天下都服了，罪犯也不怨恨自己的君主，知道罪责在自己身上。

【原文】

故厚德音以先之，明礼义以道之，致忠信以爱之，尚贤使能以次之，爵服庆赏以申之，时其事、轻其任，以调齐之，长养之，如保赤子。

【译文】

古代的圣王提高道德声誉来引导人民，彰明礼制道义来指导他们，尽力做到忠诚守信来爱护他们，根据尊崇贤人、任用能人的原则来安排他们职位，用爵位、服饰、表扬、赏赐去一再激励他们，根据时节安排他们的劳动、减轻他们的负担来调剂他们，抚养他们，就像保护初生的婴儿一样。

【原文】

凡兼人者有三术：有以德兼人者，有以力兼人者，有以富兼人者。

【译文】

大凡兼并别国的君主有三种方法：有依靠德行去兼并别国的，有依靠强力去兼并别国的，有依赖财富去兼并别国的。

【原文】

故曰：以德兼人者王，以力兼人者弱，以富兼人者贫，古今一也。

【译文】

所以说：依靠德行兼并别国的君主称王，依靠强力兼并别国的君主衰弱，依靠财富兼并别国的君主贫穷。这种情况古今是一样的。

【原文】

兼并易能也，唯坚凝之难焉。

【译文】

兼并别国容易做到，只是巩固凝聚它很难。

【原文】

故凝士以礼，凝民以政。礼修而士服，政平而民安。士服民安，夫是之谓大凝。

【译文】

凝聚士人要依靠礼义，凝聚民众要依靠政策。礼义搞好了，士人就会归服；政治清明，民众就安定。士人归服、民众安定，这叫做最大的凝聚。

强国篇第十六

【原文】

故人之命在天，国之命在礼。

【译文】

所以人的命运取决于上天，国家的命运取决于礼义。

【原文】

礼义则修，分义则明，举错则时，爱利则形。

【译文】

礼制音乐完善，名分道义明确，采取措施切合时宜，爱护人民、造福人民能具体体现出来。

【原文】

夫尚贤使能，赏有功，罚有罪，非独一人为之也，彼先王之道也。一人之本也，善善恶恶之应也，治必由之，古今一也。

【译文】

那推崇贤人、使用能人，奖赏有功的，惩罚有罪的，这不单单是某一个人这样做的，那是古代圣王的政治原则啊，是使人民行动一致的根本措施，是赞美善行、憎恨邪恶的反应，治国一定得遵循这一原则，古代和现在都是一样的。

【原文】

然则得胜人之势者，其不如胜人之道远矣！

【译文】

这样看来，那么得到制服别人的权势地位，远远及不上实施制服别人的办法。

【原文】

人之所恶何也？曰：污漫、争夺、贪利是也。人之所好者何也？曰：礼义、辞让、忠信是也。

【译文】

人们所厌恶的是什么呢？回答说：污秽卑鄙、争抢夺取、贪图私利便是。人们所喜欢的是什么呢？回答说：礼制道义、推辞谦让、忠诚守信便是。

【原文】

故君人者，爱民而安，好士而荣，两者亡一焉而亡。

【译文】

所以统治人民的君主，爱护人民就能安宁，喜欢士人就会荣耀，这两者一样都没有就会灭亡。

【原文】

假今之世，益地不如益信之务也。

【译文】

当今这个时世，致力于增加领土实不如致力于增加信用啊。

【原文】

故曰：佚而治，约而详，不烦而功，治之至也。

【译文】

所以说：自身安逸却治理得好，政令简要却详尽，政事不繁杂却有成效，这是政治的最高境界。

【原文】

故善日者王，善时者霸，补漏者危，大荒者亡。

【译文】

所以珍惜每一天的君主就能称王天下，珍惜每一季度的君主就能称霸诸侯，出了漏洞再去补救的君主就危险了，一切时间都荒废掉的君主就会灭亡。

【原文】

故王者敬日，霸者敬时，仅存之国危而后戚之，亡国至亡而后知亡，至死而后知死。

【译文】

所以称王天下的君主慎重地对待每一天，称霸诸侯的君主重视每一个季度，勉强存在的国家陷入危险以后君主才为它担忧，亡国的君主到了国家灭亡以后才知道会灭亡，临死的时候才知道要死。

【原文】

夫义者，所以限禁人之为恶与奸者也。

【译文】

道义这种东西，是用来限制人们为非作歹和施行奸诈的。

天论篇第十七

【原文】

天行有常，不为尧存，不为桀亡。应之以治则吉，应之以乱则凶。

【译文】

大自然的规律永恒不变，它不为尧而存在，不为桀而灭亡。用导致安定的措施去适应它就吉利，用导致混乱的措施去适应它就凶险。

阳燧镜（春秋战国）

【原文】

大巧在所不为，大智在所不虑。

【译文】

最大的技巧在于有些事情不去做，最大的智慧在于有些事情不去考虑。

【原文】

在天者莫明于日月，在地者莫明于水火，在物者莫明于珠玉，在人者莫明于礼义。

【译文】

在天上的东西没有什么比太阳、月亮更明亮的了，在地上的东西没有什么比水、火更明亮的了，在物品之中没有什么比珍珠、宝玉更明亮的了，在人类社会中没有什么比礼义更灿烂的了。

【原文】

百王之无变，足以为道贯。

【译文】

各代帝王都没有改变的东西，完全可以用来作为政治原则的常规惯例。

【原文】

万物为道一偏，一物为万物一偏。

【译文】

万事万物只体现了自然规律的一部分，某一种事物只是万事万物的一部分。

正论篇第十八

【原文】

故主道利明不利幽，利宣不利周。故主道明，则下安；主道幽，则下危。

【译文】

所以君主的统治措施以明朗为有利而以阴暗为不利，以公开为有利而以隐蔽为不利。君主的统治措施公开明朗，那么臣民就安逸；君主的统治措施阴暗不明，那么臣民就危险。

【原文】

天下归之之谓王，天下去之之谓亡。

【译文】

天下人归顺他就叫做称王，天下人抛弃他就叫做灭亡。

【原文】

圣人备道全美者也，是县天下之权称也。

【译文】

圣人，是道德完备、十全十美的人，他就像挂在天下的一杆秤。

【原文】

天下者、大具也，不可以小人有也，不可以小道得也，不可以小力持也。

【译文】

天下是个大器具，不可能让德才低劣的小人占有，不可能依靠歪门邪道来取得，不可能凭借较小的力量来维护。

【原文】

凡刑人之本，禁暴恶恶，且征其未也。

【译文】

大凡惩罚人的根本目的，是禁止暴行、反对作恶，而且防患于未然。

【原文】

一物失称，乱之端也。

【译文】

一件事情赏罚失当，那就是祸乱的开端。

【原文】

刑称罪，则治；不称罪，则乱。

【译文】

刑罚和罪行相当，社会才能治理好；刑罚和罪行不相当，社会就会混乱。

【原文】

血气筋力则有衰，若夫智虑取舍则无衰。

【译文】

人的血脉气色筋骨体力倒是有衰退的，至于那智慧、思考能力、判断抉择能力却是不会衰退的。

【原文】

凡人之斗也，必以其恶之为说，非以其辱之为故也。

【译文】

大凡人们的争斗，一定是把自己憎恶受侮辱当作辩解，而不是把自己感到耻辱作为理南。

【原文】

凡议，必先立隆正然后可也。无隆正，则是非不分而辨讼不决。

【译文】

凡是议论，一定要树立一个最高的准则才行。没有一个最高准则，那么是非就不能区分而争辩也无法解决。

【原文】

志意修，德行厚，知虑明，是荣之由中出者也，夫是之谓义荣。

【译文】

志向美好，德行淳厚，智虑精明，这是从内心产生出来的光荣，这叫做道义方面的光荣。

礼论篇第十九

【原文】

人生而有欲，欲而不得，则不能无求；求而无度量分界，则不能不争；争则乱，乱则穷。

【译文】

人生来就有欲望，如果想要什么而不能得到，就不能没有追求；如果一味追求而没有个标准限度，就不能不发生争夺；一发生争夺就会有祸乱，一有祸乱就会陷入困境。

【原文】

故礼者养也。

【译文】

所以礼这种东西，是调养人们欲望的。

【原文】

故人一之于礼义，则两得之矣；一之于情性，则两丧之矣。

【译文】

所以人如果专门把心思放在讲究礼义上，那么礼义情性两方面就都能保全了；如果专门把心思放在满足情性上，那么礼义性情两方面就都保不住了。

【原文】

礼有三本：天地者，生之本也；先祖者，类之本也；君师者，治之本也。

【译文】

礼有三个根本：天地是生存的根本，祖先是种族的根本，君长是政治的根本。

【原文】

故绳者，直之至；衡者，平之至；规矩者，方圆之至；礼者，道之极也。

【译文】

所以墨线这种东西，是直的极点；秤这种东西，是平的极点，圆规角尺这种东西，是方与圆的极点；礼这种东西，是社会道德规范的极点。

【原文】

故天者，高之极也；地者，下之极也；无穷者，广之极也；圣人者，道之极也。

【译文】

所以天，是高的极点；地，是低的极点；没有尽头，是广阔的极点；圣人，是道德的极点。

【原文】

故厚者，礼之积也；大者，礼之广也；高者，礼之隆也；明者，礼之尽也。

【译文】

所以圣人的厚道，是靠了礼的积蓄；圣人的大度，是靠了礼的深广；圣人的崇高，是靠了礼的高大；圣人的明察，是靠了礼的透彻。

【原文】

礼者，断长续短，损有余、益不足，达爱敬之文，而滋成行义之美者也。

【译文】

礼，是截长补短，减损有余、增加不足，使爱怜恭敬的仪式能完全实施，从而养成美好的德行道义的。

【原文】

无性，则伪之无所加，无伪，则性不能自美。

【译文】

没有本性，那么人为加工就没有地方施加；没有人为加工，那么本性也不能自行完美。

乐论篇第二十

【原文】

夫乐者，乐也，人情之所必不免也。

【译文】

音乐，就是欢乐的意思，它是人的情感绝对不能缺少的东西。

【原文】

且乐者，先王之所以饰喜也；军旅鈇钺者，先王之所以饰怒也。

【译文】

况且音乐，是古代的圣王用来表现喜悦的；军队和刑具，是古代的圣王用来表现愤怒的。

【原文】

夫民有好恶之情而无喜怒之应则乱；先王恶其乱也，故修其行，正其乐，而天下顺焉。

【译文】

民众有了爱憎的感情而没有表达喜悦愤怒的方式来和它相应，就会混乱。古代的圣王憎恶这种混乱，所以修养自己的德行，端正国内的音乐，因而天下人就顺从他了。

【原文】

穷本极变，乐之情也；著诚去伪，礼之经也。

【译文】

深入地触动、极大地改变人的心性，是音乐的实际情形；彰明真诚、去掉虚伪，是礼制的永恒原则。

解蔽篇第二十一

【原文】

凡人之患，蔽于一曲，而暗于大理。

【译文】

大凡人的毛病，是被事物的某一个局部所蒙蔽而不明白全局性的大道理。

【原文】

天下无二道，圣人无两心。

【译文】

天下不会有两种对立的正确原则，圣人不会有两种对立的思想。

【原文】

故为蔽？欲为蔽，恶为蔽；始为蔽，终为蔽；远为蔽，近为蔽；博为蔽，浅为蔽；古为蔽，今为蔽。凡万物异则莫不相为蔽，此心术之公患也。

【译文】

什么东西会造成蒙蔽？爱好会造成蒙蔽，憎恶也会造成蒙蔽；只看到开始会造成蒙蔽，只看到终了也会造成蒙蔽；只看到远处会造成蒙蔽，只看到近处也会造成蒙蔽；知识广博会造成蒙蔽，知识浅陋也会造成蒙蔽；只了解古代会造成蒙蔽，只知道现在也会造成蒙蔽。大凡事物有不同的对立面的，无不会交互造成蒙蔽，这是思想方法上一个普遍的祸害啊。

【原文】

故以贪鄙、背叛、争权而不危辱灭亡者，自古及今，未尝有之也。

【译文】

所以，因为贪婪鄙陋而违背正道争权夺利却又不遭到危险屈辱灭亡的，从古到今，还不曾有过。

【原文】

知贤之为明，辅贤之谓能，勉之强之，其福必长。

【译文】

能识别贤人叫做明智，能辅助贤人叫做贤能。努力识别贤人、尽力辅助贤人，他的幸福一定长久。

【原文】

夫道者体常而尽变，一隅不足以举之。

【译文】

道，本体经久不变而又能穷尽所有的变化，一个角度是不能够用来概括它的。

【原文】

故心不可以不知道，心不知道，则不可道，而可非道。

【译文】

所以心里不可以不了解道，如果心里不了解道，就会否定道而认可违背道的东西。

【原文】

心未尝不臧也，然而有所谓虚；心未尝不两也，然而有所谓壹；心未尝不动也，然而有所谓静。

【译文】

心从来没有不储藏信息的时候，但却有所谓虚；心从来没有不彼此兼顾的时候，但却有所谓专；心从来没有不活动的时候，但却有所谓静。

【原文】

人何以知道？曰：心。心何以知？曰：虚壹而静。

【译文】

人靠什么来了解道呢？回答说：靠心。

心靠什么来了解道呢？回答说：靠虚心、专心和静心。

【原文】

心者，形之君也，而神明之主也；出令而无所受令；自禁也，自使也，自夺也，自取也；自行也，自止也。

【译文】

心是身体的主宰，是精神的主管；它发号施令而不从什么地方接受命令；它自己限制自己，自己驱使自己；它自己决定抛弃什么，自己决定接受什么；它自己行动，自己停止。

【原文】

故曰：心枝则无知，倾则不精，贰则疑惑。

【译文】

所以说：思想分散就不会有知识，思想偏斜就不会精当，思想不专一就会疑惑。

【原文】

以赞稽之，万物可兼知也。身尽其故则美。类不可两也，故知者择一而壹焉。

【译文】

如果拿专心一致的态度来辅助考察，那么万事万物就可以全部被了解了。亲自透彻地了解万事万物的所以然，那就完美了。认识事物的准则不可能有对立的两种，所以明智的人选择一种而专心于它。

【原文】

故导之以理，养之以清，物莫之倾，则足以定是非决嫌疑矣。

【译文】

如果用正确的道理来引导它，用高洁的品德来培养它，外物就不能使它倾斜不正，那就能够用来判定是非、决断嫌疑了。

【原文】

凡以知，人之性也；可以知，物之理也。

【译文】

一般地说，能够认识事物，是人的本性；事物可以被认识，是事物的规律。

【原文】

传曰："天下有二：非察是，是察非。"

【译文】

古书上说："天下有两个方面：一是根据错误的来考察正确的，一是根据正确的来考察错误的。”

【原文】

夫微者，至人也。

【译文】

那达到了精妙境界的人，就是思想修养达到了最高境界的人。

【原文】

仁者之思也恭，圣者之思也乐。此治心之道也。

【译文】

仁者的思索恭敬慎重，圣人的思索轻松愉快。这就是修养思想的方法。

【原文】

不慕往，不闵来，无邑怜之心，当时则动，物至而应。事起而辨，治乱可否，昭然明矣。

【译文】

不羡慕过去，不担忧未来，没有忧愁怜悯的心情，适合时势就行动，外物来了就接应，事情发生了就处理，这样，是治还是乱，是合适还是不合适，就明明白白地都清楚了。

【原文】

故人君者周则谗言至矣，直言反矣，小人迩而君子远矣。

【译文】

统治人民的君主如果讲求隐蔽周密，那么毁谤的话就来了，正直的话就缩回去了，小人接近而君子远离了。

正名篇第二十二

【原文】

虑积焉，能习焉，而后成谓之伪。

【译文】

思虑不断积累，官能反复练习，而后形成一种常规，也叫做人为。

【原文】

故王者之制名，名定而实辨，道行而志通，则慎率民而一焉。

【译文】

王者制定事物的名称，名称一旦确定，那么实际事物就能分辨了；制定名称的原则一旦实行，那么思想就能沟通了；于是就慎重地率领民众统一到这些名称上来。

【原文】

然则何缘而以同异？曰：缘天官。凡同类、同情者，其天官之意物也同，故比方之疑似而通，是所以共其约名以相期也。

【译文】

那么，根据什么而要使事物的名称有同有异呢？回答说：根据天生的感官。凡是同一个民族、具有相同情感的人，他们的天生感官对事物的体会是相同的，所以对事物的描摹只要模拟得大体相似就能使别人通晓了，这就是人们能共同使用那些概括的名称来互相交际的原因。

【原文】

夫民易一以道而不可与共故。故明君临之以势，道之以道，申之以命，章之以论，禁之以刑。

【译文】

民众容易用正道来统一却不可以和他们共同知道那缘由，所以英明的君主用权势来统治他们，用正道来引导他们，用命令来告诫他们，用理论来晓喻他们，用刑法来禁止他们。

【原文】

心也者，道之工宰也。道也者，治之经理也。

【译文】

心灵，是道的主宰。道，是政治的永恒法则。

【原文】

说行则天下正，说不行则白道而冥穷。是圣人之辨说也。

【译文】

自己的学说得到实行，那么天下就能治理好；自己的学说不能实行，那就彰明正道而让自己默默无闻。这就是圣人的辩论与解说。

【原文】

君子之言，涉然而精，俛然而类，差差然而齐。彼正其名，当其辞，以务白其志义者也。

【译文】

君子的言论，深入而又精微，贴近人情世故而有法度，具体说法参差错落而大旨始终一致。他使名称正确无误，辞句恰当确切，以此来努力阐明他的思想学说。

【原文】

人之所欲，生甚矣，人之所恶，死甚矣；

【译文】

人们想要得到的，莫过于生存；人们所厌恶的，莫过于死亡。

【原文】

无稽之言，不见之行，不闻之谋，君子慎之。

【译文】

没有根据的言论，没有见过的行为，没有听说过的计谋，君子对它们是谨慎对待的。

【原文】

道者，古今之正权也；离道而内自择，则不知祸福之所托。

【译文】

道，是从古到今都正确的衡量标准；离开了道而由内心擅自抉择，那就会不知道祸福所依存的地方。

【原文】

权不正，则祸托于欲。

【译文】

衡量行为的准则如果不正确，那么灾祸就会寄寓在人们所追求的事物中。

性恶篇第二十三

【原文】

人之性恶，其善者伪也。

【译文】

人的本性是邪恶的，他们那些善良的行为是人为的。

【原文】

今人无师法，则偏险而不正；无礼义，则悖乱而不治。

秦公镈（春秋战国）

【译文】

人们没有师长和法度，就会偏邪险恶而不端正；没有礼义，就会叛逆作乱而不守秩序。

【原文】

凡性者，天之就也，不可学，不可事。

【译文】

大凡本性，是天然造就的，是不可能学到的，是不可能人为造作的。

【原文】

故圣人之所以同于众，其不异于众者，性也；所以异而过众者，伪也。

【译文】

圣人和众人相同而跟众人没有什么不同的地方，是先天的本性；圣人和众人不同而又超过众人的地方，是后天的人为努力。

【原文】

凡古今天下之所谓善者，正理平治也；所谓恶者，偏险悖乱也：是善恶之分也矣。

【译文】

凡是从古到今、普天之下所谓的善良，是指端正顺理安定有秩序；所谓的邪恶，是指偏邪险恶悖逆作乱。这就是善良和邪恶的区别。

【原文】

凡论者，贵其有辨合，有符验。

【译文】

凡是议论，可贵的在于像契券般可核对、像信符般可检验。

【原文】

今使涂之人伏术为学，专心一志，思索孰察，加日县久，积善而不息，则通于神明，参于天地矣。故圣人者，人之所积而致矣。

【译文】

现在如果使路上的人信服道术进行学习，专心致志，思考探索仔细审察，日复一日持之以恒，积累善行而永不停息，那就能通于神明，与天地相并列了。所以圣人，是一般的人积累善行而达到的。

【原文】

故小人可以为君子，而不肯为君子；君子可以为小人，而不肯为小人。

【译文】

小人可以成为君子而不肯做君子，君子可以成为小人而不肯做小人。

君子篇第二十四

【原文】

足能行，待相者然后进；口能言，待官人然后诏。不视而见，不听而聪，不言而信，不虑而知，不动而功。

【译文】

天子脚能走路，但一定要依靠礼宾官才向前走；嘴能说话，但一定要依靠传旨的官吏才下命令。天子不用亲自去看就能看得见，不用亲自去听就能听清楚，不用亲自去说就能取信于民，不用亲自思考就能理解，不用亲自动手就能有功效。

【原文】

故刑当罪则威，不当罪则侮；爵当贤则贵，不当贤则贱。古者刑不过罪，爵不逾德。

【译文】

所以刑罚与罪行相当就有威力，和罪行不相当就会受到轻忽；官爵和德才相当就会受人尊重，和德才不相当就会被人看不起。古代刑罚不超过犯人的罪行，官爵不超过官员的德行。

【原文】

故尊圣者王，贵贤者霸，敬贤者存，慢贤者亡，古今一也。

【译文】

所以使圣人尊贵的君主能称王天下，使贤人尊贵的君主能称霸诸侯，尊敬贤人的君主可以存在下去，怠慢贤人的君主就会灭亡，从古到今都是一样的。

【原文】

论法圣王，则知所贵矣；以义制事，则知所利矣。

【译文】

议论效法圣明的帝王，就知道什么人是应该尊重的了；根据道义来处理事情，就知道什么办法是有利的了。

【原文】

不矜矣，夫故天下不与争能，而致善用其功。有而不有也，夫故为天下贵矣。

【译文】

不向人夸耀了，所以天下的人就不会和他争能，因而他就能极好地利用人们的力量。有了德才而不自以为有德才，所以就被天下人尊重。

成相篇第二十五

【原文】

人主无贤，如瞽无相，何伥伥！

【译文】

君主没有好国相，就像瞎子没人帮，无所适从多迷惘。

【原文】

水至平，端不倾，心术如此象圣人。

【译文】

一杯水啊极其平，端起它来不斜倾，心计若像这样正，就像伟大的圣人。

【原文】

治之经，礼与刑，君子以修百姓宁。

【译文】

治理国家的纲领，就是礼制与用刑，君子用礼来修身，百姓怕刑而安宁。

【原文】

外不避仇，内不阿亲，贤者予。

【译文】

外不避嫌把仇取，内不偏袒把儿去，贤能之人就给予。

赋篇第二十六

【原文】

致明而约，甚顺而体，请归之礼。

【译文】

极其明白而又简约，非常顺理而又得体，请求把它归结为礼。

【原文】

百姓待之而后宁也，天下待之而后平也，明达纯粹而无疵也，夫是之谓君子之知。

【译文】

百姓依靠了它然后才能安宁，天下依靠了它然后才能太平。它明智通达纯粹而没有缺点毛病，这叫做君子的智慧聪明。

【原文】

行义以正，事业以成。

【译文】

德行道义靠它端正，事情功业靠它办成。

【原文】

可以禁暴足穷，百姓待之而后泰宁。

【译文】

可以用来禁止暴行，可以用来致富脱贫；百姓群众依靠了它，然后才能太平安定。

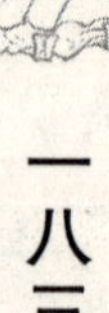

大略篇第二十七

【原文】

君人者，隆礼尊贤而王，重法爱民而霸，好利多诈而危。

【译文】

统治人民的君主，崇尚礼义尊重贤人就能称王天下，注重法治爱护人民就能称霸诸侯，贪图财利多搞欺诈就会危险。

【原文】

人主仁心设焉；知，其役也；礼，其尽也。

【译文】

君主要存立仁爱之心；智慧，是仁爱之心役使的东西；礼制，是仁爱之心的完备体现。

【原文】

水行者表深，使人无陷；治民者表乱，使人无失。

【译文】

在水中跋涉的人用标志来表明深度，使人不致于陷入深水淹死；治理民众的人用标准来表明祸乱，使人不致于失误。

【原文】

夫行也者，行礼之谓也。礼也者，贵者敬焉，老者孝焉，长者弟焉，幼者慈焉，贱者惠焉。

【译文】

所谓德行，就是指奉行礼义。所谓礼义，就是对地位高贵的人要尊敬，对年老的人要孝顺，对年长的人要敬从，对年幼的人要慈爱，对卑贱的人要给予恩惠。

【原文】

礼以顺人心为本，故亡于《礼经》而顺人心者，皆礼也。

【译文】

礼以顺应人心为根基，所以在《礼经》上没有而能顺应人心的，都是礼。

【原文】

亲亲、故故、庸庸、劳劳，仁之杀也。贵贵、尊尊、贤贤、老老、长长，义之伦也。行之得其节，礼之序也。仁，爱也，故亲。义，理也，故行。礼，节也，故成。

【译文】

亲近父母亲、热情对待老朋友、奖赏有功劳的人、慰劳付出劳力的人，这是仁方面的等级差别。尊崇身份贵重的人、尊敬官爵显赫的人、尊重有德才的人、敬爱年老的人、敬重年长的人，这是义方面的伦理。奉行这些仁义之道能恰如其分，就是礼的秩序。仁，就是爱人，所以能和人互相亲近，义，就是合乎道理，所以能够实行。礼，就是适度，所以能够成功。

【原文】

先事虑事，先患虑患。

【译文】

在事情发生之前就要考虑到那事情，在祸患来到之前就要考虑到祸患。

【原文】

先患虑患谓之豫，豫则祸不生。事至而后虑者谓之后，后则事不举。患至而后虑者谓之困，困则祸不可御。

【译文】

在祸患来到之前就考虑到祸患，这叫做预先准备；能够预先准备，那么祸患就不会发生。事情发生以后才加以考虑的叫做落后；落后了，那么事情就办不成。祸患来了以后才加以考虑的叫做困厄；困厄了，那么祸患就不能抵挡了。

【原文】

为人臣下者，有谏而无讪，有亡而无疾，有怨而无怒。

【译文】

给人当臣子的，只能规劝而不能毁谤，只能出走而不能憎恨，只能埋怨而不能发怒。

【原文】

文貌情用相为内外表里，礼之中焉。

【译文】

礼仪容貌和感情作用互相构成内外表里的关系，这是适中的礼。

【原文】

下臣事君以货，中臣事君以身，上臣事君以人。

【译文】

下等的臣子用财物来侍奉君主，中等的臣子用生命来侍奉君主，上等的臣子推荐人才来侍奉君主。

【原文】

治国者敬其室，爱其器，任其用，除其妖。

【译文】

治理国家的人敬重国家的珍宝，爱护国家的器具，使用国家的工具，铲除国家的妖孽。

【原文】

天下、国有俊士，世有贤人。

【译文】

天下、一国都有才智出众的人，每个时代都有贤能的人。

【原文】

政教习俗，相顺而后行。

【译文】

政治教化与风俗习惯相适应，然后才能实行。

【原文】

故义胜利者为治世，利克义者为乱世。上重义，则义克利；上重利，则利克义。

【译文】

所以道义胜过私利的就是治理得好的社会，私利胜过道义的就是混乱的社会。君主看重道义，道义就会胜过私利；君主推崇私利，私利就会胜过道义。

【原文】

主道，知人；臣道，知事。

【译文】

为君之道，在于了解人；为臣之道，在于精通政事。

【原文】

善学者尽其理，善行者究其难。

【译文】

善于学习的人彻底搞通事物的道理，善于做事的人彻底克服工作中的困难。

【原文】

君子疑则不言，未问则不言。道远，日益矣。

【译文】

君子疑惑的就不说，还没有请教过的就不说。道路长远，知识一天天增加。

【原文】

国将兴，必贵师而重傅；贵师而重傅，则法度存。

【译文】

国家将要兴盛的时候，一定尊敬老师而看重师傅；尊敬老师而看重师傅，那么法度就能保持。

【原文】

知者明于事，达于数，不可以不诚事也。

【译文】

明智的人对事情十分清楚，对事理十分精通，我们不可以不忠诚地去侍奉明智的人啊。

【原文】

无用吾之所短遇人之所长，故塞而避所短，移而从所仕。

【译文】

不要用自己的短处去对付别人的长处，所以要掩盖并回避自己的短处，迁就并依从自己的特长。

宥坐篇第二十八

【原文】

孔子曰："聪明圣知，守之以愚；功被天下，守之以让；勇力抚世，守之以怯；富有四海，守之以谦。此所谓挹而损之之道也。"

【译文】

孔子说："聪明圣智，要用笨拙来保持它；功劳惠及天下，要用谦让来保持它；勇敢有力而能压住世人，要用胆怯来保持它；富足得拥有了天下，要用节俭来保持它。这就是所谓的抑制并贬损满的方法啊。"

【原文】

不教其民，而听其狱，杀不辜也。

【译文】

不去教育民众而只是判决他们的诉讼，这是在屠杀无罪的人啊。

【原文】

如垤而进，吾与之；如丘而止，吾已矣。

【译文】

成绩即使像蚂蚁洞口的小土堆一样微小，但只要向前进取，我就赞许他；成绩即使像大土山一样大，但如果停止不前了，我就不赞许了。

【原文】

故君子博学深谋，修身端行，以俟其时。

【译文】

所以君子广博地学习、深入地谋划、修养心身、端正品行来等待时机。

【原文】

故居不隐者思不远，身不佚者志不广。女庸安知吾不得之桑落之下？

【译文】

所以处境不窘迫的人想得就不远，自己没奔逃过的人志向就不广大。你怎么知道我在这叶子枯落的桑树底下就不能得意呢？

子道篇第二十九

【原文】

入孝出弟，人之小行也；上顺下笃，人之中行也；从道不从君，从义不从父，人之大行也。

【译文】

在家孝敬父母，出外敬爱兄长，这是人的小德；对上顺从，对下厚道，这是人的中德；顺从正道而不顺从君主，顺从道义而不顺从父亲，这是人的大德。

【原文】

明于从不从之义，而能致恭敬，忠信、端悫以慎行之，则可谓大孝矣。

【译文】

明白了这服从或不服从的道理，并且能做到恭敬尊重、忠诚守信、正直老实地来谨慎实行它，就可以称之为大孝了。

【原文】

父有争子，不行无礼；士有争友，不为不义。

【译文】

父亲有了诤谏的儿子，就不会做不合礼制的事；士人有了诤谏的朋友，就不会做不合道义的事。

【原文】

审其所以从之之谓孝、之谓贞也。

【译文】

弄清楚了听从的是什么才可以叫做孝顺、叫做忠贞。

【原文】

故君子知之曰知之，不知曰不知，言之要也；能之曰能之，不能曰不能，行之至也。言要则知，行至则仁。既知且仁，夫恶有不足矣哉？

【译文】

所以君子知道了就说知道，不知道的就说不知道，这是说话的要领；会做的就说会做，不会的就说不会，这是行动的最高准则。说话合乎这要领就是明智，行动合乎这准则就是仁德。既明智又有仁德，哪里还有不足之处了呢？

【原文】

君子，其未得也，则乐其意；既已得之，又乐其治。是以有终身之乐，无一日之忧。小人者，其未得也，则忧不得；既已得之，又恐失之。是以有终身之忧，无一日之乐也。

【译文】

君子，在他还没有得到职位时，就会为自己的抱负而感到高兴；已经得到了职位之后，又会为自己的政绩而感到高兴。因此有一辈子的快乐，而没有一天的忧虑。小人嘛，当他还没有得到职位的时候，就担忧得不到；已经得到了职位之后，又怕失去它。因此有一辈子的忧虑，而没有一天的快乐。

法行篇第三十

【原文】

公输不能加于绳墨，圣人莫能加于礼。礼者，众人法而不知，圣人法而知之。

【译文】

鲁班不能超越墨线，圣人不能超越礼制。礼制这种东西，众人遵循它却不懂其所以然，圣人遵循它而且能理解其所以然。

【原文】

内人之疏而外人之亲，不亦反乎！身不善而怨人，不亦远乎！刑已至而呼天，不亦晚乎！

【译文】

疏远家人而亲近外人，不是违背情理了吗？自己不好而埋怨别人，不是舍近求远了吗？刑罚已经临头才呼喊上天，不是悔之已晚了吗？

【原文】

孔子曰：夫玉者，君子比德焉：温润而泽，仁也；栗而理，知也；坚刚而不屈，义也；廉而不刿，行也；折而不桡，勇也；瑕適并见，情也；扣之，其声清扬而远闻，其止辍然，辞也。故虽有珉之雕雕，不若玉之章章。《诗》曰："言念君子，温其如玉。"此之谓也。

【译文】

孔子说：这宝玉，君子用来比拟品德：它温柔滋润而有光泽，好比仁；它坚硬而有纹理，好比智；它刚强而不屈，好比义；它有棱角而不割伤人，好比行；它即使折断也不弯曲，好比勇；它的斑点缺陷都暴露在外，好比诚实；敲它，声音清悦远扬，戛然而止，好比言辞之美。所以，即使珉石带着彩色花纹，也比不上宝玉那样洁白明亮。《诗》云："我真想念君子，温和得就像宝玉。"说的就是这道理。

【原文】

同游而不见爱者，吾必不仁也；交而不见敬者，吾必不长也；临财而不见信者，吾必不信也。

【译文】

一起交游却不被人喜爱，那肯定是自己缺乏仁爱；与人交往而不受到尊敬，那必然是自己没有敬重别人；接近财物而得不到信任，那一定是自己没有信用。

【原文】

君子正身以俟，欲来者不距，欲去者不止。且夫良医之门多病人，檃栝之侧多枉木，是以杂也。

【译文】

君子端正自己的身心来等待求学的人，想来的不拒绝，想走的不阻止。况且良医的门前多病人，整形器的旁边多弯木，所以夫子的门下鱼龙混杂啊。

【原文】

孔子曰："君子有三恕：有君不能事，有臣而求其使，非恕也；有亲不能报，有子而求其孝，非恕也；有兄不能敬，有弟而求其听令，非恕也。士明于此三恕，则可以端身矣。"

【译文】

孔子说："君子要有三种推己及人之心：有了君主不能侍奉，有了臣子却要指使他们，这不符合恕道；有了父母不能报答养育之恩，有了子女却要求他们孝顺，这不符合恕道；有了哥哥不能敬重，有了弟弟却要求他们听话，这不符合恕道。读书人明白了这三种推己及人之心，身心就可以端正了。”

【原文】

孔子曰：“君子有三思而不可不思也：少而不学，长无能也；老而不教，死无思也；有而不施，穷无与也。是故君子少思长，则学；老思死，则教；有思穷，则施也。”

【译文】

孔子说：“君子有三种考虑，是不可以不考虑的。小时候不学习，长大了就没有才能；老了不教人，死后就没有人怀念；富有时不施舍，贫穷了就没有人周济。因此君子小时候考虑到长大以后的事，就会学习；老了考虑到死后的景况，就会从事教育；富有时考虑到贫穷的处境，就会施舍。”

哀公篇第三十一

【原文】

孔子曰：“人有五仪：有庸人，有士，有君子，有贤人，有大圣。”

【译文】

孔子说：“人有五种典型：有平庸的人，有士人，有君子，有贤人，有伟大的圣人。”

【原文】

丘闻之：“君者，舟也；庶人者，水也。水则载舟，水则覆舟。”君以此思危，则危将焉而不至矣？

【译文】

孔子听说过这样的话："君主，好比船；百姓，好比水。水能载船，水能翻船。"君子从这个方面来想想危险，那么危险感哪会不到来呢？

【原文】

好肆不守折，长者不为市。

【译文】

善于经商的人不使所守资财折耗，德高望重的长者不去市场做生意谋利。

【原文】

故弓调而后求劲焉，马服而后求良焉，士信悫而后求知能焉。

【译文】

所以弓首先要调好，然后才求其强劲；马首先要驯服，然后才求其成为良马；人才首先要忠诚老实，然后才求其聪明能干。

【原文】

昔舜巧于使民，而造父巧于使马。舜不穷其民，造父不穷其马，是以舜无失民，造父无失马。

【译义】

从前舜善于役使民众，造父善于驱使马。舜不使他的民众走投无路，造父不使他的马走投无路，因此舜没有逃跑的民众，造父没有逃跑的马。

【原文】

鸟穷则啄，兽穷则攫，人穷则诈。

【译文】

鸟走投无路了就会乱啄，兽走投无路了就会乱抓，人走投无路了就会欺诈。

尧问篇第三十二

【原文】

诸侯自为得师者王，得友者霸，得疑者存，自为谋而莫己若者亡。

【译文】

诸侯获得师傅的称王天下，获得朋友的称霸诸侯，获得解决疑惑者的保存国家，自行谋划而没有谁及得上自己的灭亡。

【原文】

处官久者士妒之，禄厚者民怨之，位尊者君恨之。

【译文】

做官长久的人，士人就会嫉妒他；俸禄丰厚的人，民众就会怨恨他；地位尊贵的人，君主就会憎恶他。

【原文】

不亲贤用知，故身死国亡也。

【译文】

君主不亲近贤能的人、任用明智的人，所以会身死国亡啊。

【原文】

天下不治，孙卿不遇时也。

【译文】

天下不能治理好，是因为荀卿没有遇到时机啊。

二、名言鉴赏

学不可以已

【原文】

学不可以已。青，取之于蓝而青于蓝；冰，水为之而寒于水。木直中绳，輮以为轮，其曲中规，虽有槁暴，不复挺者，輮使之然也。故木受绳则直，金就砺则利，君子博学而日参省乎己，则知明而行无过矣。（《劝学》）

【鉴赏】

这段话是《劝学》的开篇，它常常作为《荀子》的著名段落被选入中学语文课本进行讲解。若从义理角度来看，它几乎可说是《劝学》篇乃至整部《荀子》中最重要的一段话。战国时期儒家学派的两大传承者，一为战国中叶的孟子，他认为人性本善，只要将人与生俱来的恻隐之心施及大众，就能称为“仁心”，有“仁心”，则人皆可为尧舜；另一位则是战国末的荀子，他提出了人性本恶的观点，认为人天性本能中就有趋利、贪欲、好色之心，如果不加以遏制，则会陷于争夺、残暴、淫乱等等恶行，以至无所不为，而遏制本能、性恶之法，就在于学习不辍，即通过礼义辞让的教化，使人归于文治，成为良民；更进一步，博学知耻，过而能改，智慧通达，行事几无过错，则能称为君子；再进一步，由自身修养惠及家庭，使亲友和睦，乃至治国安邦，平定天下，则是儒者的最高境界“圣人”。在荀子的认识中，以上这三种层次，都不能脱离“学不可以已”这条路，他说：“真积力久则入，学至乎没而后止也。故学数有终，若其义则不可须臾舍也。为之，人也；舍之，禽兽也。”（《劝学》）人与禽兽的区别，就在于能否坚持不懈地学习，通过礼义的教化来克制自己的本能私欲。青出于蓝而胜于蓝，冰由水形成却比水冰冷，自然之木天生笔直，可与绳相适应，若以人力弯曲为轮，曲度也能与规相适应，即使槁暴枯干，也不再变直。荀子举出这些例子，都是为了说明人的材质如何虽与先天因素不无关系，但更主要的则是由其后天所处环境与经历来决定的。荀子在《性恶》篇中有一段相似的话：“故枸木必将待檃栝烝矫然后直，钝金必将待砻厉然后利。”人之一生譬如木金，受绳则直，就砺则利，博学而不厌倦，知明而无过错，最终就能获得成功的人生。古今中外，通过坚持刻苦学习从而改变人生的事例比比皆是，荀子的这一段话无论放在哪个时代，都有着其积极的意义。

不知天高地厚

【原文】

不登高山，不知天之高也；不临深谿，不知地之厚也；不闻先王之遗言，不知学问之大也。（《劝学》）

【鉴赏】

在《庄子·秋水》中有一个“望洋兴叹”的寓言：黄河之神河伯见百川融汇于自身，泾流庞大，两岸之间，无法互相分辨景物，于是欣欣然以为天下美景都在自己这里，顺流而东，到了北海，一望天际，不见水端，才醒悟到自己实是井底之蛙，未见大道，有所叹悟。北海之神若因此才说它“可与语大理矣”。意为可以对河伯谈论大道了。这段“望洋兴叹”的寓言旨意与荀子所发“不知天高地厚”之论非常相似，但庄子更注重发挥天人合一的哲理，荀子则是诚恳笃实，谆谆教诲，说明上古圣贤的学问广博无尽，普通大众若不去聆听和效法先王遗言，则永远无法认识到他们与君子圣人间的差距，不会追求进步，提高自身修养，自然也永远无法获得真正的智慧与大德了。颜回称赞孔子“仰之弥高，钻之弥坚”（《论语·子罕》），这正是德行修养达到了一定境界才能发出的感叹。我们常说“无知者无畏”，在一定意义上也与此有所关联——若将人所掌握的知识视作一个圆，圆内是其已知，知识多少由圆的大小来决定，而圆外则是其未知的世界，那么人所掌握的知识越多，就会明白他所未知的也越多，未知越多，则敬畏之心由此而生，人若无所知，则无所敬畏、无所不为，荀子所说的“不闻先王之遗言，不知学问之大也”，或许也是为那些无所畏惧、不事学问、鄙陋浅寡却好“清谈高论”的小人所发。有鉴于荀子此语，我们应抱着对于未知的敬畏之情求学求知，即使不求能达到儒家君子圣人立德立言、教化天下的境界，也求能在人生道路上消虑解惑，以一种更为谦恭诚恳的姿态行至远方。

权利不能倾

【原文】

权利不能倾也，群众不能移也，天下不能荡也。生乎由是，死乎由是，

夫是之谓德操。(《劝学》)

【鉴赏】

这几句行文近似《孟子·滕文公下》:“富贵不能淫,贫贱不能移,威武不能屈,此之谓大丈夫。”孟子所谓不淫、不移、不屈的“大丈夫之道”,实际也与荀子所说的“君子之德操”相去不远。但凡学习者有所学即有所获,日积月累,学习心得转化为坚定不移的意志与信念,且无论死生富贵,它们在学者日常言行思想中都会得以贯彻不辍,这即是荀子“君子德操”之义。这种因学习所得,发自内心而施于外界的“德操”,不会被威权禄利倾覆;不会人云亦云,因受群体意志所迫而转移;不会因天下局势激荡而放弃信念。士君子在乐生达观时能安守其志,而至燕巢危幕、死生存亡之刻亦须臾不离本志,这也是孟子提出的不因富贵贫贱而改变,不因暴力而屈服的“大丈夫之道”。孔子云:“君子无终食之间违仁,造次必于是,颠沛必于是。”(《论语·里仁》)“唯上知与下愚不移。”(《论语·阳货》)孟子云:“虽千万人吾往矣。”(《孟子·公孙丑上》)都蕴含着这个道理。胡适在1932年写给毕业生的信中说,学生毕业之后无论选择什么道路发展,都不能没有堕落的危险,总括起来约有两大类,“第一是容易抛弃学生时代求知识的欲望”,“第二是容易抛弃学生时代理想的人生的追求”,踏入社会后人们从事的工作常常学非所用,甚至所学全无用处,即使初始尚有一部分人能坚持求知求学,但更多则屈服于现实生存环境的压力,在社会中渐渐变得庸碌,放弃了自己曾经拥有的旺盛求知欲,转而为追逐世俗物欲了。另一方面,年轻学子怀揣着满腔热情与希望投身于社会,慢慢意识到理想与冷酷现实间的差距,棱角渐被磨平,锐气渐被消解殆尽,青年时代的梦想抱负,也往往在周遭众人的言行引导之下转移了初始的方向,最终被这洪炉所泯灭。荀子在这里对于“君子德操”不倾、不移、不荡的论断,或许也正为这种情况所发。今之视昔,或许亦正犹后之视今,愿我们在对志向、理想、信念等美好事物与情感心生迷茫的时候，多多念及荀子此语，无论贫贱窘迫加身，威权禄利外诱，世俗所趋，暴力所迫，都能坚守自己的“德操”，死生由是，不倾不移。孔子有云：“天下有道，丘不与易也。”谨以此共勉。

由礼则雅

【原文】

容貌、态度、进退、趋行，由礼则雅，不由礼则夷固僻违，庸众而野。（《修身》）

【鉴赏】

这句名言的大意是说，人的修身，必须时时刻刻以“礼”为准则，如果不由“礼”，不是目中无人、狂妄自大，就是孤陋寡闻、庸俗不堪。

《说文》曰：“礼，履也。所以事神致福也。”段注曰：“履，足所依也。引申之凡所依皆曰履。”“礼”本是原始巫术图腾文明的产物。中国文明的可贵处在于，“把本来是维系氏族社会的图腾歌舞、巫术礼仪，转化为自觉人性和心理本体的建设。”（李泽厚《华夏美学》）所以孔子才会说：“克己复礼，天下归仁焉。”在孔子那里，“礼”已经被提到了本体的高度，成为了一种普遍的宇宙生命节律。

但在荀子这里，情况又发生了变化。“同样是所谓‘修身’，与孟子大讲‘仁义’偏重内在心理的发掘不同，荀子重新强调了外在规范的约束。”（李泽厚《中国古代思想史论》）荀子的“礼”，更接近“履”的本义。但其目的，显然已经不是“事神致福”，而是成为一种人间的社会规范。

于是，由原始图腾文明的“事神致福”的“礼”，经由孔孟偏重内在体验的“礼”，再到荀子的社会规范意义上的“礼”，“礼”之一字的含义，走过了一个否定之否定的“之”字形的路。我们现在所理解的“礼”、“礼教”

的含义，终于在荀子这里成形了。

毫无疑问，这种社会规范意义上的“礼”，对于稳定文明秩序是起着极其重要作用的。“礼，经国家，定社稷，序民人。”（《左传·隐公十一年》）倘若没有“礼”，大到一个国家，小到一个个人，任何事业都将无从谈起。

今天的社会，所缺乏的正是这种“礼”。改革开放以来，人民致富的积极性已被充分调动起来了。这种“兴于诗”的豪情，正是实现中华民族伟大复兴所必需的。可是三十年后，当这种豪情冷静下来，我们发现，我们已变得不是“夷固僻违”，就是“庸众而野”。中国人曾经的那种彬彬君子的风度、那种分寸感正在慢慢消失。这样，“立于礼”就要被提上日程了。“礼”，可以使一个国家、一个人的豪情不至于盲目，可以使生命得到理性的指导，实现合目的性与合规律性的统一，从而最终达到“成于乐”的生命的最高境界。

这正是荀子“礼”论在当下的意义。

人无礼则不生，事无礼则不成，国家无礼则不宁

【原文】

人无礼则不生，事无礼则不成，国家无礼则不宁。（《修身》）

【鉴赏】

“礼”之一字，在先秦儒家典籍中多有涉及。孔子说：“不学礼，无以立。”有子说：“礼之用，和为贵……有所不行，知和而和，不以礼节之，亦不可行也。”孟子则说：“辞让之心，礼之端也。”其义或为“礼法”，或为“礼节”，或作“秩序制度”，或作“和谐节制”，在不同场合下义理也各有不同。

荀子认为人在日常生活中的一切行为，包括衣食、起居、出行等都应依

礼而行，依礼而节，否则便会使身躯不适染病，生命不得安乐。举例而言，《荀子·大略》篇中载："霜降逆女，冰泮杀内，十日一御。"古代男子娶妻时"请期"、"亲迎"的日期是由礼制严格规定的，更甚者，礼对婚后的男女之性、床笫之事，同样有所限定——"十日一御"，这种礼制不是对人性的压抑迫害，而是为了体现"君子节于内"的道理。若人于房事不依礼节制，则容易纵欲从而导致百病遍体横生，生命自然就不得安乐了。庄子说："衽席之上，饮食之间，而不知为之戒者，过也。"同样是这个道理。至于人在社会交往行为中的态度、言谈、举止亦须通过礼来约束引导，不然就会陷入进退失据、邪僻野蛮的地步。当这些循礼之人由个体汇聚为族群，乃至形成国家这个整体后，私人之"礼"就转化成公众之"礼"，即整个国家的秩序与制度，大众社会生活中所必须依守的共通的行事准则。若国家没有礼治，就会使人无差等区别，各争所欲。最终就会让国家动荡不宁，人民无所适从。荀子在《礼论》篇中对"礼"有过明确论述，他说："礼起于何也?曰：人生而有欲，欲而不得，则不能无求；求而无度量分界，则不能不争；争则乱，乱则穷。先王恶其乱也，故制礼义以分之，以养人之欲，给人之求。""故礼者，养也。君子既得其养，又好其别。曷谓别?曰：贵贱有等，长幼有差，贫富轻重皆有称者也。"这种不同阶层之间的差等区别，就是"礼"在先秦生活中的实际体现。《论语·八佾》中记载："孔子谓季氏：'八佾舞于庭，是可忍也，孰不可忍也?'"又"三家者以《雍》彻，子曰：'相维辟公，天子穆穆，奚取于三家之堂?"'鲁国大夫在观舞与宗庙祭祀中都用了不属于自己本分的天子之礼，其僭窃之罪，既体现了春秋末鲁国国政旁落、国力卑下的情况，也为战国天下纷乱之世现出了一丝征兆。

现代社会虽然已经摆脱了古代社会森严的等级制度，压迫人性、歧视人权的礼法制度也逐渐消失于历史长河之中，但仍有一些旧的"礼制"需要我们传承下去。荀子所提出的"故人无礼则不生，事无礼则不成，国家无礼则不宁"，在如今这个时代的意义，应当更侧重于依礼节制养生，以及遵循于人伦长幼之序上，一则以使自己的生命、身体获得安适，二则如孟子所说，当以辞让之心为“礼”之发端。若我们在生活中多以孝亲、尊师、爱幼作为自己的行事准则，那在这物欲横流的浮躁且淡漠的社会中，也能多寻得一丝关怀与安慰吧。

多闻曰博，多见曰闲

【原文】

多闻曰博，少闻曰浅；多见曰闲，少见曰陋。（《修身》）

【鉴赏】

古代社会的信息传递能力极其低下，掌握知识的途径除了向贤师求教学习，阅读典籍效法古人之外，最根本的就是依靠自身的社会经历，多听多看，乃至多思多想，通过自己的阅历与识见获得新的知识与技能。《论语·为政》载：“子张学干禄。子曰：‘多闻阙疑，慎言其余，则寡尤；多见阙殆，慎行其余，则寡悔。言寡尤，行寡悔，禄在其中矣。’”又《论语·述而》载：“子曰：‘盖有不知而作之者，我无是也。多闻，择其善者而从之；多见而识之；知之次也。’”孔子在日常生活与国家政事中都强调要多闻多见，以此消除疑虑与危机，掌握知识与技能。这即是常言所谓“读万卷书，行万里路”，在阅读典籍之外，生活经历中的所闻所见亦是对自身知识的重大补充与实践凝练。孔子又曾提出“益者三友”的概念，而“友多闻”这一条，正被他列入其中。荀子说“多闻曰博，少闻曰浅；多见曰闲，少见曰陋”，就是表明了他对“闻见”这一行为的重视态度。博，意为广博，多闻之人能以所听闻之事与自己所学所知相互启发参证，引起思索，以广博的信息、知识消除自己的疑惑与忧虑。孔子说“言寡尤”，就是指能避免罪患从外部加至自身。闲，指娴熟，多见所行之事就能对此娴熟了解，从而行事感觉宽大舒泰，毫不迫遽。与闲博相反，浅即谓浅薄、肤浅，陋即指鄙陋、寡陋，我们若说某人“浅陋”，就是批评他“少闻少见”的缺点，故而“浅薄”一词也能算作是“孤陋寡闻”这一成语的注解了。古人多将“孝悌”与“闲博”二词对举，前者是儒家强调的“为仁”之本，而后者经孔子提出，又由荀子强调后发扬光大，亦能称作“为学”之本，这两者互相影响，是古代君子修身处世的根基所在。今人处于信息爆炸的时代，获取信息、知识对我们而言不再是困难，然而“多闻多见”的要求却显得更为迫切，因为所知愈远，未知弥多，我们所需认识的世界与古人相比，更为广袤未知，对自身识见与技能的要求也变得更高。我们处于当下飞速发展的社会中，最为急切的要求之一，或许就是在无比纷杂繁冗的信息海洋里挑选和获取个人所必需的知识吧。荀子提出“多闻多见”的学习方法与要求，自古以来便是人们立身行世的金玉良言。

志意修则骄富贵

【原文】

志意修则骄富贵，道义重则轻王公，内省而外物轻矣。（《修身》）

【鉴赏】

王侯公卿多为人所敬畏，富与贵多为人所欲求，凡此爵禄财富，皆为身外之物，君子多淡然处之。荀子说，意志修立就可傲视富贵；以道义为己任，自身气势厚重，则可以轻视王侯公卿；内心不断自省，外物就都微不足道了。孔子云：“不义而富且贵，于我如浮云。”（《论语·述而》）孟子说：“古之贤士何独不然？乐其道而忘人之势，故王公不致敬尽礼则不得亟见之。”（《孟子·尽心上》）庄子曰：“物物而不物于物。”（《庄子·山木》）荀子曰：“君子役物，小人役于物。”（《荀子·修身》）皆是一理。饱学君子专注于提高自身的修养，意志坚定，信念不移，以学习与存养的浩然之气提升自己的气质，他们明白自己真正的追求在于心灵修养的完美与安适，所以美色、天籁、富贵、权势这些外物都无法进入他们的视野与心胸。古时豪侠文士，墨客骚人，多因情系山水、避世隐遁，不应王侯公卿征辟的雅事流传于今。晋陶渊明因为“不愿为五斗米折腰”而成了千古第一文人隐士，唐代杜甫《饮中八仙歌》称赞李白“天子呼来不上船，自称臣是酒中仙”，宋代词人柳永浪迹俗世，寄兴青楼，也曾歌“忍把浮名，换了浅斟低唱”，他们不同于慕仙访道的修炼导引之士，而是真正把胸中才学、信念志向作为自己立身处世的根基，不羡外物，不为世事所移，自然也就能骄视富贵，傲视王侯。现代社会虽然不如封建社会一般等级森严，但阶层差异也依然存在，一般人面对高官富商亦不免愦愦然自处卑下，荀子的这段话用在这里，一方面能使人们觉悟到“人人平等”的思想意义，而更为重要的则是指导人们专注于提高自身修养，不推崇权势富贵，不泥于营求外物，不被外物束缚自己的精神，从而得到心灵的安适与豁达，以“君子大丈夫”的身份屹立于世间。孔子曰：“衣敝缊袍，与衣狐貉者立，而不耻者，其由也与!”子路身着旧衣与穿着狐裘的人站在一起也不会感到羞愧，只因他一心进于道，更重视自身修养与志向，不以外物富贵动摇己心。《论语·子罕》中的这段记载，正可为荀子此语作结。

君子唯其当之为贵

【原文】

君子行不贵苟难，说不贵苟察，名不贵苟传，唯其当之为贵。（《不苟》）

【鉴赏】

《诗·小雅·鱼丽》云：“物其有矣，唯其时矣。”君子所崇尚的行为、言语、名望，都须与自身所处时代潮流相适应，并且与自己的志向操守相契合，如若不然，则不取也。荀子认为，殷商时申徒狄恨道不行而负石投河，可称坚贞之士；战国时名家学派提出卵有毛、鸡三足、火不热、白马非马等命题，竞相诡辩争论，谈说无穷，可称善辩之人；夏商二代的暴君桀、纣，名声昭如日月，能与五帝并而传世。这些人的行为、言语、名望都是一般人难以企及的，但儒家君子却一无所取，不以其为贵，只因为它们不合于礼义，不合于自己的志向操守。以此反观今之社会，多有人为求出名而搏出位，以至无所不言、无所不为，口称思想自由、个性解放，实为名声利益而四下奔走、八方喧噪，使得其自身与其支持者陷入深层的躁狂状态之中无法自拔，“X 姐”、“X 哥”、“X 门”东西跳梁、肆无忌惮，这些现象对提高国民文化素质、改善社会精神风尚实有百害而无一利，若让它们成为中国文化的主流，则中华民族实无未来与希望可言。愿当事者得见荀子此语，勤加改励，避免老来悔恨，遗患子孙；又希冀那些现象的支持者们能以荀子此语反省自身，坚定操守志向，不被歪门邪径与不良的社会风气所影响。

君子絜其辩而同焉者合，善其言而类焉者应

【原文】

君子絜其辩而同焉者合矣，善其言而类焉者应矣。故马鸣而马应之，非知也，其势然也。故新浴者振其衣，新沐者弹其冠，人之情也。其谁能以己之潐潐，受人之掝掝者哉！（《不苟》）

【鉴赏】

《易·乾卦·文言》：“子曰：同声相应，同气相求；水流湿，火就燥，云从龙，风从虎；圣人作而万物睹；本乎天者亲上，本乎地者亲下，则各从其类也。”此盖为荀子所本。《易·系辞上》又有“方以类聚，物以群分”，

今人俗语“物以类聚，人以群分”，亦本于此。而《楚辞·渔父》亦有“屈原曰：‘吾闻之：新沐者必弹冠，新浴者必振衣。安能以身之察察受物之汶汶者乎？’”几与《荀子》此语相同。现代人在洗浴之后会换上新衣，并且小心翼翼，不使衣物沾染到污渍，这种生活习惯与古人有类似之处，而在立身处世这一方面，也是与此相同。若人操志高洁，言行至清，则会进而思贤，退而自省，必不会趋于流俗，与一些恶言恶行同流合污。荀子的详细生平，如今已不可考，而屈原怀石沉江的传说，多为后人津津乐道，在“洁身自好”这一点上绝对能当上“絜辩而同”、“善言而同”、“同声同气”这些评价，成为与荀子志向操守相近、相契的道友。二人通过各自言行所树立的高洁形象在当时便已昭若日月，巍如玉山，且遥遥映照于千古之后，依然皓耀鲜洁，不染尘垢，成为历代儒者君子的典范表率，文人学士的倾慕对象。今人见得荀子此语，或当怀想屈子《离骚》、《橘颂》之篇，倾之慕之，嗟之叹之！

四乳博局镜（春秋战国）

义之所在，是士君子之勇

【原文】

有狗彘之勇者，有贾盗之勇者，有小人之勇者，有士君子之勇者：争饮食，无廉耻，不知是非，不辟死伤，不畏众强，恈恈然唯利饮食之见，是狗彘之勇也。为事利，争货财，无辞让，果敢而振，猛贪而戾，恈恈然唯利之见，是贾盗之勇也。轻死而暴，是小人之勇也。义之所在，不倾于权，不顾其利，举国而与之不为改视，重死持义而不桡，是士君子之勇也。（《荣

辱》)

【鉴赏】

这是说“勇”，其实还是在说“义”。

《说文》：“勇，气也。从力甬声。……古文勇从心。”段注：“气之所至，力亦至焉。心之所至，气乃至焉。故古文勇从心。”这是说，虽然“勇”是一种“气”，但真正的“勇”，还得在“心”上找动力。“匹夫之勇”和“士君子之勇”的区别正在此。匹夫以“气”为主，气之所至，勇即随之。士君子“以志帅气”，“自反而不缩，虽褐宽博，吾不惴焉；自反而缩，虽千万人，吾往矣。”(《孟子·公孙丑上》)

正因为士君子之勇有这样的特色，所以荀子为这种“勇”加了个前提：“义之所在”。做到这种勇，主体必须有“集义”(《孟子·公孙丑上》)的功夫。“义”需要我“勇”，我便“勇”；“义”不需要我“勇”，我便不动。是之谓“义勇”。

真正做到这种义勇，是很不容易的。匹夫临难，浊气一升，“我跟你拼了”，这不难。但如果面对的是深入骨髓的某种观念呢？你还有“勇气”为了“义”而破除它么？当年岳飞朱仙镇大捷，正待直捣黄龙、恢复河山之时，接连收到了宋高宗的十二道金牌。此时的“义”，显然应该是“将在外，君命有所不受”的。但岳飞破除不了忠君观念，违心地撤了兵。这就不能说是“义”了。不“义”即是逆“天”，而“获罪于天，无可祷也”(《论语·八佾》)。

张居正则刚好相反。张居正在历史上的名声实在不是太好。但就是这个名声不好的人，可以打破“君为臣纲”的教条，将皇帝玩弄于股掌之上，也可以不管什么“君子小人”之防，与宦官结成统一战线，从而凭借其强力手腕，力行改革，为风雨飘摇的大明王朝延续了数十年的国运。这便是“义勇”。这种“义勇”，至其大处，实在可以颠倒乾坤。

今天我们的国歌，正叫做《义勇军进行曲》。任何一个中国人在唱这首歌的时候，都会感到心中升起的无限勇气。但唱完之后，我们是不是可以追问一下，这种勇气背后的“义”呢？只有“义”与“勇”合一，才能产生真正的力量。

先义而后利者荣，先利而后义者辱

【原文】

荣辱之大分，安危利害之常体：先义而后利者荣，先利而后义者辱；荣者常通，辱者常穷；通者常制人，穷者常制于人。（《荣辱》）

【鉴赏】

大分，最大分界。常体，通常的体现。

这是讲荣辱与义利的关系以及由此而来的处世之道。荀子并不如汉儒一样否定利：“正其义不谋其利，明其道不计其功”（《汉书·董仲舒传》），而是让人注意两者的实现顺序：以“义”为出发点，利自然在其中；以“利”为出发点，不但得不到利，还会受辱。

那么，什么是义，什么是利，两者的区别在何处？

“义”的繁体字为“義”。《说文》：“义，己之威仪也。”段注：“古者威仪字作义。今仁义字用之。……威义古分言之者……威义连文不分者，则随处而是。……义之本训谓礼容各得其宜。礼容得宜则善矣。”“这意味着，‘义’的本意是指在巫术——祭祀的礼仪活动中行为、举止、容貌、语言的适当、合度”（李泽厚《说“巫史传统”补》）——宜。

中国古代虽说有各种各样的祭祀，但无论祭祀形式有多么不同，最核心的还是“心祭”。孔子曰：“吾不与祭，如不祭。”（《论语·八佾》）便是强调这种“心祭”的重要性。“心祭”必“尚德”，而这个“德”，并非指个人的道德，而是“天意”、“道意”的显现。中国文化“道”、“德”连用，就是说，孤立的个人无所谓德不德，只有“道”本身才有真正的“德”。这个“德”，随时、随地、随事、随心而显，无标准、无规则、无定义，只看“当”与“不当”。所以，“义”的本义是“宜”。

那么利呢?《易·乾卦》曰：“利者，义之和也。”又曰：“利物足以和义。”“和，相应也。”（《说文》）我与天之德相应，我当然有德。有德之人，必得。义（宜）中可以有利，也可能无利，终是大利于我。因为“天”、“道”不可能不利于“我”。说到底还是一个“宜”。

但是，和世间的任何事物一样，一旦某种“义（宜）”反复出现之后，其内容必然被抽空，而形式被保留下来，从而发展成一个新事物。对这种新事物的认定，就成了一种新的“利”。而当新的“义（宜）”出现时，这旧的“义（宜）”反而会起阻碍作用了。当年改革开放时就是如此。如果依传统的社会主义理论，改革开放简直就是“见利忘义”。大力发展生产，搞市场经济，这不是典型的“求利”么?可三十年下来，事实证明，这“求利”，恰恰就是当年的“义（宜）”。

“义利之辨”，有时候是不能那么僵化的。

今天，我们又走到一个“义利之辨”的关口。今天的“义（宜）”是什么？这恐怕依然是要“摸着石头过河”的。但不管怎样，我们总该记住两千年前荀子的告诫：“先义而后利者荣，先利而后义者辱”，“荣者常通，辱者常穷”。只有这样，这一路上的关口，才能从容地迈过去。

君子耻不修，不耻见污

【原文】

君子耻不修，不耻见污；耻不信，不耻不见信；耻不能，不耻不见用。是以不诱于誉，不恐于诽，率道而行，端然正己，不为物倾侧，夫是之谓诚

君子。（《非十二子》）

【鉴赏】

这是荀子的“耻”论。

应该说，儒家是很看重“耻”的。“好学近乎知，力行近乎仁，知耻近乎勇。”（《礼记·中庸》）“恭近于礼，远耻辱也。”（《论语·学而》）“道之以政，齐之以刑，民免而无耻；道之以德，齐之以礼，有耻且格。”（《论语·为政》）“声闻过情，君子耻之。”（《孟子·离娄下》）“人不可以无耻，无耻之耻，无耻矣。”（《孟子·尽心上》）这样谈“耻”的言论在儒家经典中几乎俯拾即是。

那么，究竟什么是耻？耻，应该是内心深处升起的一种羞辱感。“见污”、“不见信”、“不见用”，在荀子那个时代便是很常见的三种“耻”。那时一个人如果能将这三种“耻”铭记在心，应该说已经很难得了，“知耻近乎勇”。

可真正的君子所“耻”之处却并不在此。与“见污”、“不见信”、“不见用”这些外在的际遇相对，君子所“耻”的“不修”、“不信”、“不能”更偏向于内在的心理体验。以内在的心理体验为本，视外在的人生际遇为末；耻不能秉持这个内在的“本”，而不耻能否因此而获得外在的“末”，这便是孔门的“内省不疚”（《论语·颜渊》）。

但这并不是说，君子就应该如《汉书·董仲舒传》所说的“正其谊不谋其利，明其道不计其功”，不管外在的功利。对真正的君子而言，任何外相变动，都不能干扰心中的大局（“不诱于誉，不恐于诽”）。正如围棋国手，每下一子，都要全盘考虑整个棋局的大势一样，真正的君子亦已在自己平淡的生活中建立了一种生命的“内时空”。每当外相人心，他首先不是对这个外相做简单的价值判断，而是为它在自己生命的“内时空”中找到一个合适的位置。誉也罢，毁也罢，都不会去聚焦，不管它有多么强大，终究会在心中最合适的位置落下。而我只是“率道而行，端然正己”，在这独一无二的国土里做个“观自在菩萨”。

达到这种境界当然是很不容易的。这里真正的难点，还不在于外在的“他誉”、“他毁”，而在于由这“他誉”、“他毁”而引起的“自誉”、“自毁”。“他誉”、“他毁”的力量再强大，毕竟只存在于与人交接的一时，但其引起的“自誉”、“自毁”以及与此相关的种种成见却要萦绕在生活的时时刻刻。这才是真正的“物”，这才是真正的“心中贼”（王阳明语）。面对这万分强大的“心中贼”，你能做到“不为物倾侧”么？

做一名超道德的“诚君子”，实在比做那种恪守道德的道学先生更难。

怎么办呢？孟子曰：“守约。”这个“耻”字毕竟是来自普遍认可的社会规范，为什么不试着转化它，让它成为“内时空”的一部分呢？在这个过程中，先“耻不修”、“耻不信”、“耻不能”，以期最终有资格“不耻见污”、“不耻不见信”、“不耻不见用”。说实在话，倘若没有“耻不修”、“耻不信”、“耻不能”的心理经验，却偏要说着“不耻见污”、“不耻不见信”、“不耻不见用”的话头，这就真的有点“无耻”了。“无耻之耻，无耻矣。”中国文化在宋以后的衰败，正与这种好高骛远的心态有关。

画虎不成反类犬，儒门的向上一路，难学，但中国文化要发展，中国士人要成熟，恐怕也只有这一条路。

可杀而不可使为奸

【原文】

可贵可贱也，可富可贫也，可杀而不可使为奸也。（《仲尼》）

【鉴赏】

君主制，实在是人类社会发展不得不面对的一种尴尬。人总是要生活在一定的社会群体中的。社会群体必须要有结构秩序。时代越靠前，社会对这种结构秩序的需求就越迫切。这样，总领其事的权威君主的出现就成为必然。具体到中国，小农经济的脆弱性又天然要求这种权威君主以世袭制的方式长期存在。于是，“事君”作为一种义务，就在社群内部长期固定下来了。

不同于欧洲骑士之侍奉领主，日本武士之忠于将军，中国的士大夫除了“事君”之外，还有另一种“事”，那就是“事天”。

中国一向缺乏成型的宗教，但没宗教不代表没信仰。从上古开始，在中国士大夫心中，就一直存在着一个“天”的意识。“天”高于“天子”，这应该是中国士大夫共同的信念。所谓“事君”，实是要以“事君”的外在形式，来行使“事天”的实质内容。

但如同任何事物一样，形式与内容往往要产生冲突。如果每个“天子”都能够做到“小心翼翼，昭事上帝”（《诗经·大雅·大明》），那大家自然可以心甘情愿地“媚于天子”（《诗经·大雅·卷阿》）。可如果“天子”逆“天”而行呢？我是遵从“天子”，还是越过“天子”直接去“替天行道”？面对这样的抉择，人往往是要精神分裂的。

到得后来，随着君主集权制的逐步确立，中国人精神世界里的宗教感也越来越淡薄，所谓“事君”和“事天”，也就渐渐地不再有什么区别了。“事君以事天”变成了“事君即事天”。古老的“事天”，不再具有形上感，而成了一种微妙的用心艺术。对于这样一种艺术，描述得比较细致的是荀子，他说：

主尊贵之，则恭敬而僔；主信爱之，则谨慎而嗛；主专任之，则拘守而详；主安近之，则慎比而不邪；主疏远之，则全一而不倍；主损绌之，则恐惧而不怨。贵而不为夸，信而不处谦，任重而不敢专，财利至则善而不及也，必将尽辞让之义然后受。福事至则和而理，祸事至则静而理。富则施广，贫则用节，可贵可贱也，可富可贫也，可杀而不可使为奸也。是持宠处位终身不厌之术也。（《仲尼》）

这好像是在向人传授“事君指南”。其实不然。这是在说“事君”，但也是在说“事天”。只是这种“事天”与“事君”高度重合，只有在其道德底线“可杀而不可使为奸”那里，才依稀透出一点古老的“事天”本色。

儒家的“天人合一”，到此可以说走到了尽头。

真正的“事天”，必须摆脱“事君”的枷锁，如庄子那样，挥斥八极，独与天地精神相往来。这在过去，只有“跳出三界外，不在五行中”的修行人能够做到，而在封建君主制业已废除的今天，则应该可以普遍地实现了。

闻之不若见之，见之不若知之，知之不若行之

【原文】

不闻不若闻之，闻之不若见之，见之不若知之，知之不若行之，学至于行之而止矣。……故闻之而不见，虽博必谬；见之而不知，虽识必妄；知之而不行，虽敦必困。不闻不见，则虽当，非仁也，其道百举而百陷也。（《儒效》）

【鉴赏】

知行关系，一直是中国哲学史上的重要问题。从先秦开始，哲学家对于知与行之先后、轻重、难易，各有所论述。孔子认为有“生而知之者”、“学而知之者”和“困而学之者”（《论语·季氏》）。老子则“不行而知”，“不出户，知天下”（《老子》四十七章）。墨子把认识的来源归结为“闻之见之”（《墨子·明鬼下》），主张“口言之，身必行之”（《墨子·公孟》）。孟子主张人有“良知”、“良能”（《孟子·尽心上》）。荀子则明确提出“不闻不若闻之，闻之不若见之，见之不若知之，知之不若行之”。两汉以来，思想家们对这个问题亦多有辩难。到了明朝，王阳明以其不世出的“立德”、“立功”、“立言”三不朽的生命实践，总结出了“知行合一”的命题。不过这并没有结束争论。直到近代，这个问题依然被反复讨论着。

一个很简单的知行问题，为什么会被没完没了地讨论呢？“没有调查便没有发言权”、“实践是检验真理的唯一标准”，两句话不就说尽了吗？难道两千年来中国最聪明的头脑，连这一点也悟不到？

看来，这还真不是一个“简单”的问题。这个问题之所以“没那么简单”，关键在于“知”、“行”双方的转换机制上，尤其是“知”转“行”的机制上。

我们每个人每天都处在不停的生命实践中。有实践就有认识，实践的程度越深，认识也就越准确、越深刻。这就是“行”转“知”。这是生命天然的机制，人人不学而能。难题出在“知”转“行”上面。我们不能事事经历，那么在生命实践中，就必然要大量地借鉴前人的经验。尤其到了当代，媒体异常发达，我们能“直接经验”的东西远远比不上通过媒体了解到的“间接经验”。如何才能让这些“间接经验”最大限度地转化为“直接经验”，至少也降低它的间接性，为我们直接的生命实践服务呢？增加“间接经验”的层次是一个方法，比如任何复杂一点的电器都会配备详细的使用说明书，电脑还会赠送教学光盘。但这是在工具使用领域，在其他生活领域，我们依然面临着一个“由抽象到具体”的问题，比如复杂的人际关系、重大的人生抉择，对此，任何人生格言都只能是参考；如果不巧碰到了互相龃龉的格言，那连参考也谈不上。面对这样的“由抽象到具体”，又该怎么办？一切思辨哲学在这里语塞了。

也许正因为如此，康德才绝望地表示，由抽象到具体，没有已知途径可循。

真的没有途径可循吗？笔者揣测，这里，应该就是中国历代哲人思考的起点了。恐怕只有从这活生生的当下困惑出发，而不是依靠静态的思辨，我们才能真正合于“道”，才能开启一扇扇生命的“众妙之门”（《老子》一章）。

这样，我们也就能明白为什么看似简单的“知行”问题会被中国历代最聪明的人饶有兴致地讨论不休了。

人最为天下贵

【原文】

水火有气而无生，草木有生而无知，禽兽有知而无义，人有气、有生、有知，亦且有义，故最为天下贵也。力不若牛，走不若马，而牛马为用，何也？曰：人能群，彼不能群也。人何以能群？曰：分。分何以能行？曰：义。故义以分则和，和则一，一则多力，多力则强，强则胜物，故宫室可得而居也。故序四时，裁万物，兼利天下，无它故焉，得之分义也。（《王制》）

【鉴赏】

人是什么（What is human）？这个终极问题，从古至今的一切哲人都在回答。有人说，人是神创造的，是神的奴仆，灵魂可以不朽（如基督教）。也有人认为，人是高级动物，虽然高级，也只是一次性消费，人死如灯灭（如当代盛行的唯物主义）。围绕这两种回答，宗教与科学展开了长期的论战。可以说，当今人类文化的一切冲突，都跟人们在这个问题上的看法不一致有关。

那么，有没有跳出这两种视域的第三种回答呢？

中国儒学大师荀子的“人学”观点就是这第三种回答的代表。他说：“水火有气而无生，草木有生而无知，禽兽有知而无义，人有气、有生、有知，亦且有义，故最为天下贵也。”

不是抽象说什么是人区别于其他事物的“本质属性”，而是用一种发展的观点，来层层导出人的“本质属性”（义）；不是将人看作其他一切事物的对立面，而是将人看作包括了其他事物的一切属性的总和。这，就是中国人独特的生命观——“天人合一”。

落实这“天人合一”，得靠一个“义”字。

何谓“义”?《国语·周语》曰：“义，所以判断事宜也。”朱熹云：“义者，心之制，事之宜也。”（《孟子·梁惠王上》注）是不是“义”，完全不能空谈，必须在事中体现——“必有事焉”（《孟子·公孙丑上》）。实践是检验真理的唯一标准。

由此我们也可以看出，中国的“人学”不从静态的概念出发——无论是肉体（Body）还是神性（Spint）——去硬性回答“什么是人”（What）这个终极问题，而是要求人在一层层的生命实践——“义”中去体证你怎么（How）就是一个人的。在这个体证的“过程”中，“什么是人”这个终极问题的答案，会逐渐显现出来。这种答案的显现永远没有终结，主体必须有“终其天年而不中道夭”（《庄子·大宗师》）的气魄，才能领悟得越来越完满，才能充分占有自己的本质。

在今天这个工具理性甚嚣尘上的时代，最迫切的事，莫过于弘扬这种天人一体的生命观。西方那种天人对立的生命观泛滥得太久，造成的危害有目共睹，相形之下，我们这种古老的东方智慧则更胜一筹，在当下应该大有可为。

国危则无乐君，国安则无忧民

【原文】

国危则无乐君，国安则无忧民。乱则国危，治则国安。今君人者急逐乐而缓治国，岂不过甚矣哉！譬之是由好声色而恬无耳目也，岂不哀哉！（《王霸》）

【鉴赏】

这里是说治国与享乐的关系。荀子认为，君主应该先治国，后享乐，而不应先享乐，后治国。先治国，为国家的一切事业打好物质基础，享乐亦自然随之。如果一开始就纵情享乐，将国事抛在一边，那最终就会导致亡国。

人究竟应不应该享乐？这向来是一个争论不休的问题。对待“乐”的态度一般有三种：纵之，禁之，节之。“节”的态度看起来是最明智的。但是，这个“节”的“度”该怎么把握呢？

中国古人处理这个问题的方法与这三种态度都不一样，既非纵，亦非禁，也不是一般意义上的节（《周易·节卦》：“苦节不可贞。”）。它让“乐,，处在其应有的先后次第上，使之与生活中其他“非乐”的部分合为一个整体。这样，就彻底避开了“纵之”（All）、“禁之”（Nothing）、“节之”（Part）的静态争论，从而形成了一种充满辩证意味的实践理性。

虽然这么说，但必须承认，要实现这种理性，在第一阶段，确乎是一个“禁”字（“先苦后甜”，“先天下之忧而忧，后天下之乐而乐”）。忍不住跳过这“禁”的阶段的，是小人，是暗主；能耐心地走完这个阶段的，是智者，是明君。

古时候能走完这个阶段的“明君”并不多。刘邦初入咸阳，见秦宫室珍宝，就产生了“纵之”的念头，亏得有张良谏阻，才将这“急逐乐”的心思收了回来。李世民得天下，也劝臣下不要太放纵，说这不仅是为了老百姓，也为了他们自身及其子孙后代的富贵能够长保。唐玄宗李隆基早年也曾励精图治，可是到了后期却恣意挥霍，最终导致了安史之乱。

爱民者强

【原文】

爱民者强，不爱民者弱。（《议兵》）

【鉴赏】

句话出自《荀子·议兵》。荀子和临武君在赵孝成王面前讨论用兵之道，临武君认为天时、地利或是权谋变诈才是用兵要道，荀子反驳说这都不如用仁心使人民归附自己，君臣一心，军民同力，“故仁人之兵聚则成卒，散则成列，延则若莫邪之长刃，婴之者断，兑则若莫邪之利锋，当之者溃，圜居而方止，则若盘石然，触之者角摧”（《议兵》)，这样的军队自然战无不胜，所向披靡。

荀子认为国家的强弱取决于很多因素，其中最重要的莫过于爱民与否。

君主用仁心爱护人民，好像汤、武那样，人民自然敬爱他，上下一心，则无坚不摧，“故近者亲其善，远方慕其德，兵不血刃，远迩来服。德盛于此，施及四极”（《议兵》)，施行仁义的人必定是爱民的，爱民就会尽其所能让人民安居乐业，那么远近的人民都会拥戴他，即使有战争，也能够达到不战而胜的最高境界；而桀纣这样的暴君，生活奢侈，暴虐无道，不知道怜悯人民。拿殷纣王来说，在其统治的后期，他任意残害人民，百姓和诸侯不堪其苦，渐生离心。就在武王伐纣的过程中，纣王众叛亲离，军队也倒戈相向，反过来帮着武王进攻商朝都城朝歌，正如《孟子·离娄上》所说：“桀纣之失天下也，失其民也。失其民者，失其心也。得天下有道，得其民，斯得天下矣。得其民有道，得其心，斯得民矣。”我们今天也会说“得民心者得天下，失民心者失天下”。

《荀子·哀公》记载了孔子的一句话：“君者舟也，庶人者水也。水则载舟，水则覆舟；君以此思危，则危将焉而不至矣！”《荀子·王制》也说：“庶人安政，然后君子安位。《传》曰：‘君者，舟也；庶人者，水也。水则载舟，水则覆舟。”’用水与舟的关系来比喻君与民的关系十分精妙恰当，后来唐代魏徵引此观点用来谏唐太宗：“臣又闻古语云：‘君，舟也；人，水也。水能载舟，亦能覆舟。’陛下以为可畏，诚如圣旨。”（《贞观政要．论政体》）“怨不在大，可畏惟人；载舟覆舟，所宜深慎。”（《谏太宗十思疏》）唐太宗接受了魏徵的观点并从中悟出了自己的心得：“为君之道，必须先存百姓。若损百姓以奉其身，犹割股以啖腹，腹饱而身毙。”并告诫太子说：“舟所以比人君，水所以比黎庶，水能载舟，亦能覆舟。”（《自鉴录》）唐太宗吸取了隋亡的教训，深刻地认识到“存百姓”的重要性，他以农为本，积极改善人民的生活，减免徭役，降低赋税，使人民休养生息，自己则厉行节约。唐太宗在位期间，得到了各族人民的拥戴，国力空前强盛，历史上把这段时期称为“贞观之治”。

如果施行暴政，置人民生死于不顾，或是只想着用严令繁刑来压制人民，以为这样就可以钳制人民，巩固自己的王位，那么必定会因为脱离人民而自取灭亡。比如以韩非为代表的法家就主张以“威严之势,，统治人民，“严家无悍虏，而慈母有败子”（《韩非子·显学》），认为对人民太仁慈了反而不容易治理，只有严刑重罚才能让人民心生恐惧而顺从统治，并且役使人民无时无度，“君上之于民也，有难则用其死，安平则尽其力”（《韩非子·六反》），在国家有困难的时候，要求人民为国家效命，在和平时期，则要求人民全力劳动以供君主享受，不给人民喘息的机会。秦始皇采用了法家思想，统治残暴，徭役繁重，赋税沉重，思想上实行文化专制主义，焚书坑儒，导致民怨沸腾，最终人民忍无可忍，于是陈胜、吴广揭竿而起，动摇了秦的统治基础，公元前 206 年，刘邦率军抵达咸阳，盛极一时的秦朝灭亡。秦二世而亡，和统治者残酷对待人民不无关系。

民者，国之本也。因此统治者要发展经济，与民休养生息，真诚地爱护人民，使人民安居乐业，民富而后国强。

强本而节用，养备而动时，修道而不贰

【原文】

强本而节用，则天不能贫；养备而动时，则天不能病；修道而不贰，则天不能祸。故水旱不能使之饥渴，寒暑不能使之疾，祆怪不能使之凶。（《天论》）

【鉴赏】

天人关系是中国古代哲学的一个重要命题。先秦时期，人们认为天和人一样，是有意识的，并主宰着人类的命运。到了荀子这里，天不再是人格神，只是独立于人类社会的自然的存在。而人类不能坐等天地的恩赐，被动地顺应自然，“从天而颂之，孰与制天命而用之?”（《天论》）加强农业生产，生活上勤俭节约，即使是上天也不能使他贫穷；丰衣足食又能顺时而动，那么上天也不能使他生病；专心不二地遵行礼义大道，上天也不能使他遭祸。

《天论》开篇，荀子就提出“天行有常，不为尧存，不为桀亡”。天地的运行遵循着固定的客观规律，不会因为尧的仁义就风调雨顺，也不会因为桀的暴虐就降下灾祸。帝舜时代曾经发生了历时十四年的大洪水，舜派大禹治水，利用水之就下的自然规律，疏导河流，终于制服洪水，可见只要在顺应自然规律的同时积极发挥人的主观能动性，即使天降灾害也无损于治世的称誉；秦朝大部分时候都是风调雨顺，五谷丰登，粮食储备丰富，全国建立了很多大粮仓，甚至到汉高祖时还在使用这些粮仓储存的粮食，可是秦却二世而亡。由此可见，人类社会的治乱吉凶与天地并没有必然的联系。

荀子反对把一些自然现象诸如流星、日食、地震等和人类社会的兴亡进行一一对应，认为这种附会就是迷信，是不可取的。天有天职，人有人事。

"列星随旋，日月递炤，四时代御，阴阳大化，风雨博施，万物各得其和以生，各得其养以成"(《天论》)，这是天职；"强本而节用，养备而动时，修道而不贰"，这是人事。荀子在《天论》中宣称："故明于天人之分，则可谓至人矣。"宇宙自然有其运行规律，而人类社会自诞生以来也遵循着自己的客观规律，人们应当各司其职、各尽所能。君主用仁义治理国家，抚恤百姓，而百姓各尽其职：农民顺应天时，勤于耕耘；工匠钻研技艺，精益求精；士人辅助君主，励精图治；商人恪守正道，重义轻利。那么即使是旱灾水患，也不能使这个国家贫穷；即使寒暑交替有疾病瘟疫发生，也不会蔓延成灾，使百姓蒙受病痛之苦；即使有怪异的灾难产生，也不会使这个国家和百姓陷入险境。可见，荀子的话至今仍闪耀着思想的光辉。

万物各得其和以生，各得其养以成

【原文】

列星随旋，日月递炤，四时代御，阴阳大化，风雨博施，万物各得其和以生，各得其养以成。(《天论》)

【鉴赏】

在浩瀚的天空中，众星相随旋转，太阳和月亮轮流将光辉洒向大地，春夏秋冬四季交替着出现。阴阳是古代哲学思想中的一个重要概念，在荀子的时代，阴阳可以指天地、寒暑、晦明、动静等具有对立属性的事物。阴阳的变化产生了丰富的自然现象，比如寒暑变化就有了春夏秋冬，晦明变化产生了白天黑夜，冷热空气交锋形成雨，高低气压碰撞产生风。有了风雨的广施博洒，万物才得以生存发展。

"万物各得其和以生"，那么"和"是一种怎样的状态呢？西周末年的思想家史伯曾提出"和实生物，同则不继"的观点，这里的"和"是指不同的事物互相融合而产生了新的事物，只有单一的事物是无法形成新事物的。荀子的“和”与此相类，比如太阳、地球、月亮按照一定的规律运转而产生了昼夜、四季等自然现象，如果没有日月，地球上就没有昼夜之分，一年中也没有四季的变化，还会有那么丰富的物种吗？当然不会，整个地球将会是一片寂静荒凉。同样道理，如果世界上只有单一性别，万物就无法延续生命。

荀子的“和”还有和谐有序的意思，自然界中的万物都遵循着各自的规律，各司其职，节然有序，世界才能和谐平衡。大海通过水循环给陆地上生物提供淡水，还可以平衡陆地上的温度；森林作为各种生物的栖息地，是一个天然的生物宝藏，并能防止水土流失，维持生态平衡。但今天，由于人类过度开发自然资源，大海受到严重污染，森林被过度砍伐，一切已超出了大自然的承载能力，导致全球气候的恶化和反常，雪灾、旱涝等自然灾害交替出现，大自然不再按照原本的规律运行，人类饱受破坏生态环境所带来的恶果，这是生态环境的失和。我们再来回昧荀子的“万物各得其和以生”这句话，就能明白尊重自然规律，顺时而动，始终对天地自然保持一颗敬畏之心是多么重要了。

“万物各得其养以成”，也就是现在所谓的食物链，俗话说“大鱼吃小鱼，小鱼吃虾米，虾米吃泥巴”。人类和植食性动物是以绿色植物或其子实为食，而绿色植物需要阳光帮助它进行光合作用，还要有适中的温度，雨水的滋润，泥土中的营养，为其传授花粉的蜜蜂，才能开花结果，绿色植物、蜜蜂和人类就构成一条食物链。任何一个环节出了问题，食物链就会遭到破坏，就是不得其养了。

今天我们所说的“和谐”已经不仅仅指自然界，而是涵括了各个方面：人与自然、人与社会、人与人，只有“和而不同”，既不重复别人、人云亦云，也不强求他人与自己一致，只有包容差异，人类才有可能和自然和他人和谐相处，才能永续发展。

天有其时，地有其财，人有其治

【原文】

天有其时，地有其财，人有其治，夫是之谓能参。舍其所以参而愿其所参，则惑矣。(《天论》)

【鉴赏】

天有其时，这里的天是指自然意义上的“天”——自然界。天上的日月星辰按照一定的规律运行：地球围绕太阳一周为一年，一年中又分成春夏秋冬四时；月亮绕地球一周是一月，一月分为三旬；地球自转一周为一日，一日有二十四小时，这就是天时。先民通过长期的观察和实践，根据太阳在黄道上的运行轨道制定了二十四节气用以指导农业生产，这是顺天时。任何植物都是按照四时顺序即春生夏长秋收冬藏生长的，对于这些规律，我们当然不能改变，只能顺时而动，但也不是说只能被动地接受一切，无所作为，我们可以利用规律，“制天命而用之”。

地有其财，《周易》中提到：“天行健，君子以自强不息”；“地势坤，君子以厚德载物”。大地具有厚实的品德，以宽广的胸怀包容万物、承载万物、孕育万物，一切生物的成长都离不开大地。大地提供给人类食物、矿产、森林等各类自然资源，还有人们栖居的场所。人永远无法离开大地。

天有其时，地有其财，而人治就是顺天时养地财。其实很早以前儒家就已经提出“取物不尽物”、“取物以顺时”等观点。《孟子·梁惠王上》：“不违农时，谷不可胜食也；数罟不入洿池，鱼鳖不可胜食也；斧斤以时入山林，材木不可胜用也。”《荀子·王制》：“草木荣华滋硕之时则斧斤不入山林，不夭其生，不绝其长也……春耕、夏耘、秋收、冬藏四者不失时，故五谷不绝而百姓有余食也；污池、渊沼、川泽谨其时禁，故鱼鳖优多而百姓有余用也；斩伐养长不失其时，故山林不童而百姓有余材也。”

正如《论语·阳货》所说：“四时行焉，百物生焉。”四季变化、寒暑交替是天的职能，承载万物、提供物产是地的职能，而人类的职责就是按照春耕、夏耘、秋收、冬藏的规律顺时而动，合理地取用自然界的资源，我们在获得发展的同时也要让自然界得到永续发展。天地人各司其职，如果人放弃自己的努力，只是盼望着风调雨顺，坐等大地五谷丰登，就会使自己迷惑。如今，我们与自然界的关系非常紧张，无节制地向自然索取，导致生态环境的失衡，这也是因为我们背逆了天时，没有尽自己的职责好好保护资源。荀子的话无疑对今天我们解决人与自然问题，依然有启发作用。

万物为道一偏

【原文】

万物为道一偏，一物为万物一偏，愚者为一物一偏，而自以为知道，无知也。（《天论》）

【鉴赏】

春秋战国时期，社会正酝酿着一场大变革，思想空前解放。此时私学兴起，打破了当时“学在官府”的限制，不再是只有王公贵族的子弟才有资格接受教育，各阶层的人都有机会接受教育，出现了大量“士”。而当时各诸侯国为了能够一统天下，积极地招贤纳士，希望借着他们的聪明才智增强自己国家的经济、军事等实力。诸侯们厚待士人，使他们衣食充足，创造了宽松的思想、学术氛围。“士”还可以“择良木而栖”，奔走于各个诸侯国之间宣传自己的政治主张。如果与国君不合，便可以潇洒离去，回到家乡，或广收门徒，或著书立说，阐述各自不同的对社会、自然的看法和主张，遂形成了春秋战国特有的“百家争鸣”的繁荣景象。其中影响较大的是儒、道、法、墨、名家，他们提出的有些概念和主张，比如儒家的“仁、义、礼、智、信”，道家的“无为而治”、“祸兮福之所倚，福兮祸之所伏”，墨家的“兼爱”、“非攻”、“尚贤”，法家的“以法治国”、“世异则事异，事异则备变”等，对后世启发很大。

就在各家学派都以自己的学说为正宗时，荀子站出来批评他们是“蔽于一曲而暗于大理”（《解蔽》），认为世间万物只是大道的一部分，一物只是万物的一部分，而愚笨的人因为知道了一事一物就以为自己掌握了大道的全部，其实这恰恰是无知的表现，诸子的学说也只是大道的一部分。荀子的这些说法，不仅指出了道、法、墨诸家被蒙蔽的地方，对同一学派其他儒者更是进行了毫不留情的批评。

在《解蔽》篇中，荀子给出了解蔽的方法——虚壹而静。他说圣人知道由于认识的片面性而导致蔽塞的危害，故而能将宇宙万物都纳入心中，以道为标准观照万物衡量是非，这样就不会被蒙蔽了。诚然，任何一个人都不可能穷尽事物之理，不免会有认识上的片面和局限，我们应该尽量扩大眼界，拓宽思路，超越自我，融会贯通。“不识庐山真面目，只缘身在此山中”，跳出自以为是的狭隘圈子，我们将会看得更多更远。

人生而有知，知而有志

【原文】

人生而有知，知而有志。志也者，臧也，然而有所谓虚，不以所已臧害所将受谓之虚。（《解蔽》）

【鉴赏】

人从一生下来就有认识能力，我们的眼睛能看到五色，耳朵能听到五音，嘴巴能品尝五味，我们的五官可以接收外界各种信息并且把这些信息储藏并记忆在自己的心中，然而我们的心仍要保持“虚”的状态，不要先入为主，不因为已有的知识而妨害接纳新的事物。因为虚，所以能藏。虚并非将已有的记忆和知识清空，如果没有大量的知识储备，接受和发现新的知识恐怕只是一句空话。虚不是空，不是什么都没有，而是不要带有主观情感。人有七情六欲，这是与生俱来的，如果带着自己个人的情感去看待外界事物的话，就像戴着有色眼镜一样，就不能看到事物最真实的一面。

荀子说：“凡人之患，蔽于一曲而暗于大理。”（《解蔽》）人之所患是由于人们考虑问题片面而造成的。善和恶、始和终、远和近、博和浅、古和今，人往往只看到事物的一面，强调其中的一者而忽视其他。人们极易因为认识的片面性而被蒙蔽，因此荀子主张解人心之蔽，圣人知道由于认识的片面性而导致蔽塞的危害，故而能将宇宙万物都纳入心中，以道为标准观照万物衡量是非，这样就不会被蒙蔽了。那么心如何才能知“道”？曰“虚壹而静”（《解蔽》）。荀子的“虚壹而静”说来自老子的“致虚极，守静笃”，但是两者有本质上的区别。老子的“虚静”说是道家体悟自然的方法，要求人的内心做到空虚和宁静的极致，老子没有给出达到虚静的具体方法，这种体道的方法依靠直觉，是超越认识层面的，是一种难以达到的境界。而荀子具体论述了“虚壹而静”的方法，摒弃了道家玄之又玄的部分，将其化为认识外界事物的一个具体的可行的方法。

在现实生活中，人们往往会因为“私其所积，唯恐闻其恶也；倚其所私，以观异术，唯恐闻其美也”（《解蔽》），骄傲自满就会妨碍接受新知识；心若不专一，“则白黑在前而目不见，雷鼓在侧而耳不闻”；“心，卧则梦，偷则自行，使之则谋”（《解蔽》）。不论是清醒还是在睡梦中，不论是有意识还是无意识，我们的心无时无刻不处在思维活动中，但在认识的过程中，只有静心才会明察。藏和虚、壹和贰、动和静是“虚壹而静”的三对矛盾，荀子认为不必将这三者绝对地对立起来，而是在对立中寻求统一。没有藏，学习的过程就如同猴子掰苞米，最终一无所得；没有虚，就无法接受新的知识。心可以同时容纳很多事情，这样我们才能又快又多地吸收信息，但同时也能集中注意力专心于一件事情，否则我们将一事无成。心静才能明察，但是一味地苦思冥想，而不付诸实践，那就永远不会成功，正如荀子所说："知之而不行，虽敦必困。"（《解蔽》）

人心譬如槃水，正错而勿动

【原文】

人心譬如槃水，正错而勿动，则湛浊在下而清明在上，则足以见须眉而察理矣。（《解蔽》）

【鉴赏】

荀子将人心比作装满水的盘子，盘中的水只有在平静清澈的状态下才能照见物体。北宋哲学家邵雍在《观物吟》诗中说道："天下之平，莫若止水。"又说"人心当如止水则定，定则静，静则明"（邵雍《观物外篇》）。苏轼有一首《泛颍》诗，其中说："画船俯明镜，笑问汝为谁？忽然生鳞甲，乱我须与眉。散为百东坡，顷刻复在兹。"东坡泛舟颍河之上，水平如镜，照见自己的倒影，忽然微风拂过水面，影子被吹乱，"散为百东坡"了，写得妙趣横生，但其中自有深意在。人心亦如水面，在没有外在干扰时，可以如实观照事物，一旦被扰乱，失去了宁静之心，就无法明察事物了。

因此荀子认为只有保持人心"正错而勿动"才能正确认识事物，他说，心是权衡是非之具，假如心不正，如何能衡量判断是非？必然会以是为非、以非为是。人心必须正直，不可为外界的种种诱惑所动而失去了内心的澄明平静。如果我们内心被许多欲望所占据，那么心将会失去正确认识、分析、判断事物的作用。我们应该坚持自己心中的道（理想），坚持自己的原则，不为外界的诱惑、内心的欲望所动，以保持心灵的清明状态。只有排除心中的杂念，才有可能专注于某一件事物，内心就能平静，这也就是荀子反复强调的虚壹而静的修养，那样就能达到所谓的“大清明”即心的空明境界。当然我们的心中也无法做到绝对的无一毫杂念，正如水中的湛浊，心中各种杂乱的意识，不可能完全去除，只能让各种意识沉淀下来，使内心纯粹而不杂乱，才能照见宇宙万物之理，正如刘禹锡在《和仆射牛相公寓言二首》中所说：“心如止水鉴常明，见尽人间万物情。”

心有征知

【原文】

心有征知。征知则缘耳而知声可也，缘目而知形可也，然而征知必将待天官之当簿其类然后可也。五官簿之而不知，心征知而无说，则人莫不然谓之不知。（《正名》）

【鉴赏】

心，这片方寸之地，自古以来就被人们当成“神之舍”。在中国传统哲学观念中，心可以认识事物，可以对信息进行加工处理，是人的思维器官。其实明代李时珍就已经提出了“脑为元神之府”的观点，但是人们还是习惯于把心和思维、意识、精神、情感联系起来。

荀子认为，“心者，形之君也，而神明之主也，出令而无所受令”（《解蔽》）。“心也者，道之工宰也。”（《正名》）在他看来，心不仅控制着人的形体和神明，而且还是大道的主宰，是天君，他将心的地位提高到了无以复加的地步。荀子也非常重视心的验证认识作用，正是因为心可以验证认识，才能调动耳目鼻口等各种感官与外界事物接触，比如依靠耳朵就可以辨别各种声音，依靠眼睛就可以辨别各种形状，如果没有心的征知作用，“中心不定，则外物不清”（《解蔽》），感觉器官就会产生错误的感觉，就像“冥冥而行者，见寝石以为伏虎也，见植林以为后人也”（《解蔽》），如果不用心，“则白黑在前而目不见，雷鼓在侧而耳不闻”（《解蔽》）。

荀子在强调心的主导作用的同时，也没有轻视感官的作用，认识的第一步就是从感觉开始，如果没有感官接触外界事物而收集到的各种感觉信息，那么心的认识作用就会成为无本之木、无源之水，变得没有意义了。

后人在解读荀子这句话的时候，往往是从认识论的角度来谈论，认为荀子在两千多年前就已经涉及了感觉与思维、感性认识和理性认识等认识论的概念，是难能可贵的。其实这句话的提出是有其特殊的现实背景的。战国时代，社会转型，深刻的社会变革产生了很多新的现象和事物，一时没有名称与之相对应，于是出现了以惠施、公孙龙为代表的专门研究名实问题的名家学派，他们热衷于辩论，擅长逻辑分析，积极地为各种事物“正名”，孔子也曾说过：“名不正，则言不顺；言不顺，则事不成；事不成，则礼乐不兴；礼乐不兴，则刑罚不中；刑罚不中，则民无所措手足。”（《论语·子路》）如果事物没有固定的名称，或者名实不符，必将造成社会的混乱。名家的出发点是好的，但是他们提出的观点如惠施“天与地卑，山与泽平”、公孙龙“白马非马”则流于诡辩，有点玩弄文字游戏的味道了。有感于当时“奇辞起，名实乱，是非之形不明”（《正名》），荀子写下《正名》一文，主张“制名以指实”，以便“明贵贱”、“辨同异”，如果一个事物没有相应的名称，那么人的感官即使接收到信息也不认识，心即使能验证认识也不能说出来，那么人们就会认为他无知了。制定名称是认识的前提，更是实现荀子心目中理想社会的基础。

善言古者必有节于今，善言天者必有征于人

【原文】

善言古者必有节于今，善言天者必有征于人。凡论者，贵其有辨合，有符验，故坐而言之，起而可设，张而可施行。（《性恶》）

【鉴赏】

荀子说，擅长谈论古代事情的人必定会用今天的事情作为验证。对于荀子思想的研究，一直有着“法先王”和“法后王”之争。其实，不论是“法先王”还是“法后王”，荀子的落脚点只有一个，那就是当下。荀子在提到先王的时候总是和礼义联系在一起，效法的是先王传下来的“礼”，“法先王”是为了“以古持今”即继承从古代三王流传下来的礼义，并以此来治理现今的社会；“欲观圣王之迹，则于其粲然者矣，后王是也”（《非相》），后王行之有效的制度，同样也是包含了先王的礼义，要想了解先王的礼义之道，只需考察一下后王的制度即可，这就是“以近知远”。两者看似相反，实则殊途同归，其目的都是为了建立荀子心中的理想社会。

擅长谈论天道的人必定会用人事作为验证，说到这里就会有人反驳了，认为荀子在《天论》篇写下的第一句不就说“天行有常，不为尧存，不为桀亡”吗？他认为，作为自然意义上的天有着自己固有的运行规律，自然界诸如流星、陨石、地震等怪异现象和人类社会的治乱是没有必然联系的。在两千多年前科学技术尚不发达的时候，荀子就提出了他的“天人之分”说，可谓是思想超前，但他又说擅长谈论天道的人必定会用人事来验证，将天道人事联系起来，是不是荀子自相矛盾，思想前后不统一呢？答案当然是否定的。天道虽然不能决定人事的变化，但是人在自然界中生存发展，就必须主动地去了解其规律，顺时而动，制天命而用之，以便更好地和自然和谐相处。比如天有四时，人类就根据四时中太阳在黄道上的运行位置制定了二十四节气，按照春耕、夏耘、秋收、冬藏来安排农业生产，才能五谷丰登。

凡是议论，最为宝贵的是所说的话要符合事实，经得起时间的考验。坐着议论，站起身来便可以安排实施，部署起来就可以执行。谈论古代最终要落实到今天，谈论天道最终要落实于人事，也就是议论内容的可操作性，“不闻不若闻之，闻之不若见之，见之不若知之，知之不若行之。”（《儒效》）显然知之而能行才是荀子重点所在。

求贤师而事之，择良友而友之

【原文】

人虽有性质美而心辩知，必将求贤师而事之，择良友而友之。（《性恶》）

【鉴赏】

荀子认为："人之性恶，其善者伪也。"（《性恶》）其实，人的本性如"饥而欲饱，寒而欲暖，劳而欲休"（同上），并无所谓善恶，但若一味顺其性发展则必然会走向恶，而人之所以会表现出善良的一面，都是因为后天学习礼义的结果。荀子这里的"伪"并非"虚伪"的意思，而是作"人为"解。人即使有着优良的禀赋和理解力，也必须寻求贤师而侍奉之，选择良友而亲近之。正因为人性需要以礼义教化来引导，所以荀子特别注重环境的作用，强调学习和选择贤师良友的重要性。《劝学》篇："君子居必择乡，游必就士，所以防邪僻而近中正也。"环境之于一个人的成长有着非常重要的作用。昔日孟母三迁，为的就是给小孟子创造一个良好的生活学习环境。

那么贤师的标准是什么？荀子认为贤师所应具备的品格中，仅仅学问渊博是不够的，具备知识素养只是一个必要不充分的条件，他认为，有尊严有威信、阅历丰富且可信任、诵读解说经典时善守师说、能够论说精微的知识，这才是贤师应具备的四个最重要的因素。荀子重视的是老师的品德，百育德为先，如果老师的人品有问题，那么如何能成为学生的道德典范呢？

孔子曰："益者三友，损者三友。友直，友谅，友多闻，益矣。友便辟，友善柔，友便佞，损矣。"（《论语·季氏》）益友并非只是一味地肯定我们，荀子在《修身》篇中说道："非我而当者，吾师也；是我而当者，吾友也。"

恰当的批评和肯定才会让我们成长和进步，言过其实的谄媚之词会蒙蔽我们的心灵，让我们不能正确地认识自己。因此，择师不可不慎也，择友亦不可不慎也。人是群居动物，易于受到他人的影响，容易被环境同化，所谓“蓬生麻中，不扶而直；白沙在涅，与之俱黑”（《劝学》），尤其是在纷繁复杂的现代社会中，选择于自己有益的师友显得至关重要。君子之交淡如水，真正的朋友也许不会在物质上给我们多大的帮助，但他可以给予我们心灵上、精神上的支持，当我们面临选择时，可以给我们建议；当我们面临歧途时，会用有力的臂膀拉我们一把；在我们失意时不离不弃，在我们成功时默默祝福。

“师友者，学问之资也。”（李惺《西沤外集·冰言补》）老师的言传身教，朋友间的互相切磋，都可以增长我们的知识。但是知识技能可以言传，高尚的道德修养却不是光靠语言就能传给学生，贤师在举手投足间即彰显着高世之德，因此“学莫便乎近其人”（《劝学》），接近并侍奉贤师才是学习的捷径。正如王肃在《孔子家语》中说：“与善人居，如入芝兰之室，久而不闻其香，即与之化矣；与不善人居，如入鲍鱼之肆，久而不闻其臭，亦与之化矣。”

义胜利者为治世，利克义者为乱世

【原文】

义与利者，人之所两有也。虽尧、舜不能去民之欲利，然而能使其欲利不克其好义也。虽桀、纣亦不能去民之好义，然而能使其好义不胜其欲利也。故义胜利者为治世，利克义者为乱世。（《大略》）

【鉴赏】

义利之辩是中国自古以来备受关注的一个问题。

义即宜，指公正合宜的道理和行为；利是物质利益。义在中国两千多年的封建社会中，一直是居于主导地位的道德价值评判标准，也是人们恪守的行为准则。中华民族历来就是一个尚义的民族：为了报燕太子丹的恩，荆轲慷慨高唱“风萧萧兮易水寒，壮士一去兮不复还”，西渡易水，只身一人深入虎穴刺杀秦王；刘备、关羽、张飞为了拯救百姓于水深火热之中，在桃园结为兄弟，希望共同做出一番事业，一句“不求同年同月同日生，但求同年同月同日死”至今还让人们感叹唏嘘；春秋时晋国忠臣赵盾被奸臣屠岸贾陷害而惨遭灭门，赵氏遗孤被程婴救出，而屠岸贾下令将全国一月至半岁的婴儿全部杀尽，以绝后患，为了保护赵氏遗孤和天下无辜的孩子，程婴决定献出自己的幼子代替赵氏遗孤，这些都是出于义的考虑而放弃个人利益。而利呢？传统的训导是君子不言利，似乎谈及利益就是可耻的，就不是君子了。但如果人人都甘于淡泊，耻于追求利益，个人和社会如何生存？如何发展？

其实即使是圣人孔子也丝毫不讳言他对利的追求：“富而可求也，虽执鞭之士，吾亦为之。”（《论语·述而》）但若是“不义而富且贵，于我如浮云”（同上）。荀子“今人之性，生而有好利焉”（《性恶》），“好荣恶辱，好利恶害，是君子小人之所同也”（《荣辱》），也就是说趋利避害之心存在于每个人的心里，与生俱来，即使是尧舜这样的仁人统治天下，也不能让人放弃追求利益，但是可以让人在义的统领下去追求正当利益；同时人生来也是有向善的本性的，即使是桀纣这样暴虐的君主，也不能完全使人放弃对义的追求，重义轻利就是治世，重利轻义就是乱世。

荀子认为，人们追求满足自身的利益是天性使然，无可厚非，关键在于如何在义与利之间寻找平衡点。正如孔子所说：“富与贵，是人之所欲也，不以其道得之，不处也；贫与贱，是人之所恶也，不以其道得之，不去也。”（《论语·里仁》）孟子更是视义重于生：“生，亦我所欲也；义，亦我所欲也。二者不可得兼，舍生而取义者也。”（《孟子·告子上》）西汉的董仲舒也在其著作《春秋繁露》中指出：“天之生人也，使之生义与利。利以养其体，义以养其心。心不得义不能乐，体不得利不能安。”对于利益的追求必须要在合乎义的范围内进行。

所以我们应该坦然言利，不必谈利色变，但同时又要以义统利，见利思义，所谓“君子义以为上”、“君子义以为质”，建立正确的义利观即重义轻利而非背义趋利。

三、名言故事

君子博学

【原文】

君子博学而日参省乎己，则知明而行无过矣。

【大意】

君子广博地学习知识外，而且每天对自己进行反省和检查，那么就会见识高远而行动不会错误。

【启示】

一个人除了有广博的知识外，还必须时时反省自己，有自知之明。

【故事】

喻皓学建筑

喻皓是宋朝初年的一位木匠。他的手艺十分高明，当时一些有名的建

筑，大多是由他主持修建的。

喻皓这套高明的手艺，并不是有名的老师教给他的，而是他自己勤学苦练得来的。他曾经在洛阳住过，洛阳城里有许多唐朝时代留下来的著名建筑，其中最有名的是相国寺。喻皓见相国寺门楼上那种向上翘起的飞檐非常美观，就下决心要学会制作飞檐的本领。他常常一个人跑到相国寺，仰着头仔细观察门楼上的飞檐的构造，琢磨制造方法。他站着看累了，就坐下来看，坐着看累了，就躺下来看，经过反复观察，才把图样画下来，然后照着图样做模型，做了一次又一次，终于把制作飞檐的本领学会了。

喻皓

喻皓主持过许多地方的建筑工程。他每到一个地方，总要打听清楚当地的气候怎么样，风俗人情怎么样；每完成一项工程，总要进行反省和检查，看看有什么需要改进的地方。有一次，他在开封负责修建开宝寺的一座塔。这是一座八角形的塔，有十一层高，工程很大，一共用了八年的时间才修成。当时这座塔有点向西北方向倾斜，人们感到很奇怪，就跑去问喻皓。喻皓回答说："开封地势平坦，四周没有高山，经常刮西北风，一百年以后，塔身自然就会慢慢被风刮正的。"

后来，过了一百多年，这座塔果然由倾斜变得端正了。

青出于蓝

【原文】

青，取之于蓝，而青于蓝；冰，水为之，而寒于水。

【大意】

靛青色是从一种叫做蓼蓝草的叶子提炼出来，但它的颜色比原来叶子的颜色更深；冰决是从水凝固而成的，但它的温度却比原来的水更低。

【启示】

学生可以超过老师，后人应该胜过前人。

【故事】

当学生超过了老师

南北朝时期，孔子的后人孔璠收了个弟子叫李谧。李谧聪明好学，不过几年，他的学识便突飞猛进，超过了他的老师。

孔璠见李谧如此刻苦学习，自然喜在心里。孔璠也是一个非常谦虚的人，当他遇到拿不准的问题时，也会向李谧请教。这样李谧反而觉得不好意思，他认为孔璠是老师，自己是学生，自己比老师知道得多，对老师是一种不敬。因此，每当孔璠向他请教问题的时候，他都显得十分局促，回答起来吞吞吐吐，欲言又止，显得十分不自然。

几次之后，孔璠感觉到了李谧的苦衷，就十分诚恳地对他说："我向你请教问题，如果你知道的话，不要不好意思回答。凡是在某一方面有学问的人都可以做我的老师，又何况是你呢。"

李谧听了老师发自肺腑的一番话，十分感动，更加从心里钦佩孔璠了。从此，李谧为老师解答问题时，知无不言，态度十分从容自然。

后来，孔璠向学生虚心求教的事情传了出去，人们都很赞赏他不耻下问的精神，有人还特意编了一首歌，其中两句是：

青成蓝，蓝谢青；

师何常，在明经。

它的意思是：到底谁是老师是不一定的，关键在于看谁更有学问。

登高山始知天之高

【原文】

不登高山，不知天之高也；不临深溪，不知地之厚也。

【大意】

不爬到山顶，就不会知道天究竟有多高；不走到山涧溪流，就不会知道地究竟有多厚。

【启示】

学无止境，贵在不断追求。

【故事】

大旅行家徐霞客

徐霞客是明代杰出的旅行家、地理学家，他从青年时代开始，用了三十多年时间登悬崖、临绝壁、涉深涧，足迹遍及全国十六个省区。

徐霞客第一次游黄山时，不顾积雪封山，冰层硬滑，硬是用铁杖凿冰，凿一孔踏上一脚，一步一步艰难地攀登上山。他观赏了黄山奇松，不禁赞叹道："不意奇山中又有此奇品。"十多年后，他再次游黄山，登山时攀草牵棘，"石块丛起则历块，石崖侧削则援崖"，不畏艰险，登上天都、莲花峰顶，记下了黄山壮丽的云海。

在游览的过程中，徐霞客曾考察了三百多个岩洞，其中有名称的岩洞达二百二十多个。他对许多岩洞的结构和特征作了考察，详细记录了它们的走向、高深和宽窄的具体数字，并对溶洞、石钟乳、石笋等成因进行研究分析，得出了基本符合科学的结论。他曾经从浙江仙霞岭出发，沿水路从浦溪入福建建溪，经南平到漳浦，沿途细心观察，发现建溪水流平缓，而宁洋溪却水流湍急，从而得出“程愈近则流愈急”的科学结论。

54 岁那年，这位毕生从事旅行的“千古奇人”徐霞客与世长辞了，他留下的《徐霞客游记》，是对祖国大好河山的一首赞歌。

君子游必就士

【原文】

君子居必择乡，游必就士，所以防邪僻而近中正。

【大意】

君子居住，一定选择风俗淳美的乡里；出外交友，一定选择有学问、有品行的贤士，以防止邪僻接近正直。

【启示】

交朋友必须谨慎，要结交益友，而不要和那些品行不好的人结交。

【故事】

曹霸千里遇知音

唐开元年间（713—741），曹霸在长安以画马著称，很受皇帝唐玄宗的赏识，经常被召进皇宫画画，得过不少赏赐，还被封为左武卫将军。可他为人正直，不热衷功名富贵，到天宝末年，竟获罪被贬为庶人，流落到四川成都。

曹霸在成都生活十分穷困，尝够了人间的世态炎凉。他不得已在街市上为过路的行人画像，以此糊口度日。一天，他正在街头画画像，忽然有一个人热情地和他打招呼，他认出是大诗人杜甫，高兴极了。曹霸在长安时虽然和杜甫没有什么交往，但知道杜甫是个有学问、有品行的贤士，如今在千里以外的成都相遇，两人都相见恨晚。

杜甫怀中还有几文钱，便邀请曹霸到一个小酒馆里饮酒。曹霸将自己的经历都对杜甫说了，还说他目前虽然贫困潦倒，但也不愿意将画卖给贵人。杜甫对曹霸既佩服又同情，勉励他继续努力，在绘画艺术上取得更大的成就。

曹霸在困境之中遇到杜甫这位知音，得到了极大的宽慰和鼓励。他和杜甫的友情不断加深，成了一对好朋友。

荣誉之来，必象其德

【原文】

物类之起，必有所始；荣誉之来，必象其德。

【大意】

事情的发生，一定有原因；毁誉的评价，一定跟品德有关。

【启示】

品德高尚的人流芳百世，品德低劣的人遗臭万年。

【故事】

百姓盛赞“包青天”

在中国，几乎每一个人都听过“包青天”的故事，包拯在老百姓的心目中，享有崇高的地位。

包拯是北宋时期庐洲合肥（今安徽）人，28岁时考中了进士，被朝廷任命为天长县知县。由于他秉公办事，断案神明，他的事迹广为流传。

后来，包拯升任开封知府。以前，来打官司的老百姓，只能在门外击鼓鸣冤，等衙门里的公差走出来，接了状纸，才能开堂审理。这样，有些公差乘机向告状人索取钱财，而一些贫苦老百姓因为拿不出钱，只好含冤离去。包拯一到开封府，立即贴出告示：“今后凡是在衙门办公的时间，大门一律打开。要告状的百姓不必击鼓，可直接下公堂，当面向他陈述冤情。”从此，穷人就告状有门了，因而对他非常信任。

那时候，达官贵族子弟骄纵成风，鱼肉百姓。包拯不畏权势，坚决严惩了一批恶少。包拯堂舅的儿子，一次犯了重罪，他毫不手软，照样杀头。一时间，达官贵族收敛了许多，有的人甚至一听到包拯的名字就害怕。而饱受欺压的老百姓则拍手称快，称包拯为“包青天”。

有一段时间，宦官和豪门曾争相建造庭园台榭，侵占惠民河岸，致使河道淤塞不通。恰好京城发大水，包拯便顺势命人把河岸上的建筑通通拆掉。有人拿证据举报侵占河岸搞建筑的主人，包拯一概查清并弹劾了他们。

包拯刚正不阿，受到人们的极大尊重，后世有关包拯“陈州放粮”、“铡驸马陈世美”等剧集都是对包拯这些清官的赞誉，也说明了老百姓对清官的渴望。

锲而不舍

【原文】

锲而舍之，朽木不折；锲而不舍，金石可镂。

【大意】

雕刻到一半就放弃，即使是腐朽的木头也不能折断；持续的雕刻不放弃，即使是坚硬的金石也可以刻得成功。

【启示】

要提倡脚踏实地，刻苦学习，持之以恒。

【故事】

中国最早的飞行家冯如

1883年，冯如出生在广东省一个农民家庭。他有个舅舅，早年出国，在美国旧金山做小生意。冯如16岁时，舅舅写信回家乡，要他去美国谋生。于是，家里凑了一些路费，把他送上去美国的轮船。

冯如到了美国后，在舅舅的安排下，到工厂去做工。经过几年的刻苦钻研，他熟练地掌握了各种机器的使用、维修和装配技术。

1903年，美国莱特兄弟制造了世界上第一架飞机，并且试飞成功，这件事轰动了整个世界。第二年，冯如决心学习制造飞机的技术，以报效祖国。怀着这个志向，他来到了华侨集中的旧金山，向当地华侨筹集了一千美元的资金，开始了研制飞机的工作。在经历了一次又一次的失败之后，他终于造出了一架飞机。

这架飞机能不能飞上天呢？冯如亲自飞了一次。不料，飞机升空才十几米，就掉了下来。幸好飞得不算高，冯如只擦破了一点皮。

首次飞行虽然失败，但冯如并不气馁。他锲而不舍，继续收集飞机结构的图纸，仔细研究对照，考虑如何改进。艰辛的劳动终于取得了收获。1909年9月，冯如终于研制成一架经过改进了的莱特式飞机，试飞后测定，飞行的距离是莱特兄弟的三倍多。

然而，美国的飞行技术发展很快。冯如虽然在飞行距离上超过了莱特兄弟首航的纪录，可是过了几年时间，美国出现了许多飞行家，技术也越来越先进。为了学到先进技术，冯如到处去参观、学习。由于他努力学习别人的长处，加上自己的创造，不久就制造出一架性能比较优良的新型飞机，之后，他又研制出一架性能更好的飞机。在飞行表演中，他驾驶这架飞机创造了新的世界纪录。

冯如是中国第一个提出发展航空事业，自制飞机并飞上蓝天的人。他和林福元、谭根被誉为中国早期航空史上的三大华侨飞行家。

吾师，吾友，吾贼

【原文】

非我而当者，吾师也；是我而当者，吾友也；谄谀我者，吾贼也。

【大意】

责备我而责备得正确的，是我的老师；赞成我而赞成得恰当的，是我的朋友；谄媚奉承我的，就是我的祸害。

【启示】

闻过则喜，知错则改，反对谄媚奉承，这是对待批评的正确态度。

【故事】

荀息巧妙进谏

春秋时期，晋国的晋灵公终日吃喝玩乐，不理朝政。他不惜耗费无数财力、物力、人力，要造一座九层高的琼台。他怕有人会对此劝谏，便下令说："有人敢进谏者，一律杀头！"

大臣荀息知道后，便来求见晋灵公。荀息进了宫，故作轻松地对晋灵公说："我今天来拜见大王，并不敢向你规劝什么，只是来向你表演一个小小的特技。我能够把十二颗棋子垒起来，再把九个鸡蛋放上去而不会掉下来！"

晋灵公听了，觉得很有趣，说："那好，你表演给我看看！"

荀息定了定神，严肃而认真地先把十二颗棋子堆起来，然后再把鸡蛋一个个加上去。在旁边围观的人担心鸡蛋会掉下来，一个个屏住呼吸，提心吊胆，为他捏一把汗。晋灵公也紧张得连声喊道："危险，危险！"

这时，荀息不慌不忙地说："这有什么了不起，还有比这更危险的呢！"

灵公问他更危险的是什么，荀息说："大王，您为了造九层高台，弄得国内已没人耕种，国库空虚，百姓叫苦连天；如果邻国一旦入侵，国家危在旦夕，您打算怎样呢？"

晋灵公听了，这才醒悟过来，说："我错了，你是我的老师！"他立刻下令停止了九层高台的工程。

身劳而心安，为之

【原文】

身劳面必安，为之；利少而义多，为之。

【大意】

身体劳累但能心安理得的事就去做，利益很少但很有道义的事也要去做。

【启示】

干事业、做工作，首先要考虑人民大众的利益。

【故事】

白求恩支援中国抗日

白求恩是加拿大著名的外科医生。1938 年 1 月，他率领加美医疗队，带着充足的医疗设备和器材，从香港绕道到延安，支援中国抗日。

白求恩到了晋察冀根据地五台山开办战地医院。他对工作怀着极大的热忱，从不以专家自居，只要伤员需要，他都愿意去做。白天，他看病、动手术；深夜为伤员复诊、盖被、倒粪便。伤员们说：“做白求恩的病人是幸福的。”

一天，医院送来了一个严重骨折的伤员，因为失血过多，病情危急。一位工作人员说：“抽我身上的血吧。”白求恩却坚决反对，因为那个人刚刚输过血。在场的人纷纷举起手臂，要求把自己的鲜血献给伤员。白求恩说：

"我是O型，O型是万能血型，输给谁都行。前方的战士正在与侵略者作战，他们在流血，在牺牲，我拿出一点血，又有什么关系？快，抢救伤员要紧！"白求恩解开衣服，伸出胳膊。很快地，300毫升鲜红的血液流进了伤员的血管。伤员得救了。

1939年10月，日军对晋察冀边区大扫荡，白求恩率领医疗队来到孙庄村搭起了急救室。在抢救伤员时，白求恩感染了病毒，不幸于1939年11月12日在河北省唐县黄石口村逝世。白求恩为中国人民的解放事业献出了宝贵的生命。

为了纪念白求恩，毛泽东专门写了一篇文章，赞颂他是："一个高尚的人，一个纯粹的人，一个有道德的人，一个脱离了低级趣味的人，一个有益于人民的人。"

不为不成

【原文】

道虽迩，不行不至；事虽小，不为不成。

【大意】

路途虽然很近，但不走不会到达；事情虽然很小，但不做就不能成功。

【启示】

心动不如行动。虽然行动不一定成功，但不行动必定失败。

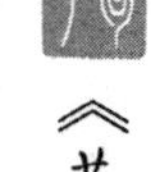

【故事】

懒惰的青蛙

有一群青蛙，很长时间以来，生活在一个池塘中。每到傍晚，他们都快活地唱着歌，做着游戏。

池塘的水本来又干净又清澈，后来由于青蛙太懒惰了，不经常打扫，湖里有很多垃圾，湖水慢慢变臭了。

一只小青蛙说："这里的水太臭了，我们怎能生活在这样的臭水塘里?"

老青蛙听见了，答道："我们应该齐心协力动手清除垃圾，把池塘清理干净，把臭味清除掉。'

"是啊，是啊!"其他青蛙异口同声地说。可是无论是老青蛙，还是小青蛙，谁也不愿意动手。

又过了几天，池塘的水越来越臭，老青蛙忍受不了，又提议搞卫生。干这件事虽然很简单，但青蛙们个个都怕累，你推我，我推你，谁也不愿做。后来，这群青蛙都被臭味唯闻的池塘水熏死了。

君子位尊而志恭

【原文】

君子位尊而志恭，心小而道大，所听视者近，而所闻见者远。

【大意】

君子地位虽然尊贵，但态度仍然很谦恭；心虽然只有方寸之小，但胸怀理想却很远大；所能听到的、看到的很近，但所听到的、看到的却很远。

【启示】

身居高位却平易近人，这就难能可贵了。

【故事】

清官刘宠

东汉时期有个著名的清官叫刘宠，他曾担任过太守、司空、司徒和太尉等重要的官职。他的地位虽然尊贵，但廉洁爱民，对百姓的态度十分谦恭。

刘宠在会稽当太守时，严于律己，约束下属，打击豪强，惩治不法行为，深得老百姓的称颂和爱戴。由于他政绩卓著，朝廷征召他进京，准备让他担任更高的官职。

就在离任的那天，会稽郡的老百姓纷纷赶来为他送行。在送行的人群中，有几岁的小孩子，也有七八十岁的老人，他们是从十几里外的山村特地赶来的。他们每人手里拿着一百枚铜钱，作为送行的礼物。

刘宠见了这些老百姓，心中十分感动，他谦虚地说：“我在太守任上，没有干什么更多的事，只是做了我应该做的，可你们这样令我感动，心意我收了，铜钱不能要。”老百姓却回答说：“从前的官吏，只知道下乡征收赋税，老百姓怨声载道。自从您上任后，减轻了我们的赋税，使我们的生活一天天好起来，这都是您管治得好，看得远啊！我们一定要表达一下我们的心意。”大家非要刘宠收下这些铜钱不可。

刘宠看到老百姓远道而来，就是为了表达心意的，不收就冷了他们的心，盛情难却，便从每个老人手中收了一文钱。百姓们对刘宠更加钦佩，称誉他为“一钱太守”。

伤人以言，深于矛戟

【原文】

与人善言，暖于布帛；伤人以言，深于矛戟。

【大意】

用好话来赞美别人，比棉布和丝绸更让人温暖；用恶言来中伤别人，比矛戟伤人还可怕。

【启示】

说话要注意分寸，不能出口伤人。

【故事】

孙中山战胜谣言

1905年10月上旬，孙中山从日本乘船到东南亚，他在新加坡、越南等地筹建中国同盟会分会，并筹集革命捐款。

孙中山回到日本时，一件令他刻骨铭心的事发生了……

当时，有人说孙中山私吞捐款，为自己的哥哥孙眉在香港修建了一座洋楼。这些谣言越传越厉害，分明是敌人在借刀杀人，妄图瓦解同盟会。

那几年，孙中山为了推翻清朝的统治，连续在海外奔波，建立组织，为革命筹措用款。他的哥哥孙眉也无私地为革命出了力。孙眉从檀香山迁居香港后，在九龙牛池湾借了一笔钱，盖了三间茅屋，以种植果菜、饲养家禽为生，此外别无所有。孙中山为人做事光明磊落，没有半点私心，怎么会私吞捐款呢？

同盟会的黄兴知道了这件事，决定派党内对孙中山心存怀疑的人去香港调查。两个中年男子踩着泥泞到了孙眉的家，根本就看不见洋楼，只有三间陈设简陋、光线暗淡的茅屋，孙中山的母亲杨太夫人正在患病，不停地咳嗽，睡在床上……

到香港调查的人回到新加坡和日本后，公布了调查材料，确认孙中山是一个廉洁奉公的人，是中国人的榜样，同盟会总部和南洋广大华侨确认了是敌人有意造谣中伤孙中山，从而对孙中山更加信赖和敬仰。

孙中山战胜了谣言，继续为中国革命而奋斗。

斗者

【原文】

凡斗者，必自以为是而以人为非也。

【大意】

凡是为了个人利益而去争斗的人，一定都只觉得自己是对的别人是错的。

【启示】

为了个人利益争斗是最愚蠢的。

【故事】

况钟严惩贪官污吏

明宣宗时期，苏州的贪官污吏特别多。这些人贪赃枉法，残害百姓，聚敛了一大批财富。贪官污吏盘剥百姓，中饱私囊，却认为自己是对的，别人是错的，连朝廷也不放在眼内。

宣宗很为这事烦恼，命令朝廷推举合适的人选，去出任苏州知府，扭转那里的局面。不久，能干、廉洁的况钟就被推举出来。

1840 年，况钟走马上任到了苏州府。开始时，他事事装糊涂，一切都让衙门里的胥吏照老样子办理，使一些干惯了坏事的人大为高兴。谁知况钟却用这段时间进行调查研究，暗中将胥吏的罪恶一一查清，记录在案。

一个月后，况钟召集全体胥吏，还请来地方上的正直人士。他先当堂宣读“玺书”，表明自己是奉皇帝的意旨，前来查办为非作歹的官员的。接着拿出两本簿子，要求地方上的正直人士，大胆评判官员办事的好坏，分别记在簿子上。

随后，他就把胥吏一个个叫到跟前，当面指证，某某人那一天出主意办的某件事，得了多少贿赂；某某人那一天出主意办的某件事，从中敲诈百姓多少钱财。每件事情都说得有根有据，清清楚楚。

胥吏们听得大惊失色，这才知道新知府一点也不糊涂。况钟喝令将其中罪大恶极的六人拉出去当堂处死，并把他们的尸体扔在街上示众，剩下的恶吏不是判刑就是革职。

况钟严惩贪官污吏，老百姓拍手称快，争相传诵苏州来了个好知府，可以过太平日子了。

自知者不怨人

【原文】

自知者不怨人，知命者不怨天；怨人者穷，怨天者无志。

【大意】

有自知之明的人不会去埋怨别人，了解命运的人就不会去怪罪老天；埋怨别人的人就会穷困，怪罪老天的人是没有见识。

【启示】

不怨人，不怨天，要靠自己掌握命运。

【故事】

鉴真东渡

唐朝时期，江淮一带有个很有名气的高僧叫鉴真，他受日本政府的邀请，到日本去传法。

当时，唐朝官府严禁人们渡海出国。因此，鉴真一行只能悄悄地准备船只和干粮，找机会偷渡出国。

743 年，鉴真一行准备开船动身。不料同行的一个弟子向官府告密，一些人被抓了起来，后来事情虽然搞清楚了，但官府仍然不准鉴真他们出国，船只也被没收。第一次东渡就这样告吹了。

不久，鉴真一行又开始了第二次东渡。他们乘船从扬州出发，沿长江顺流而下。当他们航行到狼沟浦时，遇到了风暴，船破了，只得离船上岸。

船只修好后，他们又第三次出海。哪知道出海不远，就遇到了更大的风暴，船只触礁沉没。大家逃到了一个海滩上，总算保住了性命，最后被人救了回去。

接着，他们又准备第四次东渡。没想到鉴真有个弟子担心师父的安危，主动上书官府，请求官府劝阻。这一来，这次航行又被官府挡住了。

748 年，61 岁的鉴真又准备第五次东渡。这一次，他们在海上遇到了狂风巨浪。船只在大风大浪中不停地颠簸，一会儿好像上了高山，一会儿又好像跌入谷底，大家都吓呆了。他们在大海中一连漂流了十四天，好不容易靠岸了，上岸一问，才知道已经漂流到了海南岛最南端的振州。这时，不幸的事件不断发生，鉴真因南方炎热，得了眼病，双目失明了，他的一个得意弟子，也跟着生病死了。

一连串的打击，并没有吓倒鉴真。他不怨人，不怨天，相信凭自己的毅力，一定可以到日本传法。753 年 10 月，有一天晚上，鉴真悄悄乘上了日本遣唐使的船只，开始了第六次东渡。经过两个多月的艰难航行，终于在第二年的年初到达了日本的九州岛。东渡成功了。

鉴真

鉴真到达日本以后，受到了日本天皇和人民的热烈欢迎。日本政府为他新建了一所寺院——唐招提寺，他就在寺中讲经传法。鉴真除了宣传佛学外，还把中国的医学知识、建筑艺术、文学书法等带到了日本，对中日文化交流起了很大的作用。

先义而后利者荣

【原文】

荣辱之大分，安危利害之常体；先义而后利者荣，先利而后义者辱。

【大意】

荣耀和耻辱的根本区别，安危与利害的通常规律是：以道义为先而利益为后的人，是荣耀的；以追求利益为先而把道义放在后而的人，是耻辱的。

【启示】

淡泊财利，勇于行道，这是君子的品德。

【故事】

以道义为先的主考官

南宋绍兴二十三年（1153），三年一度的科举考试即将举行。皇帝宋高宗选派了两浙转运使陈之茂，担任这年科举考试的主考官，主持考试。

陈之茂是几年前中进士后开始做官的，他学识渊博，正直敢言，对于科举考试中弄虚作假、营私舞弊的种种弊病，深有感触，并且深恶痛绝。他接受使命后，就考虑怎样杜绝当时的坏风气，为国家选拔出真正的人才，用来挽救危局。

就在这时，他接到了宰相府的邀请。原来。当时的宰相，正是陷害岳飞的奸臣秦桧。秦桧的孙子叫秦埙，这年正巧赶上考试。秦埙从小养尊处优，从不用功读书，如今想依仗祖父的权势，猎取个状元头衔。

陈之茂来到相府，秦桧先是假意向他询问了一些有关考试的准备情况，然后说："我的孙子秦埙，这次也要参加考试。听他老师说，这孩子的文章做得不错，是少有的奇才。你日后看卷，务请加意留神。秦埙如果能考上状元，我也得到宽慰。这件事就拜托你啦！"

陈之茂听了，自然懂得秦桧话中的含义，一时不知如何回答是好。他想，秦桧是皇上的宠臣，又是出了名的大奸臣，如果一口回绝，他就会马上撤去自己主考官的职务；但如果照他的意思去做，又会坏了国家大事。他稍加思索后，冷静地回答：“丞相的孙子既然才学出众，想必录取为状元并不是什么难事。”秦桧听了，以为自己的目的已经达到，便高兴地起身送客。

很快就到了考试的日子，考生们进入考场做文章。三天以后，考试结束了，陈之茂再次召集全体考官，重申要公正从事，不得有半点徇私，否则国法难容。陈之茂更是全神贯注，一份份地复看考官们评定的试卷，最后经集体商议，把一篇见解独到、内容充实、文笔雄健的好文章定为第一名。拆卷以后，才知道那人是越州山阴的考生陆游。

秦桧得知评为第一名的不是他的孙子秦埙，十分愤怒，他恨得咬牙切齿，用尽心计想对陈之茂进行报复。陈之茂知道自己处境危险，但他不顾个人安危，一切从道义为先。他认为，公正取士，不徇私情，是主考官应尽的天职，即使遭受报复，甚至以身殉职，也在所不惜。

善有善报，恶有恶报。恰好这时秦桧在一场大病中死去，陈之茂的一场灾祸最终得以消除。

言而当

【原文】

言而当，知也；默而当，亦知也。

【大意】

该说话的时候说话，这是智慧；该沉默的时候沉默，这也是智慧。

【启示】

说话要恰当，要知道什么时候该说话，什么时候该沉默。

【故事】

林则徐少年不凡

林则徐自幼聪明，能说会道。4 岁那年，他父亲就背着他到自己的私塾馆去，抱在膝上，开始教他读书识字，六七岁时，他便会写对子作诗了。传说有人想试试他的聪慧，出了一副对子的上联：“鸭母无鞋空洗脚”。林则徐稍加思索便答道：“鸡公有髻不梳头”。

还有一次，老师带学童游福州鼓山绝顶峰，一时高兴，要学童以“山”、“海”为字头作一对七言绝句。当其他学童还在苦思冥想时，林则徐已高声吟道：“海到天边天作岸，山登绝顶我为峰。”老师听后赞不绝口。

聪明好学的林则徐 13 岁便中了秀才。传说，林则徐参加重子试时，因人多拥挤，父亲背着他进考场。教官见了感到有趣，便开玩笑地占了一联：“子将父作马”。周围的人听后哄堂大笑，弄得林则徐的父亲很不好意思，而林则徐却不慌不忙地大声对道：“父愿子成龙”。这连林则徐的父亲也未曾料到，周围的人更是惊叹不已，笑声戛然而止。

其唯学乎

【原文】

我欲贱而贵，愚而智，贫而富，可乎？曰：其唯学乎！

【大意】

我想由卑贱而成高贵，由愚昧而成智慧，由贫穷而成富有，可以吗？回答道：那就只有学习了。

【启示】

知识广博的人就是高贵而富有。

【故事】

宋濂发奋学习

提起宋濂，人们就会想起他发奋学习的精神。

宋濂是明朝人，自幼爱好经卷，但他家里很穷，连饭也吃不饱，更没有钱买书了。为了学习，他向别人借书，白天利用一切时间读书，晚上抄录。冬天，北方的天气十分寒冷，宋濂的双手冻僵，墨已成冰。他呵呵气，搓搓手，暖化了墨汁，又提起笔抄起来。由于他博览群书，学问也越来越渊博了。

为了取得更大的进步，宋濂还四处寻访名师，虚心求教。他听说百里之外有一位老先生学识过人，造诣精深，便跋山涉水，登门拜访，虚心求教。他将自己读书中的疑难问题和盘托出，请老师解惑。在老师讲解时，宋濂则专心致志，边听边想边记，认真琢磨，直到完全弄懂才罢休。

功夫不负苦心人，宋濂终于成了大学者，金榜题名，受命主持修撰《元史》，还当过皇太子的老师。

宋濂由卑贱而成高贵，由愚昧而成智慧，由贫穷而成富有，靠的就是发奋学习。

不闻不若闻知

【原文】

不闻不若闻之，闻之不若见之，见之不若知之，知之不若行之。

【大意】

没有听到不如听到，听到不如见到，见到不如明了，明了不如实行。

【启示】

深入、细致、求真、务实是每个人做事情应有的作风。

【故事】

百闻不如一见

西汉宣帝时期，羌人侵入边界，攻夺城池，烧杀掠夺，无恶不作。宣帝召集群臣商议，问谁愿意领兵攻敌。

年已76岁的老将赵充国，曾在边界和羌人打过交道。他自告奋勇，担当这一重任。宣帝问他要派多少兵马，他说："听别人讲一百次，不如亲眼一见。用兵是很难在遥远的地方算计好的。我愿意亲自到那里去看看，然后确定攻夺计划，画好作战地图，这样才更有胜算。"

经宣帝同意，赵充国带领一队人马出发。队伍渡过黄河，遇到羌人的小股军队。赵充国下令部队上前厮杀，很快把敌人击溃，还抓到了不少俘虏。他的部下正准备乘胜追击，赵充国阻拦说："我军长途跋涉到此，不可远追。如果遇遭到敌兵伏击，就要吃大亏了!"

部下听了，都很佩服老将军的见识。赵充国观察了地形，又从俘虏口中得知敌人内部的情况，了解到他们的兵力部署，然后制定出屯兵把守，整治边境、分化瓦解羌人的策略，上奏宣帝。

宣帝十分高兴，让赵充国全权处理西北边境的事务，实行他的计划。就这样，赵充国用很少的兵力，平定了西北边陲之地，受到了世人的赞扬。

人知谨注错

【原文】

人知谨注错，慎习俗，大积靡，则为君子矣。

【大意】

人知道谨慎地行事，小心地遵从习俗，加强积累善行和磨炼自己，这就成为君子了。

【启示】

品德高尚的人往往是谨慎的，行为言语都符合准则。

【故事】

自觉磨炼自己

三国时期，魏国有个刺史叫胡质，他曾经封侯拜将，地位显赫。但他为官清正廉洁，家中除衣物、书籍外，没有其他财物。

胡质的儿子叫胡威，他敬佩父亲的品德，自幼谨慎行事，勤俭朴素，不以官宦子弟自居，也不摆威风。有一次，他去探望正在荆州任上的父亲，为了节俭，他没有置办车马，独自骑着毛驴上路。从京城到荆州的路上，每天晚上到客店投宿，他都自己喂放驴子，又去砍柴烧饭，第二天一早又继续上路。

到了荆州，胡威见到了父亲，但他没有提出任何要求。为了不使父亲廉洁的名声受到损害，不给府中的官员增添麻烦，他就在马棚里搭上床铺，在里面睡觉，从不到父亲房中休息。十几天以后，他向父亲告别。胡质送给他一匹绢，作为路上的费用。胡威连忙跪下说："父亲您一向清白，家里从来没有多余的钱，这匹绢是从哪里来的？"父亲笑着说："这是我从俸禄中省下来买的，你放心拿去吧！"胡成这才收下绢，又骑上毛驴，独自返回了京城。

胡威身为高官子弟，能够严格要求自己，磨炼自己，过普通人一样的生活，实在难能可贵。后来他成了晋朝的官员，也和父亲一样廉洁清正。

圣人本仁义

【原文】

圣人也者，本仁义，当是非，齐言行，不失毫厘，无它道焉，已乎行之矣。

【大意】

圣人以仁义为本，恰当地判别是非，言行一致，一毫一厘不差，这没有别的道理，就是身体力行。

【启示】

做人要重诚信，讲仁义，言行一致，身体力行。

【故事】

胡雪岩重诚信讲仁义

胡雪岩是清朝末年一位著名的商人，他一生重诚信，讲仁义，把儒家的文化思想发扬光大。

胡雪岩的钱庄开业不久，就接待了一位特殊的客户，那位客户就是绿林军军官罗尚全。他将一万两银子存入胡雪岩的阜康钱庄，既不要利息，也不要存折。一是因为相信阜康钱庄的信誉，他的同乡刘庆生经常在他面前提起胡雪岩，而且赞不绝口；二来因为自己要上战场，生死未卜，存折带在身上也是一个麻烦。

得知这一情况，胡雪岩当即决定，第一，虽然对方不要利息，自己也仍然以三年定期存款的利息照算，三年之后来取，本息付给一万五千两银子。第二，虽然对方不要存折，也仍然要立一个，交由刘庆生保管，因为做生意一定要照规矩办事。

罗尚全后来在战场上阵亡了。阵亡之前，他委托两位同乡将自己在阜康钱庄的存款提取，转给老家的亲戚。罗尚全的两位同乡没有任何凭据就来到阜康钱庄，办理这笔存款的转移手续，原以为会遇到一些刁难或麻烦，甚至怕阜康钱庄会就此赖掉这笔账。想不到钱庄除为了证实他们确是同乡，让他们请刘庆生出面做个证明之外，没费一点周折，就为他们办了手续。这笔存款不仅全数照付，而且还算了利息。

胡雪岩身体力行，以自己的信用诚实招来天下客，生意越做越兴隆。

无德不贵

【原文】

无德不贵，无能不官，无功不赏，无罪不罚。

【大意】

没有德行就不能让他显贵，没有才能就不能让他做官，没有功劳就不能给他奖励，没有犯罪就不能给他惩罚。

【启示】

做事公平、公开、公正，才能让人心服口服。

【故事】

唐太宗不徇私情

626年8月9日，唐太宗李世民即位称帝，9月24日，他在宣布各项任命名单以后，对各位大臣说："朕授予你们的官职、爵位，如果有不恰当的，可以在这里提出来研究。"大臣们开始讨论，气氛十分热烈。

太宗的叔父，淮安王李神通不服气，对太宗说："太原起兵的时候，我在关西首先率部响应，赴汤蹈火，置生死于度外，而房玄龄、杜如晦这些人只是捉刀弄笔，功劳却在我之上，官职比我高，我心中确实感到不服。"

太宗听了之后，首先肯定了太原起兵，接着就把李神通过去怎样被窦建德打败，全军覆没，后来又败给刘黑闼，仓皇逃跑的事实，一件一件摆了出来，然后说："叔父您是皇族至亲，朕对您的尊重无以复加，但不能徇私情，与有功之臣同行封赏。"

李神通听后，感到惭愧，低头不语。众将领听后，无不叹服，互相议论说："陛下如此公正，即使对皇叔淮安王也不徇私情，我们还有什么不感到满足的呢?"

用国者

【原文】

用国者，得百姓之力者富，得百姓之死者强，得百姓之誉者荣。

【大意】

治理国家的君主，得到百姓效力的就富足，得到百姓拼死作战的就强大，得到百姓称赞的就有威望。

【启示】

国家的兴衰荣辱，取决于人民是否支持。

【故事】

刘邦入咸阳

汉高帝元年（前206）十月，刘邦率领军队抵达霸上，随即领兵向西进入咸阳。

刘邦看到秦朝的宫室、帷帐、猎狗、骏马、宝物和宫女不计其数，就想留在皇宫里居住。樊哙劝谏说："您是想拥有天下呢，还是只想做一个富翁？所有这些奢华美的东西，都是秦朝灭亡的原因，您要它们做什么？希望您赶紧返回霸上，不要留在宫中！"刘邦不听。

张良说："秦暴虐无道，所以您才能来到这里。为天下人铲除残害百姓的秦贼，应当像服丧一样身穿缟素，以此赢得人心。如今您刚入咸阳，就安于享乐，这就是'助桀为虐'啊！况且忠言逆耳利于行，良药苦口利于病，希望您听从樊哙的劝告。"于是刘邦率领大军返回霸上。

十一月，刘邦将各县的父老和地方豪强全都召集起来，对他们说："父老们被秦朝苛刻的法律所害已经很久了。我与诸侯们约定，先入关中的人，在关中为王。按照约定，我就应当在关中称王。现在与父老们约法三章，杀人者处死，伤人者与偷盗者抵罪。"

刘邦接着说："除此之外，秦朝的法律统统废除，各官吏和百姓都按照原来的位置不动。我之所以到这里来，是为了替父老们除害，而不是要来侵犯你们，请你们不必害怕！况且我率领军队返回霸上，只是要等各路诸侯到来以后，一起制定法令，好让大家安居乐业罢了。”于是派人和秦朝的官吏一起走遍各县、乡、邑，向人们传达解释这些意思。

秦地的百姓非常高兴，争着献上牛、羊、酒和饭食来慰问刘邦的将士。刘邦辞让不肯接受，说：“仓库中的粮食还很多，没有短缺，不能让百姓破费。”百姓们更加高兴，一致拥护刘邦。刘邦得到百姓称赞，名望越来越高。

伤国之大灾

【原文】

伤国者，何也？曰：以小人尚民而威，以非所取于民而巧，是伤国之大灾也。

【大意】

危害国家的是什么？回答是：让小人在人民头上作威作福，用非法手段掠夺人民，而且极尽欺诈，这是危害国家的大祸害。

【启示】

滥用权力，劳民害民的人，必然危害国家。

【故事】

祸国殃民的梁冀

梁冀是东汉时期著名的奸雄。他出身显贵，被汉顺帝拜为大将军。顺帝死后，梁冀拥立了冲、质、桓三帝，把持朝廷权柄近二十年。

当年各地贡献朝廷的大量财物，都要把上等的东西先交到梁冀那里，皇宫得到的都是次等的。梁冀利用职权敲诈勒索，强行敛财，送钱送物向他行贿、求官谋职的人络绎不绝。他又派亲信出塞，大力搜求奇珍异宝，他家里的库房堆满了宝藏。

为了过上奢侈的生活，梁冀还大造府宅，殿堂、寝室里都建有阴阳密室，柱子和墙壁用铜和油漆雕镂装饰。他又广建园林、池塘，堆土成山，在园子里驯养了不少珍禽异兽。梁冀和妻妾一起乘坐辇车，打着羽伞，穿金戴银，在府第里游玩观赏，日夜寻欢。

梁冀执掌朝廷政权，无论事情大小，一律由他决断；文武百官的升迁应诏，都要先到他门前谢恩，然后才敢到尚书那里。对于不听从他的人，梁冀便借故将他们杀死。有个叫袁著的年轻人，因为上书揭发梁冀，被梁冀鞭打致死，连平时和袁著来往的人也一个个惨遭杀害。

梁冀作恶多端，祸国殃民，令汉桓帝大为不满，于是与大臣商量诛杀梁冀。桓帝派出一千军兵，包围了梁冀的家宅。梁冀见大势已去，与他的妻子在家自杀。

敬人

【原文】

仁者必敬人。

【大意】

有仁德的人一定懂得尊敬人。

【启示】

人与人之间应该互相尊重，礼貌交往。

【故事】

彭德怀穿便服接见教师

彭德怀元帅是新中国成立以后的第一任国防部长。平时，他总是一身军装，非常威武。可偏偏在“八一”建军节的前夕——1957 年 7 月 19 日这一天，他穿上一套便服。

这到底是怎么一回事呢？原来，就在前几天，彭德怀收到了北京教育局的一封来信。信上说，他们推荐部分模范教师，代表广大中小学师生，前往看望彭元帅。一方面向彭元帅汇报工作，另一方面请他介绍解放军的战斗历程，以此来庆祝中国人民解放军建军 30 周年。

彭德怀对工作人员说：“教师是育人的，应当受到尊重。可以安排一个时间，和他们好好聚聚。旧社会教师没有地位，今天仍有一些人瞧不起老师，特别是中小学老师，我们要带头改变这种风气。”

会见中小学教师的时间，就定在 7 月 19 日。这一天，彭德怀起得很早，穿着一身灰颜色的便服。工作人员提醒他：“彭总，今天上午是以国防部长的名义接见中小学教育代表，您应该穿军装。”

彭德怀笑了笑说：“今天我们是去见老师，学生见老师应该恭恭敬敬的，这样才能表达对老师的尊敬之意，再说穿便服交谈也比较随便一些。”

会面在一间很宽敞的会议室里，彭德怀高声向老师们问好，又热情地回答他们提出的问题。会面持续了三个小时。最后，彭德怀与老师们合影留念，并与他们一一握手告别，把他们送上汽车。老师们深受感动，许多人流下了激动的泪水。

百事之成，必在敬之

【原文】

凡百事之成也，必在敬之；其败也，必在慢之。

【大意】

大凡各种事情的成功，一定在于态度的谨慎；事情的失败，一定在于疏忽怠惰。

【启示】

态度决定一切，只有谦虚谨慎，端正勤勉，才是真君子。

【故事】

做事谨慎的陶侃

陶侃是东晋时期的荆州刺史，算得上是一个大官，但他做事十分小心谨慎，荆州衙门里大大小小的事情，他都要亲自认真检查，从来不松懈。

陶侃部下有些官吏，喜欢饮酒赌博，往往因此耽误了公事，陶侃知道了非常生气。他吩咐人把酒器和赌具都收起来，一股脑儿扔到江里去，还把那些官吏鞭打了一顿。从此以后，大家都不敢再赌博喝酒了。

荆州在长江边上，官府造船，常常留下许多木屑和竹头。要是在别人手里，不是打扫掉，就是烧了。陶侃却吩咐人把它们收拾起来，收藏在仓库里。人们见了，不懂他为什么要这样做，也没敢问。

后来，有一年新春佳节，荆州的官员都到官府来拜见陶侃。恰好前几天

下了几场大雪，天气放晴，积雪融化后，大厅前面又湿又滑，不好走路。陶侃就吩咐管事的官吏，把仓库里的木屑拿出来铺地，这样，走路的时候就不会摔跤了。

又有一次，东晋水军造一批战船需要竹钉，陶侃又叫人把收藏起来的竹头拿出来，让士兵去做成造船用的竹钉。到这时候，大家才知道陶侃收集木屑和竹头的用处，都佩服他考虑周到。

人之所好

【原文】

人之所好者何也？曰：礼义辞让忠信是也。

【大意】

人们喜欢的是什么呢？就是合乎礼义、谦让和守信 用。

【启示】

以诚待人，以信交友，这是人际关系的重要守则。

【故事】

大丈夫一言九鼎

1950 年夏天，李嘉诚辞别塑料公司的老板，开始创立长江塑胶厂。

老板约李嘉诚到酒楼，设宴为他辞工饯行。李嘉诚十分感动，同时带着内心的歉疚，坦诚地向老板和盘托出自己的计划。他说：“我离开你的公司，是打算自己也办一间塑胶厂。我难免会使用在你手下学到的技术，也会开发一些同样的产品。现在塑料厂遍地开花，我不这样做，别人也会这样做。不过，我向你保证，我绝不会把一个客户带走，绝不会用你的销售网推销我的产品。我会另外开辟销售线路。”

虽然是在商言商，李嘉诚依然是重义轻利，一言九鼎。

后来，果然有不少李嘉诚在原来的塑料公司发展的客户转来与他合作，但李嘉诚无一例外地谢绝了。他一再强调原先打工的那间公司的实力和公司对自己的深情厚谊，希望这些客户继续与原公司保持往来关系。李嘉诚的真诚使这些客户十分感动，他们便继续与原来那间公司做生意。

二十多年后，由于1973年世界石油危机的冲击，香港塑胶业出现了史无前例的原料大危机。已经是潮联塑胶业商会主席的李嘉诚挂帅救业。同时，他将自己公司的库存原料调拨给那间塑料公司，把自己的恩公从倒闭的边缘挽救回来。

李嘉诚有义气、守信用，他的美德帮助了他事业的成功。

人之所恶

【原文】

人之所恶何也？曰：污漫争夺贪利是也。

【大意】

人们讨厌的是什么呢？就是欺诈、贪婪和争权夺利。

【启示】

欺诈贪婪的人到头来只会身败名裂。

【故事】

奸臣蔡京

蔡京是北宋时期的著名奸臣，他当上宰相后，就想方设法讨宋徽宗欢心。宋徽宗醉心方士幻术，蔡京就为他引见术士，陪着皇帝炼丹煮药；徽宗迷信神仙，蔡京就在一旁胡乱附会，说看到什么琼楼玉宇，听到什么舞乐仙歌；蔡京还下令各地向京师进奉“花石纲”，投巨资兴建林苑，供皇帝玩乐。

博得了皇帝的欢心，蔡京便放开手脚，鱼肉人民。在蔡京当政时期，他大树同党，打击异己，朝廷上下没人敢对他说个“不”字。他当政后不久，就把司马光等人定为奸党，一一铲除。他还卖官鬻爵，贿赂公行，把大宋朝廷搞得乌烟瘴气。

蔡京任宰相期间，不断巧立名目，增加赋税，对民众进行残酷的剥削。有的地方几年间赋税增加了七十多倍。他还变着法子榨取民财，如铸造劣质铜钱、滥发纸币、掠夺民田等，搞得民不聊生，流民如潮。

蔡京祸国殃民，引起了天下人的不满和愤怒。宋徽宗在外界的压力下，被迫强令蔡京退休。宋钦宗即位后，蔡京被贬出朝廷，当他到达潭州时，这个年已 80 岁的奸臣终于死去了。

大巧在所不为

【原文】

大巧在所不为，大智在所不虑。

【大意】

最巧妙的是不去做不该做的，真正的智慧是不去想不该想的。

【启示】

该做的事认真去做，不该做的事坚决不做。

【故事】

李光颜退回歌女

唐朝中期，唐完宗下令讨伐发动叛乱的淮西节度使吴元济。大臣韩弘被任命为行营都统，带领十六路人马前去进攻淮西。

在这十几路人马中，最卖力作战的是忠武军节度使李光颜，他指挥部下杀死叛军好几千人，打了大胜仗。可是，韩弘却不高兴，一心想削弱李光颜的力量。

一天，韩弘想了个鬼点子，他派人在大梁城里找了个绝色美女，又让人教她歌舞，再用金银珠宝把她打扮起来，共计花费了几百万钱。他派了一个使者，把这美女送去给李光颜，阴谋用美人计来腐蚀李光颜的斗志。

使者拿着韩弘的信，去见李光颜说："我们韩公对你非常敬佩，念你长期在外作战，所以派我来送一位歌女给你，慰劳你作战的辛劳。"李光颜说："多谢韩公的好意，只是今天天色已晚，明天送来吧。"

第二天，李光颜下令大办宴会，款待全军将士。将士们到齐以后，他便下令使者把歌女送进来。不一会儿，使者领着歌女进来。大家一看，那个歌女果然容貌出众，简直美若天仙。将士们都大吃一惊。

这时，李光颜从座位上站了起来，对使者说："韩公念我离家很久，特地送来美女，按道理我应该接受这个恩德。可是，我李光颜受了国家的大恩，立誓不和叛贼同生天地之间。现在，几万将士都离开妻子，与叛贼拼死作战，我李光颜身为将帅，怎能以女色为乐呢？"他越讲越激动，眼泪不停地往下流。堂下的将士们听了这番话，也都激动得流下了眼泪。

李光颜命人拿出一些绢帛，送给使者，又叫他把歌女带回去，还给韩弘。李光颜力拒美色，不该做的事坚决不做，大大激励了全军将士的斗志。大家决心为国平叛，更加奋勇作战了。

礼者，人道之极也

【原文】

绳者，直之至；衡者，平之至；规矩者，方圆之至；礼者，人道之极也。

【大意】

绳这种准则是最直的，秤这种衡器是最公平的，规矩这种工具确定方圆是最准确的；礼的准则，是为人治国最根本的原则。

【启示】

有礼，就是要遵守各种道德规范。

【故事】

钱镠学礼治国

我国五代时期的吴越王钱镠，本来是农民出身，但他登上王位以后，显得八面威风，不仅造了豪华的住宅，出门时更是前呼后拥。

一天，吴越王带领随从，浩浩荡荡地衣锦还乡。可是进村以后，乡民们纷纷避开他，连他父亲也借故不见。

第二天，钱镠身穿便服，独自一人步行回家。钱镠问父亲为什么避开他，父亲皱起眉头说："我们家世世代代靠打鱼种田过日子，没有出过有钱有势的人。现在你虽然争到吴越王这个位子，但是周围都是你的敌对势力，你贪图享受，向农民强征粮税，引起人们不满，我怕我们钱家今后要遭难了，所以不愿见你。"

钱镠听了父亲的话，难过得流下眼泪。他想，父亲的教训是对的。不学礼，无以立。他跪在父亲膝下说："儿愿听从父亲的教诲，勤俭办事，发愤治国，决不再做有愧于百姓的事。"

自此以后，钱镠每天认真办理公事，亲自调解民事纠纷，为民解忧释怨，常常工作到深更半夜。为了提醒自己勤于政务，他特地做了一个圆木枕头，夜间疲倦了就和衣躺在床上，头靠着它睡觉，睡熟了，身体稍微一动，头就从圆枕上滑下来，人也就醒过来了。他把这种枕头叫做"警枕"。钱镠还亲自组织当地百姓修筑石堤，排除水患，大力发展农业生产，使吴越成为比较富庶的国家。

后来，钱镠回家看望父母，乡亲们知道了，从四面八方前来迎接他。父母都感到无比的宽慰。

学问不厌

【原文】

学问不厌，好士不倦，是天府也。

【大意】

勤学好问，不知满足；喜好儒士，不知疲倦，这是天然的知识宝库。

【启示】

学习是永远不能满足的，要一心一意坚持到底，学问才会渊博。

【故事】

勤学好问的顾炎武

顾炎武是明朝末年清朝初年的人，他从小勤学好问，后来成为一位有名的大学问家。

顾炎武从几岁开始，就跟祖父读一本叫《资治通鉴》的历史书，这部书有三百五十五卷，内容也比较深奥，他认真学习，不懂就问，还把这本书从头到尾抄了一遍。他读的书特别多，不仅有历史书，还有地理书、文学书，连讲农田水利、矿产交通的科学技术书也读。到了四十多岁的时候，他把家乡里所有的书都读完了，于是，他就出外旅行，立志要读遍天下的书。

在旅行的时候，顾炎武带着两匹马和两匹骡子，其中一匹马是骑的，另一匹马和两匹骡子都是驮书的。他骑在马上赶路的时候，也常常默默地背诵读过的书，要是有背不下来的地方，就立刻停下来，翻开书来温习，从来不知疲倦。每到一个地方，他就忙着向当地的老年人请教，问他们哪里有险要的关口，哪里有奇特的洞穴，哪里有山脉河流，从一个地方到另一个地方怎么走，等等。要是从访问中得到的材料和书上记载的不一样，他一定要到那里去观察一下，把亲眼看到的情况注在书里，以后再进行研究，写成文章说明自己的见解。

因为顾炎武勤奋好学，所以他的知识十分丰富，学问十分渊博。他对天文、历法、数学、地理、历史等都有深刻的研究，并且写了好几十部书，受到人们的敬佩。

岁寒知松柏

【原文】

岁不寒，无以知松柏；事不难，无以知君子。

【大意】

年岁不寒冷，无法知道松柏的品性；事情不艰难，无法知道君子的素质才干。

【启示】

疾风知劲草，路遥知马力。

【故事】

伟大的革命先行者

1924 年 12 月 4 日，一艘轮船驶入天津大沽口，码头上，人们站在寒冷的北风中等待着从南方来的人。不一会儿船靠岸，舱门打开了，走出一位五十多岁的老人，在船头上长时间地向欢迎他的群众挥手致意，这个人就是孙中山。人们争着看这位伟人的风采，可是有谁知道，此时孙中山已经得了重病。

正在这时候，军阀段祺瑞派人来“探望”孙中山，说什么孙先生不要讲话太激烈，不要讲反帝国主义，不要讲废除不平等条约，否则外国人要干涉的。没等那人把话说完，孙中山就忍不住了，他愤怒地斥责道：“我主张废除不平等条约，你们却要尊重不平等条约。帝国主义压迫中国，我们就要打倒它。要你对我说这些话的人到底站在谁的立场上?”一番话说得那人的脸涨得通红，再也说不出话来。

12月31日，孙中山到达北京，十万北京市民赶来迎接。但那时孙中山的病情已急剧恶化，不能发表讲话，只能请人代读了一个书面发言。后来，孙中山被送进了医院，经医生会诊，证实他的病已经是肝癌晚期。

孙中山自己是学医的，他知道自己不行了，便同意立遗嘱。他的遗嘱首先想到的是国事，是革命。他已经不能写，就用虚弱的声音口述。他在遗嘱中指出“革命尚未成功”，勉励同志们继续努力，为革命，为国家努力奋斗。

1925年3月11日晚上，孙中山进入昏死状态，他用断断续续的声音，反复呼喊着:“和平……奋斗……救中国。”随后，他的手脚渐渐变冷了，3月12日上午9时30分，孙中山先生溘然长逝。

疲风知劲草，岁寒知松柏。孙中山先生的一生，是一个伟大的革命先行者的一生。他永远活在中国人民的心里。

天行有常

【原文】

天行有常，不为尧存，不为桀亡。应之以治则吉，应之以乱则凶。

【大意】

自然界的运行有自己的规律，不会因为尧的仁慈而存在，也不会因为桀的残暴而消亡。用合理的措施来承接它就吉利，用不合理的措施来承接它就不吉利。

【启示】

尊重自然界的运行规律，用合理的措施去应对。

【故事】

姚崇灭蝗

唐朝开元四年（716），河北、河南一带发生蝗灾。灾情非常严重，田野里到处都是蝗虫，成片成片的禾苗都被蝗虫吃得一干二净。

当地的地方官和老百姓都认为蝗虫是老天爷降下的灾难。拼命烧香跪拜，请求老天爷收回蝗虫。他们眼睁睁地看着蝗虫吃禾苗，竟没有一人上前捕杀。

当时姚崇担任宰相，他知道了这一情况，连忙报告唐玄宗说："周朝和东汉时候，都有捕杀蝗虫的记载。只要大家齐心合力，一定能把蝗虫扑灭。"唐玄宗同意他的做法。姚崇就派一批官员担任捕蝗使，到各地去捕杀蝗虫。

姚崇

姚崇的灭蝗命令下达以后，有的地方官仍然拒不执行。有人说："蝗虫是天灾，怎么可以拿人力制止？外面议论很多，都认为这样做不对。杀虫太多，得罪老天，现在赶快停止，还来得及。"

姚崇态度坚决地说："自然界的灾害，应该用合理的措施去应对。这事我已奏明皇上，请不必多讲了。如果为了救人杀虫，招来了祸害，都由我姚崇一人承担，与别人无关！"

老百姓听了姚崇的话，用火烧和坑埋的方法捕杀了大量的蝗虫，河北、河南的蝗灾终于逐渐平息下去。

知天

【原文】

其行曲治，其养曲适，其生不伤，夫是之谓知天。

【大意】

人的行动在各方面都处理得很好，养民之术完全得当，使万物生长，不被伤害，这就叫做“知天”。

【启示】

让天地发挥它的作用，与人类保持和谐。

【故事】

李冰修建都江堰

四川素有“天府之国”的美称，可是在古代，那里却是非涝即旱。每到雨季，山洪暴发，成都平原顷刻间变成了水泽之国；雨季一过，时常又干旱无雨。

秦惠王九年（前668），秦国吞并蜀国，决定彻底治理岷江水患，当时朝廷派精通治水的李冰取代政治家张若任蜀郡太守。

李冰学识渊博，能知天文、地理，他决定修建都江堰以根除岷江水患。他把江水堵塞，然后筑起了分开水流的堤坝，穿过郫江、捡江，分开支流，经过蜀郡，以用来行船。岷山森林资源丰富，多产梓树、柏树、竹子，砍倒后可以借助水流来运输，非常方便。有了水，李冰带领百姓开稻田，种稻

谷，于是蜀地变得沃野千里。旱季时就引水灌溉，到了雨季就堵住水门，分流引水，杜绝了洪水的发生。

李冰除修建都江堰外，还主持修建了岷江流域的其他水利工程。他还创造凿井煮盐法，结束了巴蜀盐业生产的原始状况。

李冰为蜀地所做的一切，尤其是宏伟的都江堰等水利工程建成后，对蜀地社会产生了深远的影响。千百年来危害人民的岷江水患彻底根除，农业生产迅猛发展，蜀地成为闻名全国的鱼米之乡。

刑人之本

【原文】

凡刑人之本，禁暴恶恶，且征其未也。

【大意】

大凡刑罚人的根本目的，就在于禁止暴行、反对作恶，并警戒将来。

【启示】

处罚与罪行相称，国家就能安定。

【故事】

赵奢禁暴惩恶

赵奢是战国时期赵国的名将。年轻的时候，他曾担任征收田税的小官。

有一次，赵奢带着几名手下到平原君家去征收田税。平原君名叫赵胜，是赵国的相王，又是赵王的弟弟，位尊一时。平原君的管家见赵奢前来收

税，根本就不把他放在眼里。管家态度十分骄横，蛮不讲理，他招来一伙家丁，手里拿着武器，把赵奢和几个手下团团围住，企图暴力抗法。赵奢十分气愤，大喝道："谁敢聚众闹事，拒交国家税收，我就按国法从事，不管他是谁!"管家仗着自己是平原君家的要人，态度十分嚣张。结果，赵奢按照当时的国家刑法，严肃地处理了这件事，杀了平原君家包括管家在内的9个参与闹事的人。

平原君知道这件事后，大发雷霆，扬言要杀掉赵奢。很多人都劝赵奢赶快逃到别国去躲一躲，免遭杀身之祸。可是赵奢一点也不害怕，他说："我以国家利益为重，依法办事，为什么要逃避?"他主动上门到平原君家去，用道理规劝平原君说："您是赵国的王公贵族，不应该放纵家人违反国家法令，谁违反国家法令，就会受到刑罚的惩戒。像您这样身处高位的人，如果能带头交纳田税，那么天下人也会心悦诚服地交租纳税，国家也就会强盛起来。国家强盛，这其实也是您所希望的呀!"

一席话说得平原君心服口服，后来，他也主动纳税了。

圣人者，道之极也

【原文】

天者，高之极也；地者，下之极也，无穷者，广之极也；圣人者，道之极也。

【大意】

天，是高的极限；地，是低的极限；无穷，是广大的极限；圣人，则是道德的最高标准。

【启示】

圣人是道德的最高标准，值得我们学习。

【故事】

老百姓心中的圣人

鲁定公时期，孔子曾担任司空一职，掌管鲁国工程和制造工作。

孔子上任之时，正值冬季。为了搞好鲁国的农业生产，孔子和他的学生不辞劳苦，东奔西跑，把全国的山林、川泽、丘陵以及适宜耕种的地方调查得清清楚楚，这在鲁国历史上还是第一次。孔子还将学生分成几个小组，分赴各地向农人宣传，指导他们开垦种植。第二年，那些听从建议的人都获得了丰收。孔子将百姓生活挂在心上，大家非常感动，于是民间流传了这样一句话："要丰收，找孔丘。"把孔子称为"孔圣人"。

孔子还在鲁国兴修水利，他要把鲁国西部和北部多余的水。引导到缺水的地方。一天，孔子回曲阜将工程计划和初步施工情况向鲁定公汇报，返回工地时，得知马厩前晚失火了。这是借一村民家的马厩，孔子一听十分着急，连忙关切地问："那人有没有被烧？他一家人有没有被烧？有没有祸及他人？"学生告诉他各人平安，孔子才放下心来。

孔子有着一颗仁爱的心。

得礼义然后治

【原文】

今人之性恶，必将待师法然后正，得礼义然后治。

【大意】

现在的人本性是恶的，那就一定要经过师法的教育才可以变得端正，得到礼义的教化才能治理。

【启示】

人要有老师的教化，礼义的引导，才能成为和圣人一样的人。

【故事】

胡适母亲教子

胡适是“五四”新文化运动的先锋，他的成才，离不开母亲冯顺北的谆谆教导。

胡适4岁时父亲不幸病逝，从此，他的母亲便担负起教育子女的重任。每天临睡之前，胡母就坐在床沿边上，叫儿子站在床前“三省吾身”——今日做错了什么事，说错了什么话，该背的书是否背熟，该写的帖是否写完。胡母在督促儿子“三省”之后，又对儿子仔细讲述他父亲生前的种种好处，说：“你总要踏上你老子的脚步，你要学他，不要丢他的脸。”

每天晨光熹微之时，胡母就把儿子叫醒，催儿子快点上学塾，认真学习。因为塾门上的钥匙放在老师家里，所以胡适总是天蒙蒙亮时就赶到老师家门口，轻轻地敲门，听到敲门声，里面有人就把钥匙从门缝里递出来。胡适接到钥匙后，立即赶到学塾把门打开，然后坐下刻苦攻读，天天如此。

小时候的胡适既聪明又调皮，也免不了瞎胡闹。胡适每逢做错了事，胡母从来不在人前责备他，而只用严厉的眼光一瞅，儿子就被吓住了。到了夜深人静的时候，她才关起房门教训儿子。一个秋天的晚上，天气转凉了，但儿子身上还只穿着单薄的衣裳，站在庭院里眺望星空。母亲关切地说：“天凉了，快进屋穿件夹衣吧!”儿子这时看星星正起劲，竟与母亲顶嘴，说了一句调皮的话：“娘（凉）什么？老子还不老子哩!”想不到这句调皮话大大刺伤了母亲的心。后来，胡适意识到自己闯了大祸，跪着直哭，诚恳地向母亲道歉。

由于母亲管教有方，胡适认真读好圣贤书，讲求为人之道，后来成为一个著名的学者。

四、名言检测

（一）哲理篇

荀子在哲理上否定天命说，主张“制天命而用之”，提出了“人定胜天”的光辉思想，他认为要达到人定胜天的境界，其方法与途径就是他在《劝学》中提出的“善假于物”。

荀子认为人与生俱来就想满足欲望，若欲望得不到满足便会发生争执，因此主张“人性本恶”，需要由圣王及礼法的教化来“化性起伪”，才能使人格提高。

本篇主要阐述了荀子人定胜天、认识事物、名实关系及人性本恶等观点和看法。

1. 天行有常，不为尧存，不为桀亡。应之以________则吉，应之以乱则凶。(《荀子·天论》)

A. 顺　　B. 治　　C. 和　　D. 统

2. 天职既立，天功既________，形具而神生。(《荀子·天论》)

A. 循　　B. 和　　C. 成　　D. 中

3. 大巧在所不________，大智在所不________。(《荀子·天论》)

A. 为，虑　　B. 虑，为　　C. 能，为　　D. 虑，能

4. 天有其________，地有其________，人有其________，夫是之谓能

参。（《荀子·天论）

A. 时，财，治　　B. 财，时，治

C. 治，时，财　　D. 适，财，治

5. 其行曲________，其养曲________，其生不伤，夫是之谓知天。（荀子·天论）

A. 治，安　　B. 适，乐　　C. 治，适　　D. 治，生

【答案】

1. B　2. C　3. A　4. A　5. C

【识意】

1. 自然界的运行有自己的规律，不会因为尧之仁而存在，也不会因为桀之暴而消亡。用合理的措施来承接它就吉利，用不合理的措施来承接它就不吉利。

2. 自然的职能已经确立，天生的功绩已经成就，人的形体也就具备而精神也就产生了。

3. 所以最大的技巧在于有些事情不去做，最大的智慧在于有些事情不去考虑。

4. 天有四季寒暑，地有自然资源，人有治理能力，这叫做能够互相并列。

5. 人的行动在各方面都处理得很好，养民之术完全得当，使万物生长，不被伤害，这就叫做知天。

6. 水火有气而无生，草木有生而无知，禽兽有知而________，人有气、有生、有知，亦且有义，故最为天下贵也。（《荀子·王制》）

A. 无义　　B. 无生　　C. 无气　　D. 无礼

7. 大天而________，孰与物畜而制之？从天而颂之，孰与制天命而用

之？望时而待之，孰与应时而________？因物而多之，孰与骋能而化之？思物而物之，孰与理物而勿失之也？愿于物之所以生，孰与有物之所以成？（《荀子·天论》）

A. 颂之，用之　　B. 用之，化之

C. 思之，使之　　D. 思之，用之

8. 错人而________天，则失万物之情。（《荀子·天论》）

A. 用　　B. 思　　C. 制　　D. 使

9. 天地合而万物________，阴阳接而变化________，性伪合而天下________。（《荀子·礼论》）

A. 生，起，治　　B. 起，之，成

C. 生，起，之　　D. 之，起，治

【答案】

6. A　7. C　8. B　9. A

【识意】

6. 水、火有气却没有生命，草木有生命却没有知觉，禽兽有知觉却不讲礼义，人有气、有生命、有知觉，而且讲究礼义，所以人在天下万物中最为尊贵。

7. 与其尊崇天而思慕它，哪里比得上把天当做物一样蓄养起来而控制着它呢？与其顺从天而赞美它，哪里比得上控制自然的变化规律而利用它呢？与其盼望、等待天时，哪里比得上适应天时而役使它呢？与其依顺万物的自然繁殖而求它增多，哪里比得上施展人的才能而使它按照人的需要有所变化呢？与其思慕万物而使它成为能供自己使用的物，哪里比得上管理好万物而不失掉它呢？与其希望于万物能自然生长出来，哪里比得上掌握万物的生长规律呢？

8. 放弃人的努力而只是寄希望于天，那就不能理解万物的本性，也就不能去利用它了。

9. 天地和谐，万物才能生长，阴阳相接，世界才能变化，人的天性与后天的礼仪结合，天下才能得到治理。

10. 天能生物，不能________物也；地能载人，不能治人也；宇中万物生人之属，待圣人然后分也。（《荀子·礼论》）

A. 治　　B. 辨　　C. 载　　D. 知

11. 人之命在________，国之命在________。（《荀子·天论》）

A. 天，礼　　B. 力，强　　C. 安，礼　　D. 天，安

12. 义以________则和，和则一，一则多力，多力则强，强则胜物。（《荀子·王制》）

A. 安　　B. 礼　　C. 分　　D. 理

13. 凡以________，人之性也；可以知，物之理也。（《荀子·解蔽）

A. 知　　B. 之　　C. 理　　D. 礼

14. 凡观物有疑，________，则外物不清，________，则未可定然否也。（《荀子·解蔽》）

A. 决必不当，吾虑不清　　B. 吾虑不清，中心不定

C. 中心不定，吾虑不清　　D. 中心不定，决必不当

【答案】

10. B　11. A　12. C　13. A　14. C

【识意】

10. 天能产生万物，却不能治理它；地能养育人，却不能治理人；世界上的万物和人类，必须依靠圣人制定礼法，然后才能各得其位。

11. 人的命运在于如何对待天，国家的命运在于如何对待礼义。

12. 按礼义确定名分人们就能和睦协调，和睦协调就能团结一致，团结

一致力量就大，力量大了就强盛，强盛了就能战胜外物。

13．能够认识事物，是人的本性；可以被认识，是事物的自然之理。

14．大凡观察事情，有疑虑时，心中就捉摸不定，那么对外物的认识就会不清楚，我们头脑思考不清楚，就很难定是非。

15．凡人之有鬼也，必以其感忽之间、疑玄之时________之。此人之所以无有而有无之时也，而已以正事。（《荀子·解蔽》）

A．误　B．定　C．想　D．判

16．凡人之患，蔽于一________而暗于大理。（《荀子·解蔽》）

A．曲　B．乱　C．误　D．错

17．心不使焉，则________在前而目不见，雷鼓在侧而耳不闻，况于使者乎。（《荀子·解蔽》）

A．万物　B．白黑　C．小人　D．百官

18．无欲无恶，无始无终，________，无博无浅，无古无今，兼陈万物而中县衡焉。是故众异不得相蔽以乱其伦也。（《荀子·解蔽）

A．无善无恶　B．无近无远

C．无利无弊　D．无理无据

19．凡万物________则莫不相为蔽，此心术之公患也。（《荀子·解蔽）

A．异　B．变　C．乱　D．治

【答案】

15．B　16．A　17．B　18．B　19．A

【识意】

15．凡是人认为有鬼，那一定是在他精神恍惚，神志眩晕时作出的判断。这正是人们把有当无，把无当有的时候，然而自己却在这个时候判定事情。

16. 大凡人的通病，是被片面的认识所局限，而不明白全面正确的道理。

17. 不去用心思考，就算白黑在眼前也会看不见，雷鼓在耳旁也会听不到，更何况是被片面认识所蒙蔽的人。

18. 不特别喜好一样东西，也不特别憎恶一样东西，不过分强调开始，也不过分强调结局，不偏重近，也不偏重远，不过分博大，也不过分浅近，不泥古，也不薄今，把各种不同的事物都排列出来，在中间建立一个正确的标准。因此各种事情的差异就不会造成认识上的片面和局限，以至搞乱事物的本身秩序。

19. 世界上的事物都有差异，有差异就会互相形成蔽塞，这是人思想方法上的通病。

20. 夫道者，体常而尽变，一隅不足以举之。曲知之人，观于道之一隅而未之能识也，故以为足而饰之，内以________，外以惑人，上以蔽下，下以蔽上，此蔽塞之祸也。（《荀子·解蔽》）

A. 乱之　　B. 自乱　　C. 变之　　D. 自变

21. 精于________者以物物，精于________者兼物物。（《荀子·解蔽》）

A. 道，物　　B. 理，道　　C. 物，道　　D. 物，理

22. 导之以________，养之以________，物莫之倾，则足以定是非，决嫌疑矣。（《荀子·解蔽》）

A. 清，理　　B. 礼，清　　C. 清，礼　　D. 理，清

23. 一物失________，乱之端也。（《荀子·正论》）

A. 称　　B. 衡　　C. 平　　D. 质

24. 名定而实________，道行而志________。（《荀子·正名》）

A. 辩，通　　B. 辨，远　　C. 辨，通　　D. 通，远

【答案】

20．B　21．C　22．D　23．A　24．C

【识意】

20．所谓规律，它本身是不变的，但却能穷尽一切事物的变化，局部事物是不能概括这些变化的。只知道局部的人，只看到道的一个方面而不能认识规律的全部，所以把片面的认识当做全面的认识来炫耀，对内扰乱了自身，对外迷惑了别人，在上的就蔽塞了下面的人，在下的就蔽塞了上面的人，这就是蔽塞的灾祸。

21．精通于某种具体事物的人，可以让他来治理这一类事物，精通于各种事物之理的人，却可以治理各种事物。

22．用道理引导它，用平和之气涵养它，不让外物干扰它，那就足以判定是非、解决嫌疑了。

23．一件事情失去了公平，祸乱就开始了。

24．名称定下来才能对客观事物分辨清楚，实行了制定名称的原则，人们的思想感情就会得到沟通。

25．实不喻然后命，命不喻然后期，期不喻然后说，说不喻然后________。（《荀子·正名》）

A．辨　　B．命　　C．期　　D．论

26．________足以指实，________足以见极，则舍之矣。（《荀子·正名》）

A．名，辞　　B．名，治　　C．质，名　　D．治，辞

27．同则同之，异则异之；单足以喻则单，单不足以喻则兼；单与兼无所相避则共，虽________，不为害矣。（《荀子·正名》）

A．共　　B．别　　C．兼　　D．异

28. ________也者，大共名也。________而共之，共则有共，至于无共然后止。（《荀子·正名》）

A. 人，推　　B. 物，举　　C. 物，推　　D. 人，举

29. 名无固________，约之以命，约定俗成谓之宜，异于约则谓之不宜。（《荀子·正名》）

A. 宜　　B. 实　　C. 善　　D. 异

【答案】

25. A　26. A　27. A　28. C　29. A

【识意】

25. 实际事物不能让人明白就给它们命名，命名了还不能使人了解就会合众人来约定，约定了还不能使人明白就解说，解说了还不能使人明白就辩论。

26. 名称足以代表事物的实际，言辞足以表达事物的本质意义，到这儿就可以停止了。

27. 相同的事物就取相同的名字，不同的事物取不同的名字；用单字足以指明的就用单字，用单字表达不清的就用复名；单字和复名没有什么冲突的就用共名，使用了共名，也不会有什么妨害。

28. 所谓“物”，就是一个大的共名。按照这种办法，一步步往上推，共名之上还有共名，一直推到无法再推的共名才停止。

29. 名字本来无所谓合适不合适，是人们约定而命名的，约定俗成了，就成为合适的，与约定俗成不一样的就是不合适。

30. “见侮不辱”，“圣人不爱己”，“杀盗非杀人也”，此惑于用________以乱名者也。验之所为有名而观其孰行，则能禁之矣。（《荀子·正名》）

A. 名　　　　B. 实　　　　C. 明　　　　D. 言

31. 名闻而________喻，名之用也。累而成________，名之丽也。用、丽俱得，谓之知名。（《荀子·正名》）

A. 所，名　　　　B. 实，名　　　　C. 所，文　　　　D. 实，文

32. ________也者，所以期累实也。________也者，兼异实之名以论一意也。________也者，不异实名以喻动静之道也。________也者，辩说之用也。（《荀子·正名》）

A. 辞，名，辩说，期命　　　　B. 名，辞，辩说，期命

C. 名，辞，期命，辩说　　　　D. 期命，辩说，名，辞

33. 以________而辨奸，犹引绳以持曲直，是故邪说不能乱，百家无所窜。（《荀子·正名》）

A. 真理　　　　B. 正道　　　　C. 美德　　　　D. 道理

【答案】

30. A　31. D　32. B　33. B

【识意】

30. “见侮不辱”，“圣人不爱己”，“杀盗非杀人也”，这些都是只取其名，不究其实，用表面名称惑乱正名的例子。只要查看一下为什么要有名称，观察一下名称怎么用，就能禁止这种说法了。

31. 听到名称就能明白其所指，这就是名的用处。累积名称而成文辞，这就是名称的互相配合。名的用处和互相配合都得当，便可以说是容易明白的名称。

32. 名称，是用来互相约定从而联系实际事物的。言语，是并用不同事物的名称来阐述一个意思的。辩论与解说，是不使名实相乱来阐明是非的道理。约定与命名，是供辩论与解说时使用的。

33. 用正道来辨析奸言邪说，就好像拉直绳子来正曲直一样，这样邪说

就不能扰乱正道，百家之说就无处藏身了。

34. 君子之言，涉然而________，俛然而________，差差然而________。彼正其名，当其辞，以________其志义者也。彼名辞也者，志义之使也，足以相通则舍之矣。（《荀子·正名》）

A. 粗，不类，沸，无深　　B. 精，类，齐，无深

C. 精，不类，不齐，无深　　D. 精，类，齐，务白

35. ________者，本始材朴也；________者，文理隆盛也。（《荀子·礼论》）

A. 性，伪　　B. 性，礼　　C. 礼，伪　　D. 伪，礼

36. 人之性恶，其________者伪也。（《荀子·性恶》）

A. 恶　　B. 善　　C. 礼　　D. 理

37. 凡________者，天之就也，不可学，不可事；________者，圣人之所生也，人之所学而能，所事而成者也。不可学、不可事而在人者谓之性，可学而能、可事而成之在人者谓之伪，是性、伪之分也。（《荀子·性恶》）

A. 礼义，性　　B. 性，礼义　　C. 礼仪，性　　D. 性，伪

【答案】

34. D　35. A　36. B　37. B

【识意】

34. 君子的言谈，深沉而精粹，贴切而有统类，论列事情，看似纷纷繁繁而实际都很一致。他选择正确的名称，运用恰当的词句，务在宣明自己的思想。名称和言辞，是思想的使者，只要做到足以沟通思想就可以了。

35. 本性，是人天生的材质；人为，是盛大的礼法文理。

36. 人天性是恶的，善只是一种勉励矫正的人为的东西。

37. 所谓本性，就是天生的东西，不可以通过学习得到，不可以经过努

力从事而做成；而礼义，则是圣人制定出的，可以通过学习而得到，可以通过努力从事而做成。不可以学习，不可以经过努力而做成，出于天生的，叫做天性；可以学习、可以通过人为努力而做到，取决于人自己的，叫做人为，这就是天性和人为的区分。

38. 凡人之欲为者________，为性________也。（《荀子·性恶》）

A. 善，恶　　B. 礼义，善　　C. 善，乱　　D. 礼义，恶

39. 从人之性，________，必出于争夺，合于犯分乱理而归于暴。（《荀子·性恶》）

A. 礼义之道　　B. 顺人之情　　C. 顺人之道　　D. 礼义之情

40. 圣人之所以同于众，其不异于众者，________也；所以异而过众者，________也。（《荀子·性恶》）

A. 性，伪　　B. 善，恶　　C. 礼，伪　　D. 性，礼

41. 今人无________则偏险而不正，无________则悖乱而不治。（《荀子·性恶》）

A. 性恶，礼义　　B. 师法，礼义　　C. 礼义，师法　　D. 性恶. 师法

42. 今人之，化师法，积文学，道________者为君子；纵性情，安恣睢而违礼义者为小人。（《荀子·性恶》）

A. 法度　　B. 性善　　C. 礼义　　D. 礼仪

43. 圣人者，人之所________而致也。（《荀子·性恶》）

A. 极　　B. 明　　C. 义　　D. 积

【答案】

38. A　39. B　40. A　41. B　42. C　43. D

【识意】

38. 大凡人之所以想为善，正是因为人的本性是恶的。

39. 放纵人的天性，顺着人的性情，就必然会造成争夺，出现违反等级名分、破坏礼义的事情而导致社会暴乱。

40. 圣人与一般人相同，而不超乎一般人的地方，就是天性；与一般人不同，而超乎一般人的地方，就是人为。

41. 人没有师法，就偏邪不正，无礼义教化，就悖乱而无治。

42。现在的人，受到了师法的教化，积累了文化知识，行为出于道义的，就是君子；放纵本性，任意胡作非为，违背礼义的，就是小人。

43. 圣人是通过积累仁义法正而达到的。

（二）修身篇

荀子的思想虽然主张“性恶说”，其实是在很积极地督促世人，要注重后天的自我修养，形成谨慎自律的态度，约来自己的一举一动，通过这些修养和实行这样的修养，才能摆脱人类丑恶的本性。

本篇主要阐述了荀子对于自我修养、怡情养性及言谈交往等的观点和看法。

1. ________不为人之恶寒也辍冬，________不为人之恶辽远也辍广，________不为小人匈匈也辍行。(《荀子·天论》)

A. 天，地，君子　　B. 地，天，君子

C. 天，地，学者　　D. 地，天，学者

2. ________则骄富贵，________则轻王公，内省而外物轻矣。(《荀子·修身》)

A. 道义重，志意修　　B. 术礼义，体恭敬

C. 志意修，道义重　　D. 志意修，术礼义

3. ________劳而心安，为之；________少而义多，为之。(《荀子·修

身》）

A. 体，礼　　B. 身，利　　C. 身，力　　D. 体，力

4. 良农不为________不耕，良贾不为________不市，士君子不为________怠乎道。（《荀子·修身》）

A. 田旱，折阅，贫穷　　B. 水旱，贫穷，折阅

C. 水旱，拆阅，贫穷　　D. 田旱，贫穷，折阅

5. 好________而行，士也；笃________而体，君子也；齐________而不竭，圣人也。（《荀子·修身》）

A. 法，志，明　　B. 礼，志，明

C. 法，志，名　　D. 礼，志，师

【答案】

1. A　2. C　3. B　4. C　5. A

【识意】

1. 天不会因为人讨厌冷而废止冬天，地不会因为人讨厌辽远而废止广大，君子也不会因为小人的吵闹喧嚷而停止善行。

2. 志意修炼就会傲视富贵，崇尚道义就会藐视五侯，自思无所愧疚就不会为外物所动。

3. 身体虽然辛苦但心安理得，就去做；利益少而多合乎道义，就去做。

4. 好的农夫不会因为洪涝、干旱之灾而不耕田，好的商人不会因为亏损而不做生意，士君子不会因为贫穷而懈怠于道。

5. 爱好礼法而能依其行事的，是士；志向坚定而能身体力行的，是君子；智虑敏捷而不枯竭的，则是圣人。

6. 人无________，则伥伥然；有法而无志其义，则渠渠然；依乎法而又深其类，然后温温然。（《荀子·修身》）

A. 礼　　B. 理　　C. 法　　D. 师

7. 厚者，礼之________也；大者，礼之________也；高者，礼之________也；明者，礼之________也。(《荀子·礼论》)

A. 积，广，隆，尽　　B. 广，积，隆，尽

C. 广，隆，尽，积　　D. 积，广，尽，隆

8. 君子能为可________，不能使人必贵己；能为可________，而不能使人必信己；能为可________，而不能使人必用己。(《荀子·非十二子》)

A. 贵，信，用　　B. 用，贵，信

C. 信，用，贵　　D. 贵，用，信

9. 君子耻不________，不耻见污；耻不________，不耻不见信；耻不________，不耻不见用。是以不诱于誉，不恐于诽，率道而行，端然正己，不为物倾侧，夫是之谓诚君子。(《荀子·非十二子》)

A. 修，信，能　　B. 能，信，修

C. 修，用，能　　D. 能，修，用

【答案】

6. C　7. A　8. A　9. A

【识意】

6. 人没有礼法，就会无所适从；有礼法，却不知其意义，就会局促不安，遵循礼法而又深明事类，精确把握它的具体规则，然后才能温和可亲，得心应手。

7. 君子厚重的品德，是积累礼义所致；君子博大的精神，是处处遵循礼义所致；君子高尚的品德，是推崇礼的结果；君子能够明察，是因为完全做到了礼的要求。

8. 君子能做到道德高尚，但不必一定要别人尊重自己；能做到讲信用，但不必一定要别人相信自己；能做到任用贤能，但不必一定要别人任用

自己。

9．君子以道德不修为耻，而不以被人污蔑为耻；以不讲信义为耻，而不以不被人信任为耻；以没有能力为耻，而不以没有得到任用为耻。所以不被浮名所诱惑，不被诽谤所吓倒，行为做事遵循着道的规范，严肃地端正自己的言行，不为外物所动摇，这样的人才称得上是真正的君子。

10．物类之起，必有所始。________之来，必象其德。（《荀子·劝学》）

A．善恶　　B．荣辱　　C．礼义　　D．荣誉

11．肉腐出虫，鱼枯生蠹。怠慢忘身，祸灾________。（《荀子·劝学》）

A．乃做　　B．来之　　C．乃作　　D．发生

12．施薪若一，火就燥也；平地若一，水就湿也。草木畴生，禽兽群焉，物各从其类也。是故质的张而弓矢至焉，林木茂而斧斤至焉，树成荫而众鸟息焉，醯酸而蚋聚焉。故________有召祸也，________有招辱也，君子慎其所立乎！（《荀子·劝》学）

A．语，行　　B．口，语　　C．言，行　　D．言，身

13．________虽迩，不行不至；________虽小，不为不成。（《荀子·修身》）

A．路，事　　B．道，事　　C．路，理　　D．道，理

14．天见其明，地见其光，君子贵其________也。（《荀子·劝学》）

A．修　　B．信　　C．全　　D．能

【答案】

10．B　11．C　12．C　13．B　14．C

【识意】

10. 凡一种事物的兴起，一定有它的根源。荣耀和屈辱的到来，一定同一个人的思想品德有对应的关系。

11. 肉腐烂后就会生蛆，鱼枯死后就会生蛀，懈怠散漫，忘乎所以，灾祸就要发生了。

12. 同样是柴草放在地上，火必然先烧那些干燥的；同样是平地，水必然往潮湿低洼处流。草和树长在一起，飞鸟和野兽总是同群，世间万物大都各从其类。箭靶树起来，弓箭才会射到那儿，林木长得茂盛，才会招来斧头的砍伐。树林成荫，鸟雀才会栖居其上。醋变质后蚊虫才会聚生其中。所以言语有时会招来祸患，行为有时会招致侮辱，君子于自立之所一定要慎重选择啊！

13. 道路虽近，不走就不可能到达；事情虽小，不做就不会成功。

14. 天显现出它的光明，大地显现出它的广阔，君子的可贵则在于他德行的完美无缺。

15. 君子贫穷而________，富贵而体恭，安燕而血气不惰，劳勑而容貌不枯，怒不过夺，喜不过予。(《荀子·修身》)

A. 志远　　B. 义重　　C. 志广　　D. 义修

16. 天有常道矣，地有常数矣，君子有常体矣。君子道其________，而小人计其________。(《荀子·天论》)

A. 常，得　　B. 义，言　　C. 礼，功　　D. 常，功

17. ________之无益于成也，________之无益于得也，忧戚之无益于几也，则广焉能弃之矣。(《荀子·解蔽》)

A. 求，为　　B. 为，求　　C. 做，求　　D. 为，做

18. 不慕往，不闵来，元邑怜之心，当时则动，物至而________，事起而________，治乱可否，昭然明矣。(《荀子·解蔽》)

A. 接，论　　B. 应，辨　　C. 接，辨　　D. 应，论

19. 流言________之，货色________之。祸之所由生也，生自纤纤也。是故君子蚤绝之。(《荀子·大略》)

A. 毁，拒　　B. 灭，拒　　C. 毁，远　　D. 灭，远

【答案】

15. C　16. D　17. B　18. B　19. D

【识意】

15. 君子贫穷却志向广大，富贵却恭敬有礼，安闲的时候血气不懈怠，劳倦的时候容色不轻慢随便，发怒的时候不过分处罚，高兴的时候不过分赏赐。

16. 上天有经久不变的规律，大地有经久不变的法则，君子有为人处世的准则，并经常宣扬这些自己遵守的准则，而小人只夸耀自己的功劳。

17. 有些事做了对成功也没有帮助，追求了却没有实际效果，忧虑也无济于事。这些没有实质帮助的事，就统统把它丢了吧！

18. 不羡慕过去，不忧念未来，没有忧愁或怜悯的心情，时机合适就行动，事物来了就应对，事情发生了就处理，这样什么是治，什么是乱，什么要肯定，什么要否定，就一清二楚了。

19. 对流言飞语要坚决杜绝，对财货美色必须远离。发生祸乱的根源，往往都是从那些细微的地方产生的。所以君子要及早地防微杜渐，不要被流言和财色蒙住了眼睛。

20. 君子之求利也略，其远害也________，其避辱也________，其行道理也________。(《荀子·修身》)

A. 早，惧，勇　　B. 离，惧，勇

C. 早，离，勇　　D. 早，惧，仁

21. 凡用血气、志意、知虑，由礼则________，不由礼则勃乱提僈；食饮、衣服、居处、动静，由礼则________，不由礼则触陷生疾；容貌、态度、进退、趋行，由礼则________，不由礼则夷固僻违、庸众而野。(《荀子·修身》)

A. 治通，和节，雅　　B. 和节，治通，雅

C. 治通，和节，得体　　D. 和节，治通，得体

22. 血气刚强，则________之以调和；知虑渐深，则________之以易良；勇胆猛戾，则________之以道顺；齐给便利，则________之以动止；狭隘褊小，则________之以广大；卑湿、重迟、贪利，则之以高志；庸众驽散，则________之以师友；怠慢僄弃，则________之以祸灾；愚款端悫，则________之以礼乐，通之以思索。(《荀子·修身》)

A. 柔，一，辅，节，廓，抗，劫，炤，合

B. 节，一，辅，抗，廓，炤，柔，劫，合

C. 柔，辅，一，劫，廓，抗，节，炤，合

D. 合，柔，辅，节，廓，抗，节，炤，一

【答案】

20. A　21. A　22. A

【识意】

20. 君子对于谋求私利很不在意，对于祸害早早远离，对于耻辱警惕而回避，对于道义所在，又极其勇毅去担当。

21. 凡是使用血气、意志、智慧和思虑的时候，遵循礼法就通达顺利，不遵循礼义就产生谬误错乱，行为就会迟缓怠惰；在吃饭、穿衣、居处及活动的时候，遵循礼义的行为就会和谐适当，不遵循礼义就会触犯禁忌而生病；人的容貌、态度、进退、行走，遵循礼义就温雅可亲，不遵循礼义就显得傲慢、固执、邪僻、粗野。

22. 血气刚强的人，就用心平气和来调和他；思虑过于深沉复杂的人，就用平易温良来和谐他；性情勇猛暴躁的人，就开导他，使其驯顺；行动快捷急遽的人，就用恰当的举止节制他；气量狭隘的人，就用开阔的思想扩大他；志向卑下、思想迟钝、贪图小利的人，就用高远的志向提升他；低劣平庸不成材的人，就用良师益友帮助他；懒散轻浮、自暴自弃的人，就用祸福之事来告诫他；过分朴实单纯的人，就用礼乐来润色他。

23. 凡治气养心之术，莫径由________，莫要得________，莫神一________。（《荀子·修身》）

A. 师，礼，好　B. 礼，师，好　C. 礼，友，师　D. 师，友，好

24. 凡人之取也，所________未尝粹而来也；其去也，所________未尝粹而往也。（《荀子·正名》）

A. 想，厌　B. 欲，恶　C. 想，恶　D. 欲，厌

25. 心平愉，则色不及佣而可以养________，声不及佣而可以养________，蔬食菜羹而可以养________，粗布之衣、粗紃之履而可以养________，局室、芦帘、藁蓐、尚机筵而可以养________。（《荀子·正名》）

A. 眼，耳，口，身，体

B. 目，耳，口，体，形

C. 目，耳，口，体，形

D. 目，耳，口，体，心

26. 无万物之美而可以养________，无势列之位而可以养________。如是而加天下焉，其为天下多，其私乐少矣。（《荀子·正名》）

A. 目，名　B. 心，乐　C. 乐，名　D. 乐，心

【答案】

23. B　24. B　25. C　26. C

【识意】

23. 大凡调理性情、修养身心，最直接的途径是按照礼去做，最关键的是得到好的老师，最能发生神妙作用的是专心致志。

24. 大凡人想要求得某件东西，所想的未必都能得到；而他不喜欢的，也未必都会离开他。

25. 心情平静愉快，那么所视之物不如平常之物也可以使眼睛舒服，音乐不如平常之声也可以使耳朵愉悦，粗食淡饭也可以满足口欲，粗布的衣服、粗麻的鞋子也能保养身体，狭窄的屋子、芦苇做的帘子、草做的褥子、破旧的桌子，也可以满足形体的需要。

26. 没有享受到万物之美照样可以培养快乐的心情，没有权势地位照样可以培养美好的名声。像这样，把天下给他治理，他就会为天下的利益想得多，为自己的享乐想得少。

27. 取友善人，不可不慎，是________之基也。（《荀子·大略》）

A. 礼　B. 德　C. 理　D. 义

28. 无用吾之所短遇人之所长，故塞而避所短，移而从所________。（《荀子·大略》）

A. 长　B. 仕　C. 短　D. 想

29. 见善，修然必以自________也；见不善，愀然必以自________也。善在身，介然必以自________也；不善在身，菑然必以自________也。故非我而当者，吾师也；是我而当者，吾友也；谄谀我者，吾贼也。（《荀子·修身》）

A. 存，省，好，恶　B. 好，恶，存，省

C. 存，恶，好，省　　　　　　　　D. 好，省，存，恶

30. 君子隆师而亲友，以致恶其贼。好善无厌，受谏而能诫，虽欲无进，得乎哉！小人反是，致乱而恶人之非己也；致不肖而欲人之贤己也；心如虎狼，行如禽兽，而又恶人之贼己也。谄谀者________，谏争者________，修正为________，至忠为________，虽欲无灭亡，得乎哉！（《荀子·修身》）

A. 笑，疏，亲，贼　　　　　　　　B. 亲，笑，贼，疏

C. 笑，亲，疏，贼　　　　　　　　D. 亲，疏，笑，贼

【答案】

27. B　28. B　29. A　30. D

【识意】

27. 通过交朋友来完善自己，不可以不谨慎，这是修德的基本。

28. 不要用自己的短处去对付别人的长处，所以要掩盖并回避自己的短处，迁就并依从自己的特长。

29. 见有善行，一定要恭谨自查，自己是否也有此善行；见到不善的行为，一定要惊心警惕，反省自己是否也有此不善。自己身上的善，一定要固守；身上的不善，一定要畏恶它如同灾祸。所以批评我而所言恰当的人，是我的老师；赞誉我而所言恰当的人，是我的朋友；献媚阿谀我的人，是害我的谗贼。

30. 君子尊崇老师、亲近朋友，而极端憎恨那些贼人；爱好善良的品行永不满足，受到劝告就能警惕，那么即使不想进步也做不到啊！小人则与此相反，自己极其昏乱，却还憎恨别人对自己的责备；自己极其无能，却要别人说自己贤能；自己的心地像虎、狼，行为像禽兽，却又恨别人指出其罪恶；对阿谀奉承自己的就亲近，对规劝自己改正错误的就疏远，把修正规劝的行为视为讥笑，把直谏忠诚的人视为谗贼，这样的人想不灭亡也做不

到啊！

31．君子之________己则以绳，接人则用抴。度己以绳，故足以为天下法则矣。接人用抴，故能宽容，因众以成天下之大事矣。(《荀子·非相》)

A．礼　　B．度　　C．义　　D．德

32．浅不足与________，愚不足与________，坎井之蛙不可与语东海之乐。(《荀子·正论》)

A．探深，谋略　B．测深，谋知　C．探深，谋知　D．测深，论智

【答案】

31．B　32．B

【识意】

31．君子律己像木工用墨线来取直一样，待人像艄公用舟船来接客一样。用墨线似的准则律己，所以能够使自己成为天下人效法的榜样；用舟船似的胸怀待人，所以能够对他人宽容，也就能依靠他人来成就治理天下的大业了。

32．浅的东西不足以测量深的东西，愚昧的人不足以与智慧的人相谋，废井里的青蛙无法和它谈论遨游东海的乐趣。

（三）道德篇

荀子精粹之道德

荀子在道德起源方面，十分强调后天的习染，认为人们道德观念的形成是由于后天的修炼以及环境熏陶等因素综合作用的结果。在道德教育方面，

荀子高度重视高尚人格的塑造，并通过设计众人景仰的人格范型，引导社会成员不断加强道德修养，不断提升道德境界。

荀子认为“礼”是个人道德修养的基本内容，是用来端正身心的，正所谓“礼者，所以正身也”，掌握了礼义不能只停留在口头上，还应该付诸实践，即符合礼义的道德行为。

本篇主要阐述了荀子诚实笃信、谦恭礼让及求实务本等观点及看法。

1. 夫诚者，君子之所________也，而政事之________也。(《荀子·不苟》)

A. 德，本　　B. 守，本　　C. 本，守　　D. 礼，本

2. 信信，________也；疑疑，亦________也。(《荀子·非十二子》)

A. 信，信　　B. 诚，诚　　C. 礼，礼　　D. 理，理

3. 贵贤，________也；贱不肖，亦________也。(《荀子·非十二子》)

A. 德，德　　B. 仁，仁　　C. 礼，礼　　D. 诚，诚

4. 言而当，________也；默而当，亦________也。(《荀子·非十二子》)

A. 信，信　　B. 知，知　　C. 仁，仁　　D. 德，德

5. 以善先人者谓之________，以善和人者谓之________；以不善先人者谓之________，以不善和人者谓之________。(《荀子·修身》)

A. 教，顺，谄，谀　　B. 礼，诚，谄，谀

C. 顺，教，谀，谄　　D. 教，顺，谀，谄

【答案】

1. B　2. A　3. B　4. B　5. A

【识意】

1. 诚实是君子必须具备的美德，也是治理政事的根本。

2. 相信应该相信的，是诚信；怀疑应该怀疑的，也是诚信。

3. 尊崇贤人，是仁德的表现；鄙视不肖之徒，也是仁德的表现。

4. 说话恰到好处，是智慧的表现；该沉默时就要沉默，这也是智慧的表现。

5. 用善引导人的是教诲，用善响应人的是和顺；用不善引导人的是谄佞，用不善附和人的是阿谀。

6. 是是、非非谓之________，非是、是非谓之________。伤良曰谗，害良曰贼。是谓是，非谓非曰直。(《荀子·修身》)

A. 智，愚　B. 知，愚　C. 智，谀　D. 知，谀

7. 君子者，信矣，而亦欲人之________己也；忠矣，而亦欲人之________己也；修正治辨矣，而亦欲人之________己也。(《荀子·荣辱》)

A. 善，信，亲　B. 安，亲，善　C. 信，亲，善　D. 信，善，亲

8. 君子隘穷而不失，劳倦而不苟，临患难而不忘细席之言。岁不________，无以知松柏，事不________，无以知君子无日不在是。(《荀子·大略》)

A. 难，烦　B. 寒，难　C. 坚，繁　D. 寒，繁

9. 君子可以有________，而不可以有________；小人可以有________，而不可以有________。(《荀子·正论》)

A. 势辱，义辱，势荣，义荣　B. 义辱，势辱，义荣，势荣

C. 势荣，义荣，义辱，势辱　D. 义荣，势荣，势辱，义辱

【答案】

6. B　7. C　8. B　9. A

【识意】

6. 能辨别正确的为正确、错误的为错误叫做明智，认正确的为错误、

错误的为正确叫做愚昧。伤害好人叫做陷害，陷害好人叫做奸贼。坚持对的就是对的，错的就是错的是正直。

7. 君子以诚信待人，也希望别人信任自己；忠诚为人，也希望别人亲近自己；自己品行正直，办事公正，也希望别人用善意对待自己。

8. 君子虽然被贫穷所困，却不失去自己的美德，丢弃自己的信仰。虽然疲倦劳累，却不苟且偷安，面对忧患和困难却时刻不忘自己的诺言。岁月不寒冷，不可能了解松柏欺霜傲雪的坚定性格；只有在艰难困苦的条件下，人们才更能看到君子行为的高尚。

9. 君子可能有势位方面的耻辱而不可能有道义方面的耻辱，小人可能有势位方面的光荣却不可能有道义方面的光荣。

10. 庸言必________之，庸行必________之，畏法流俗，而不敢以其所独甚，若是则可谓悫士矣。言无常信，行无常贞，唯利所在，无所不倾，若是则可谓小人矣。（《荀子·不苟》）

A. 听，慎　　B. 信，慎　　C. 听，正　　D. 信，正

11. 君子宽而不________，廉而不________，辩而不________，察而不________，直立而不________，坚强而不________，柔从而不________，恭敬谨慎而________，夫是之谓至文。（《荀子·不苟》）

A. 争，刿，僈，容，胜，暴，容，流

B. 僈，刿，争，激，胜，暴，流，容

C. 激，刿，争，暴，胜，流，容，僈

D. 僈，刿，激，暴，争，胜，流，容

12. 从命而利君谓之________，从命而不利君谓之________；逆命而利君谓之________，逆命而不利君谓之________；不恤君之荣辱，不恤国之臧否，偷合苟容以持禄养交而已耳，谓之国贼。（《荀子·臣道）

A. 顺，谄，忠，篡　　B. 忠，篡，顺，谄

C. 顺，愚，忠，贼　　D. 忠，愚，顺，贼

13. 君子能亦________，不能亦________；小人能亦________，不能亦________。(《荀子·不苟》)

A. 善，善，恶，恶　　B. 好，好，丑，丑

C. 荣，荣，丑，丑　　D. 好，好，恶，恶

【答案】

10. B　11. B　12. A　13. B

【识意】

10. 平常说话一定要诚实可信，日常行为一定要谨慎小心，不随波逐流，也不自以为是，这样的人才叫诚实的人。说话没有定准，行为失去原则，唯利是图，无处不进行捣乱破坏，这样的人就是小人。

11. 君子胸怀宽大却不怠慢，有原则却不伤害别人，善于辩论却不与人争吵，明察事物却不偏激，品行正直却不盛气凌人，坚定刚强却不凶暴，性情柔顺温和却不随波逐流，恭敬谨慎而能宽厚容人，这就叫做道德修养达到了最高境界。

12. 听从君命，有利于君主，叫做顺从；听从君命，不利于君主，叫做谄媚；违背君命，有利于君主，叫做忠诚；违背君命，不利于君主，叫做篡夺。不顾君主的荣辱，不顾国家的安危，一味迎合君主，放弃原则，只求保住自己的官位，拉帮结派，豢养宾客，这叫做国贼。

13. 君子有才能，他的内心世界是美的，没有才能，他的内心世界也是美的；小人有才能，他的内心世界是丑的，没有才能。他的内心世界也是丑的。

14. 君子无爵而________，无禄而________，不言而________，不怒而________，穷处而________，独居而________，岂不至尊、至富、至重、至严之情举积此哉。(《荀子·儒效》)

A. 富，贵，信，威，荣，乐

B. 乐，富，信，威，荣，贵

C. 荣，富，信，威，贵，乐

D. 贵，富，信，威，荣，乐

15. ________而治，约而详，不烦而功，治之至也。(《荀子·强国》)

A. 亦　　B. 逸　　C. 佚　　D. 安

16. 凡人好________小事，大事至然后兴之务之，如是则常不胜夫敦比于小事者矣。(《荀子·强国》)

A. 傲慢　　B. 敖慢　　C. 怠慢　　D. 轻视

17. 君子能则宽容易直以________人，不能则恭敬縛绌以________人；小人能则倨傲僻违以________人，不能则妒嫉怨诽以________人。(《荀子·不苟》)

A. 开道，畏事，骄溢，倾覆　　B. 开导，畏事，骄溢，倾覆

C. 骄溢，畏事，开道，倾覆　　D. 开道，畏事，骄溢，愚昧

【答案】

14. D　15. C　16. B　17. A

【识意】

14. 君子虽然没有官位也是高贵的，虽然没有俸禄也是富有的，不靠言语也能取信于人，不发怒也有崇高的威望，处境穷困然而荣耀，处境孤独但很快乐，君子这些最崇高、最富有、最庄重、最严肃的情操，正是从虚心、刻苦的学习中得来的。

15. 安逸而又治理得好，简易而又周详，不烦琐而有成效，是治理国事的最高境界。

16. 轻视小事、当大事来临之后才开始努力的人，常常不如那些努力去治理小事的人。

17. 君子有才能，就宽宏大量平易正直地来启发引导别人；没有才能，就恭恭敬敬谦虚退让来小心侍奉别人。小人有才能，就骄傲自大邪僻背理地来傲视欺凌别人；没有才能，就嫉妒怨恨诽谤来倾轧搞垮别人。

18. ________悫顺弟，则可谓善少者矣；加好学逊敏焉，则有钧无上，可以为君子者矣。(《荀子·修身》)

A. 仁　　B. 端　　C. 礼　　D. 德

19. 幼而不肯事________，贱而不肯事________，不肖而不肯事________，是人之三不祥也。(《荀子·非相》)

A. 长，荣，善　B. 老，荣，贤　C. 长，贵，贤　D. 老，贵，仁

20. 老老而壮者________焉，不穷穷而通者________焉，行乎冥冥而施乎无报，而贤不肖一焉。(《荀子·修身》)

A. 归，积　　B. 信，极　　C. 归，聚　　D. 信，积

21. 体恭敬而心忠信，术礼义而情爱人；横行天下，虽困四夷，人莫不________。劳苦之事则争先，饶乐之事则能让，端悫诚信，拘守而详；横行天下，虽困四夷，人莫不________。(《荀子·修身》)

A. 贵，弃　　B. 贱，弃　　C. 贵，任　　D. 贱，任

【答案】

18. B　19. C　20. A　21. C

【识意】

18. 端正朴实，尊重长者，可说是好青年啊；如果再加以谦虚勤学，那就只有与他平等的人，而没有能超过他的人了，他就可以成为君子了。

19. 年轻而不肯侍奉年长的，地位低而不肯侍奉地位高的，才智驽钝而不肯侍奉贤能之士，这是人的三种不祥。

20. 尊敬长者，壮年人就会归附他；不轻视逼迫处境窘迫的人，那么贤能的人都会聚集过来；做了好事不求人知，对人施恩也不求报答，这样无论是贤人还是不肖之徒都会慕名而来亲附他。

21. 体貌恭敬而内心忠信，遵循礼义而内心仁爱，那么走遍天下，即使不受重用而困于四夷之地，人们也没有不敬重他的。劳累辛苦的事则抢先去做，安逸享乐的事则让给别人，端正朴实、诚实守信，谨守法度、明察事理，那么走遍天下，即使遭受穷困到了四夷之地，也不会没有人任用他。

22. 入孝出弟，人之________行也。(《荀子·子道》)

A. 中　　B. 小　　C. 大　　D. 本

23. 恭敬、________也；调和、________也；谨慎、________也；斗怒、________也。故君子安礼乐利，谨慎而无斗怒，是以百举而不过也。(《荀子·臣道》)

A. 乐，礼，利，害　　B. 礼，乐，利，害

C. 礼，乐，安，害　　D. 乐，善，安，害

24. 忠信端悫而不害伤，则无接而不然，是仁人之质也。忠信以为________，端悫以为________，礼义以为________，伦类以为________，喘而言，臑而动，而一可以为法则。(《荀子·臣道》)

A. 诚，本，文，度　　B. 质，统，文，理

C. 诚，善，质，理　　D. 质，本，文，理

25. 君子位尊而________，心小而________，所听视者近，而所闻见者远。(《荀子·不苟》)

A. 志恭，道远　B. 礼恭，道大　C. 志恭，道大　D. 礼恭，道远

26. 雨小，汉故潜。夫尽小者大，积微者著，德至者色泽洽，行尽而声________远。(《荀子·大略》)

A. 名　　B. 问　　C. 闻　　D. 之

【答案】

22. B 23. B 24. B 25. C 26. B

【识意】

22. 在家孝敬父母，出外友爱兄弟，这是做人起码的品德。

23. 对人恭敬，就是社会行为规范；与人调和，就是快乐；处事谨慎，就有利；相互争斗怨怒，就是祸害；所以，君子安于社会行为规范，乐于有利，谨慎处事而没有争斗怨怒，因此一切举措都不会有过错。

24. 忠厚守信，正直诚实，不伤害别人，无论和什么人交往都应该这样，因为这是仁人的本质。以忠厚守信为本质，以正直诚实为准则，以礼义为规范，以等级纯属关系为原则，这样，即使是细小的言行也都可以作为人们学习的榜样。

25. 君子地位尊贵了，而内心仍很恭敬，心只有方寸之地，但心怀的理想很远大，能听到、能看到的很近，而听见、看见的东西却很远。

26. 雨虽然小，汉水却照旧流入潜水，尽量收罗微小的就能变成巨大，不断积累隐微的就会变得显著，道德极高的人脸色态度就和润，品行完美的人名声就传得远。

27. 高上尊贵不以________人，聪明圣知不以________人，齐给速通不争先人，刚毅勇敢不以________人。(荀子·非十二子》)

A. 傲，礼，伤 B. 骄，逼，杀 C. 傲，穷，伤 D. 骄，穷，伤

28. 遇________则修臣下之义，遇________则修长幼之义，遇________则修子弟之义，遇________则修礼节辞让之义，遇________而少者则修告导宽容之义。(《荀子·非十二子》)

A. 仁，君，长，友，贱 B. 君，乡，长，友，贱

C. 仁，乡，长，友，恶　　　　　D. 君，老，长，友，恶

29. ________者，人之殃也；________者，偋五兵也。虽有戈矛之刺，不如恭俭之利也。（《荀子·荣辱》）

A. 恶，善　　B. 憍泄，恭俭　　C. 愚，善　　D. 憍泄，礼义

30. ________不可以比周争也，不可以夸诞有也，不可以势重胁也，必将诚此然后就也。（《荀子·儒效》）

A. 贤仕　　B. 仁君　　C. 贵名　　D. 富贵

【答案】

27. D　28. B　29. B　30. C

【识意】

27. 身份地位高而不傲视别人，聪明圣智而不逼人至困境，才能敏捷而不与人争先，刚毅勇猛而不伤害他人。

28. 面对君主就奉行做臣子的道义，面对乡人就按照长幼的秩序去做，面对父母兄长就遵行子弟的规矩，面对朋友就讲求礼节谦让的行为规范，面对地位卑贱而年纪又小的人就实行教导宽容的原则。

29. 骄傲轻慢，是人的祸殃；恭敬谦逊，可以摒除各种兵器的残杀，可见即使有戈矛的尖刺，也不如恭敬谦逊的厉害。

30. 尊贵的名声不能用拉帮结派的方式去争夺，不能靠自我吹嘘去占有，也不能靠权势地位的威胁去获得，必定要靠真正刻苦学习，然后才能得到。

31. 贵而不为夸，信而不处谦，任重而不敢专；财利至，则善而不及也，必将尽辞让之义，然后受；福事至则________而理，祸事至则________而理，富则广施，贫则用节；可贵可贱也，可富可贫也，可杀而不可使为奸

也。(《荀子·仲尼》)

A. 乐，慎　B. 和，静　C. 乐，静　D. 和，慎

32. 孔子观于鲁桓公之庙，有欹器焉，孔子问于守庙者曰：“此为何器？”守庙者曰：“此盖为宥坐之器。”孔子曰：“吾闻宥坐之器者，虚则欹，中则正，满则覆。”孔子顾谓弟子曰：“注水焉!”弟子挹水而注之。中而正，满而覆，虚而欹，孔子喟然而叹曰：“吁！恶有满而不覆者哉!”子路曰：“敢问持满有道乎？”孔子曰：“聪明圣知，守之以________；功被天下，守之以________；勇力抚世，守之以________，富有四海，守之以________：此所谓挹而损之之道也。”(《荀子·宥坐》)

A. 愚，让，怯，谦　B. 谦，让，怯，愚

C. 让，愚，怯，谦　D. 怯，谦，愚，让

33. 君子恭而不难，敬而________，贫穷而不约，富贵而不骄，并遇变态而不穷，审之礼也。(《荀子·君道》)

A. 安之　B. 不巩　C. 不失　D. 不危

【答案】

31. B　32. A　33. B

【识意】

31. 地位高贵时，不妄自尊大；得到信任时，不忘记避嫌疑；担负重任时，不独断专行；财利到来时，自己的功绩尚不足以享有它，就必须辞让之后才接受；幸福之事来临，就适当地对待它，灾祸之事来临，就冷静地去处理它；富裕了就广泛实行恩惠，贫穷了就节约费用；要可以处贵，可以处贱，可以处富，可以处贫，可以杀身成仁却不可以去做坏事。

32. 孔子参观鲁桓公的庙，看到那里有一只倾斜的器皿。孔子问守庙人：“这是什么器皿？”守庙人说：“这大概是君主放在座位右边来警戒自己的器皿。”孔子说：“我听说这种器皿，不注水的时候就会倾斜，倒入一半水

时就会端正，注满水后就会翻倒。”孔子就回头对弟子说：“注水吧！”弟子取了水注入里面。注入一半的时候就端正了，注满后就翻倒了，空了就又恢复倾斜了。孔子感慨地说：“唉！哪有满了不翻倒的呢？”子路说：“我想问一下有保持盈满的方法吗？”孔子说：“聪明圣智，就要用笨拙来保持它，功劳惠及天下，要保持谦让的态度；勇敢有力，要用怯懦来保持它；富有天下，要用节俭来保持它。这就是所谓的保持盈满的方法啊。”

33. 君子谦恭但不胆怯，肃敬但不恐惧，贫穷却不卑屈，富贵却不骄纵，同时遇到各种事变也能应付自如而不会束手无策，这都是因为弄明白了礼义的缘故。

34. 君子之于________，敬而安之；其于事也，径而不失；其于人也，寡怨宽裕而无阿；其为身也，谨修饰而不危；其应变故也，齐给便捷而不惑；其于天地万物也，不务说其所以然而致善用其材；其于百官之事、伎艺之人也，不与之争能而致善用其功；其待上也，忠顺而不懈；其使下也，均遍而不偏；其交游也，缘类而有义；其居乡里也，容而不乱。（《荀子·君道》）

A. 理　　B. 德　　C. 礼　　D. 善

35. 论知所________，则知所养矣；事知所________，则动知所出矣。二者是非之本，得失之原也。（《荀子·君子》）

A. 贵，因　　B. 礼，利　　C. 贵，利　　D. 利，贵

36. 无稽之________，不见之________，不闻之________，君子慎之。（《荀子·正名》）

A. 谈，事，谋　　B. 言，行，谋

C. 论，为，事　　D. 谈，行，谋

37. 口能言之，身能行之，国________也。口不能言，身能行之，国________也。口能言之，身不能行，国________也。口言善，身行恶，国________也。（《荀子·大略》）

A. 器，用，宝，妖　　B. 宝，用，器，妖

C. 器，宝，用，妖　　D. 宝，器，用，妖

【答案】

34. C　35. C　36. B　37. D

【识意】

34. 君子对于礼义，敬重并遵守它；对于事务，做起来直截了当但不出差错；对于别人，很少埋怨、宽宏大量但不阿谀逢迎；他做人的原则，是谨慎地加强修养而不险诈；他应付事变，迅速敏捷而不糊涂；他对于天地万物，不致力于解说它们形成的原因而能做到很好地利用其材；他对于各种官府中的官吏和有技术的人才，不和他们竞争技能的高下而能做到很好地利用他们的工作成果；他侍奉君主，忠诚顺从而不懈怠；他使唤下边的人，公平而不偏私；他与人交往，依循道义而有法度；他住在家乡，待人宽容而不胡作非为。

35. 通过议论时知道要尊重的人，就会懂得应当吸取些什么了；通过处理政事知道有利的办法，就懂得应该做些什么。这两个方面，是正确与错误的根本原因，是成功与失败的根源。

36. 没有根据的言论，没有见过的行为，没有听说过的谋略，君子要慎重地对待。

37. 嘴里能说，又能身体力行，那是国家的宝贝。嘴里不能说，但能身体力行，那是国家的器物。嘴里能说，但不能身体力行，那是国家的用具。嘴里说的是善，身体力行的却是恶，那是国家的妖孽。

38. 不足于______者，说过；不足于______者，诚言。（《荀子·大略》）

A. 行，信　　B. 礼，信　　C. 行，诚　　D. 信，行

39. 多言而________，圣人也；少言而________，君子也；多言无法，而流湎然，虽辩，小人也。（《荀子·大略》）

A. 礼，诚　　B. 法，类　　C. 类，法　　D. 诚，礼

40. 人污而修之者，非案污而修之之谓也，去污而易之以________。故去乱而非治乱也，去污而非修污也。（《荀子·不苟》）

A. 乱　　B. 治　　C. 修　　D. 法

41. 言有________，稽其实，信诞以分赏刑必。下不欺上，皆以情言，明若日。（《荀子·成相》）

A. 礼　　B. 节　　C. 诚　　D. 据

【答案】

38. A　39. C　40. C　41. B

【识意】

38. 不踏踏实实去干的人，必定言过其实；不坚守信用的人，说话貌似诚恳，最终难以兑现。

39. 说话多又符合礼义，这是圣人；说话少而合乎法度，这是君子；说话滔滔不绝，却不按法度去做，即使说得头头是道，只是个小人罢了。

40. 人的外表或思想肮脏了需要去整治他，但不是说在那肮脏的基础上去整治他，而是要除去肮脏而换上美好的外表或思想。除去混乱并不等于整治混乱，除去肮脏并不等于整治肮脏。

41. 说话有法度，考察据实情，真假须分清，赏罚必严明，臣下不欺君，都肯说实情，光明磊落犹如太阳一般。

（四）教育篇

荀子精粹之教育

荀子强调教育的功能，认为重教化、轻刑罚是国家安定、人民富裕幸福的必由之路。

荀子集中论述了他关于学习的见解，文中强调“学”的重要性，认为只有博学才能“知助而无过”，同时指出学习必须联系实际，学以致用，学习态度应当精诚专一，坚持不懈。他非常重视教师在教学中的地位和作用，认为国家要兴旺，就必须看重教师，同时对教师提出严格要求，认为教师如果不给学生做出榜样，学生是不能躬行实践的。

本篇主要阐述了荀子对于学习的目的意义、治学态度及尊师重道等的观点和看法。

1. 我欲贱而贵，愚而智，贫而富，可乎？曰：其唯________乎。（《荀子·儒效》）

A. 礼　　B. 仁　　C. 学　　D. 意

2. 今有人于此，屑然藏千溢之宝，虽行貣而食，人谓之富矣。彼宝也者，衣之不可衣也，食之不可食也，卖之不可偻售也，然而人谓之富，________？岂不大富之器诚在此也？是杅杅亦富人已，岂不贫而富矣哉。（《荀子·儒效》）

A. 何故　　B. 何也　　C. 何为　　D. 何由

3. 吾尝终日而________矣，不如须臾之所学也；吾尝跂而________矣，不如登高之博见也。（《荀子·劝学》）

A. 望，思　　B. 思，望　　C. 问，望　　D. 思，问

4. 君子生非________也，善假于物也。（《荀子·劝学》）

A. 亦　　B. 异　　C. 以　　D. 矣

5. 君子曰：________不可以已。(《荀子·劝学》)

A. 学　　B. 德　　C. 礼　　D. 道

【答案】

1. C　2. B　3. B　4. B　5. A

【识意】

1. 我想由卑贱变得高贵，由愚昧变得智慧，由贫困变得富有，可以吗？回答道：那只有通过学习吧。

2. 如果有一个人，他贮藏了无数的金银财宝，即使靠行乞过活，人们也会说他富有。他的那种财宝，既不能够穿，也不能够吃；即使卖它也不能很快出售，但是人们却说他富有，为什么呢？这难道不是因为他这里确实有巨大的财富吗？这样看来，学识渊博也就成为富人了，这难道不是由贫困变得富有了吗！"

3. 我经常整天思考，但不如学习片刻所获得的教益；我曾经踮起脚远望，但不如登上高处看得广阔。

4. 君子的生性并非与别人有什么两样，只不过是善于借助外物帮助自己罢了。

5. 君子说：学习是不能停止的。

6. 青，取之于蓝而青于蓝；冰，水为之而________于水。(《荀子·劝学)

A. 含　　B. 化　　C. 寒　　D. 亦

7. 君子博学而日参省乎己，则——而行无过矣。(《荀子·劝学》)

A. 之明　　B. 知名　　C. 智明　　D. 知明

8. 不登高山，不知天之________也；不临深溪，不知地之________也；不闻先王之遗言，不知学问之________也。(《荀子·劝学》)

A. 大，厚，广　B. 高，厚，大　C. 大，深，广　D. 高，厚，广

9. 真积力久则入，学至乎没而后________也。(《荀子·劝学》)

A. 停　B. 知　C. 之　D. 止

10. 君子知夫不全不粹之不足以为美也，故诵数以________之，思索以________之，为其人以处之，除其害者以持________之。(《荀子·劝学》)

A. 通，知，养　B. 贯，通，养　C. 养，通，贯　D. 贯，养，通

【答案】

6. C　7. D　8. B　9. D　10. B

【识意】

6. 靛青是从蓝草中提取而来的，但比蓝草更青；冰是由水凝固而成的，但比水还要寒冷。

7. 君子学习广泛，而又能每天检查反省自己，那就会见识高明而行为不会犯错误了。

8. 不登上高山，就不知道天的高远；不亲临深溪，就不知道大地的厚度；没有听到过前代圣王的遗言，就不知道学问的渊博。

9. 真心诚意，日日积累，力能持久，才能学而有成，学到老死后才停止。

10. 君子知道，做学问不全面、不纯正是不足以称之为完美的，所以要反复理解以求融会贯通，用心思索以求领会通晓，效法贤师良友来实践它，排除有害的事物来培养它。

11. 人知谨注错，慎习俗，大积靡，则为________矣；纵情性而不足问学，则为________矣。(《荀子·儒效》)

A. 君子，小人　B. 圣人，小人　C. 贤能，愚昧　D. 仁人，庸人

12. 不学问，无正义，以________为隆，是俗人者也。（《荀子·儒效》）

A. 礼义　B. 富利　C. 富力　D. 付力

13. ________安公，________安修，知通统类：如是则可谓大儒矣。（《荀子·儒效》）

A. 智，行　B. 志，礼　C. 志，行　D. 智，礼

14. 知而好问，然后能________。（《荀子·儒效》）

A. 学　B. 贤　C. 才　D. 智

15. 学者非必为仕，而仕者必如________。（《荀子·大略》）

A. 贤　B. 善　C. 礼　D. 学

【答案】

11. A　12. B　13. C　14. C　15. D

【识意】

11. 如果人们行为谨慎，认真地对待风俗习惯，坚持德行的修养和磨炼，就能成为君子了：如果放纵性情，不努力学习，就会成为小人。

12. 不学习，不讲求正义，把追求财富作为目标，这是庸俗的人。

13. 思想上安于公正，行动上安于善良，拥有智慧，又能通晓各类事务的法则，这样就可以称为大儒了。

14. 有智慧而又虚心好学，然后才能有才智。

15. 做学问的人不一定都去做官，而为官者必须要学习。

16. 君子之________如蜕，幡然迁之。（《荀子·大略》）

A. 礼　B. 能　C. 学　D. 气

17. 不知则问，不能则学，虽能必让，然后为________。(《荀子·非十二子》)

A. 才　　B. 德　　C. 礼　　D. 贤

18. 学也者，固学一________也。(荀子·劝学》)

A. 智　　B. 止　　C. 之　　D. 知

19. 百发失一，不足谓善________；千里跬步不至，不足谓善________；伦类不通，仁义不一，不足谓善________。(《荀子·劝学》)

A. 射，御，学　　B. 射，御，礼

C. 射，行，学　　D. 射，行，礼

20. 积________成山，风雨兴焉；积________成渊，蛟龙生焉；积________成德，而神明自得，圣心备焉。(荀子·劝学)

A. 土，泥，善　　B. 土，水，善

C. 土，水，义　　D. 土，水，礼

【答案】

16. C　17. B　18. C　19. A　20. B

【识意】

16. 君子的学习就好像生物脱去皮壳一样，应当不断地变化更新。

17. 不懂就要问，不会就学习；即使能干也一定要谦让，这样才算有道德。

18. 学习，就应一心一意，坚持到底。

19. 射一百支箭，只要有一支没有射中，就不能说是擅长射箭；驾车走了一千里的路程，只要有半步不到，就不能叫做善于驾车；对事理不能融会贯通，对仁义之道不能专一奉行，就不能称之为善于学习。

20. 土堆积起来就成了山，风雨就会在这里兴起；水汇积起来成为深潭，蛟龙就会在这里生长出来；不断积累善行，就能成为有道德的人，自会心智澄明，就具备了圣人的思想境界。

21．骐骥一跃，不能十步；驽马十驾，________在不舍。（《荀子·劝学》）

A．力　　B．功　　C．毅　　D．行

22．蚓无爪牙之利，筋骨之强，上食埃土，下饮黄泉，用心________也。蟹六跪而二螯，非蛇蟺之穴无可寄托者，用心________也。（《荀子·劝学》）

A．一，躁　　B．专，燥　　C．一，二　　D．专，躁

23．无冥冥之志者，无昭昭之________；无惛惛之事者，无赫赫之________。（《荀子·劝学》）

A．名，绩　　B．明，功　　C．名，功　　D．明，绩

24．________不能两视而明，________不能两听而聪。（《荀子·劝学》）

A．眼，心　　B．目，耳　　C．眼，耳　　D．目，心

25．君子之学也，以美________；小人之学也，以为________。（《荀子·劝学》）

A．其身，禽犊　　B．其名，显耀

C．其身，显耀　　D．其名，禽犊

【答案】

21．B　22．A　23．B　24．B　25．A

【识意】

21．千里马再快，一跃也不超过十步；劣马十天却能走得很远，它的功劳就在于不停地走。

22．蚯蚓没有锐利的爪牙，也没有强壮的筋骨，但它能吃到地上的泥

土，喝到地下的泉水，这是因为它用心专一的缘故啊；螃蟹有六只脚两只螯，但如果没有蛇或鳝所居住的洞穴，它就无处安身，这是因为它用心浮躁的缘故。

23. 一个人要是没有刻苦钻研的精神，就不能明辨事理；不专心致志地工作，就不可能有显赫的成绩。

24. 眼睛不能同时看清楚两件东西，耳朵不能同时听清楚两种声音。

25. 君子的学习，是用它来修正自己的身心；小人的学习是为了向人卖弄，讨人欢心。